KB274258

부동산
대출의
모든 것

일러두기

이 책의 맞춤법 및 띄어쓰기는 정부의 정책 발표나 은행권에서 실제 사용하는 표현으로 통일했습니다.

부동산 대출의 모든 것

박순호(담백한대출) 지음

체인지업
CHANGEUP

피할 수 없는 세 가지 :
죽음, 세금 그리고 대출

인생에서 단 한 번도 대출 없이 살아가기는 쉽지 않다. 나는 대출이 자산을 형성하고 삶의 단계를 높여 가는 과정에서 피하기 어려운 선택 중 하나라고 생각한다. 지금은 대출을 업으로 삼고 있지만, 첫 대출의 긴장감은 아직도 생생히 기억난다. 나의 인생 첫 대출은 2019년에 아파트 구매를 위해 받은 디딤돌 대출이었다. 대출에 대해 아무것도 몰랐지만 부동산에서 소개해준 대출 상담사에게 큰 도움을 받았다. 필요한 각종 서류를 친절히 설명해주는 것은 기본이고, 더 좋은 대출을 받기 위해 부단히 노력해주셨다.

이 상담사가 없었다면 아무것도 모르던 내가 시중은행이나 보험사에서 다양한 대출을 비교할 수 있었을까? 아니면 좋은 정책 상품을 스스로 찾아내고 대출 요건을 충족하는지 판단할 수 있었을까? 좀 더 복잡한 상황에 놓여 있다면 어땠을까? 다주택자이거나 투기지역 등 규제지역의 주택을 매수하는 경우라면, 수많은 대출 상품 속에서 최적의 상품을 찾기란 쉽지 않을 것이다.

대출을 무서워하는 이유

대출이 필요한 순간은 주로 집을 구할 때고, 이때 필요한 돈은 보통 '몇억 원'이라는 정말 큰돈이다. 하지만 대출을 한 번이라도 잘 활용해본 사람들은 주택담보대출을 가장 안전한 대출이라고 여긴다. 도대체 어떤 차이가 있기에 초보자와 경험자의 관점이 이렇게 다른 것일까? 그것은 바로 '내가 받은 대출을 모두 갚아야 한다'라는 선입견 때문이다. 그렇다면 다음 질문에 답해보자.

"지금 구매한 아파트에서 평생 살 것인가?"

답은 아마도 '아니요'일 것이다. 우리나라에서 아파트는 '집'이자 '재테크의 수단'이다. 처음 구매한 아파트를 시작으로 조금씩 상급지로 갈아타고자 하는 것은 더 이상 낯선 방법이 아니다. 예를 들어 대출을 통해 아파트를 매수하고, 매달 원금과 이자로만 100만 원을 갚고 있다고 하자.

아파트를 매도해 시세 차익을 얻었다고 해서 이 대출금을 계속 떠안을 필요는 없다. 대출 원금은 내 집을 사는 다음 매수자가 갚아주면 된다. 이렇게 관점을 바꾸면, 매달 나가는 100만 원에서도 또 다른 의미를 발견할 수 있다. 단순한 상환액이 아니라, 다른 선택을 가능하게 하는 기회비용으로 볼 수 있는 것이다.

기회비용을 생각하면 대출 원리금 '100만 원'은 과연 큰 금액일까?

대출로 집을 사서 원금과 이자로 100만 원씩 내는 A와 비슷한 집에서 월세 50만 원을 내며 사는 B를 비교해보자. B와 비교하면 A가 집을 매수하며 추가로 들어가는 부담은 100만 원이 아니라, 대출이자 '50만 원'일 뿐이다.

B처럼 아파트를 사지 않고 월세 50만 원을 주며 산다면, 잠깐의 안정을 위해 해마다 600만 원이라는 돈이 사라질 뿐이다. 그리고 임대차 계약이 끝난 2년 후에는 새로운 집을 찾기 위해 시간과 돈을 낭비하고, 시간이 흘러 올라간 월세도 감내할지도 모른다. 하지만 A같이 대출을 통해 아파트를 구매하면, B가 내는 돈에 추가로 50만 원만 더 부담해 온전한 내 집에서 살 수 있다. 그리고 이 집에서 심리적인 편안함을 얻

고, 부동산 가격이 상승한다면 시세 차익도 얻을 수 있다. 차이는 단지 매달 50만 원, 1년에 600만 원의 이자일 뿐이다

이전 출간작인 《부동산 대출 수업》에서는 '대출'이라는 유용한 도구를 요리할 다양한 노하우와 전략을 다루었다. 집을 구해야 하지만 자금이 부족해 전세를 고려하는 사람이나 인생 첫 집에 입주할 기대에 부푼 사람들, 내 집을 디딤돌 삼아 더 큰 기회를 노리거나 일시적인 위기를 현명하게 넘기고 싶은 사람들을 위한 책이었다. 그렇게 《부동산 대출 수업》을 통해 본인이 받을 대출을 이해하고 최적의 대출을 받아 성공적인 부동산 투자를 할 수 있었다.

2025년 하반기, 6·27과 10·15라는 유례없는 규제의 파도가 몰아치면서 대출의 길은 더욱 좁고 복잡해졌다. 전작 《부동산 대출 수업》의 전략들이 '성장기'의 문법이었다면, 이번 개정증보판 《부동산 대출의 모든 것》에는 '규제의 시대'를 돌파하는 생존법과 승부수를 담았다.

이 책에 높은 금리나 규제 등으로 은행권의 문턱을 넘기 힘든 상황에서 들춰보고 답을 찾을 수 있도록, 당장 집을 구해야 할 사람들에게 실질적인 도움이 되도록, 처음으로 마련하는 집이 조금이나마 더 커질 수 있도록, 그리고 성공적으로 똘똘한 한 채로 갈아탄 뒤 자산을 모을 수 있도록 '대출'의 모든 것을 담았다고 자신한다. 만약 지금 당장은 필

요하지 않은 정보라도 미리 알아두면 그 상황이 닥쳤을 때 정확한 정보를 바탕으로 스스로 판단할 수 있을 것이다. 이제《부동산 대출의 모든 것》과 함께 우리의 자산을 지켜주고 키워줄 대출에 대해 알아보자.

〈담백한대출〉연구소 대표
부동산 대출 전문가 박순호 올림

프롤로그　피할 수 없는 세 가지 : 죽음, 세금 그리고 대출　4

1장　대출이 갑자기 쉬워지는 9가지 '치트키'

01　대출을 위한 기본 용어 알기　16

02　한도는 숫자가 결정한다 : LTV·DTI·DSR '3대 룰'　22

03　승인률 올리는 한 방 : 서류만 알아도 결과가 달라진다　28

04　시세를 잡는 사람이 거래를 잡는다 : 검색이 곧 돈이다　33

05　등본으로 지뢰 찾기 : 문서 한 장으로 거르는 위험　42

06　소유권 끝장 정리 : '내 집 주인' 논란 종결　60

07　한도는 '순서'에서 갈린다 : 감액등기로 숨은 한도 찾기　64

08　나라가 지켜주는 내 돈 : 최우선변제·보증보험으로 방어　68

09　소득이 없어도 길은 있다 : 구조로 뚫는 대출의 비밀　73

Q&A　대출에 대한 오해와 진실　78

2장 2026 대출 규제 '리셋' :
최신 해석으로 안전하게

들어가기 전에	규제는 파도다 : 맞으면 손실, 타면 기회	82
01	1차 한파 '6·27' : 시장이 얼어붙는 지점 체크	84
02	2차 한파 '10·15' : 잘 알아야 잘 풀 수 있다	89
03	규제 속 '막차' 전략 : 서민·실수요 정책은 반드시 챙겨라	96
부록	'실수요' 황금티켓의 마지막 체크포인트	100
04	DSR 삼중고 돌파 플랜 : 한도를 다시 살리는 실전 조합	102
05	대출은 순서 게임이다 : 시작도 끝도 '순서'가 승부처	108
06	부동산 2.0 세금지도 : '모르면 손해'인 세금 파헤치기	115

3장 사회초년생의 전세·월세 대출 :
첫 상담에서 '호구' 안 되는 법

들어가기 전에	상담실 들어가기 전 10분 : 필수 체크리스트	124
01	정책상품 선점이 1순위 : 공짜 혜택부터 먹고 간다	129
02	일반 전세대출, 한 장으로 끝내는 사용법	133
03	1주택·다주택 전세대출 : '된다/안 된다' 조건만 뽑기	140
04	전세의 종말? 월세 시대 '생존 금융' 전략	142

4장    예비 1주택자의 담보대출(기초편) : '실수 0' 내 집 마련 로드맵

들어가기 전에	월세 vs 매매 : 내 돈이 남는 선택은 무엇인가?	150
01	내 집 마련 A to Z : 실수 없이 끝내는 완벽 프로세스	154
02	잔금이 모자라면 이렇게 : 신용대출+무설정론 '필살 조합'	157
03	정책상품이 집 크기를 바꾼다 : 한도 레벨업 공식	160
04	정부가 찍어준 '꿀 입지'의 비밀	166
05	청약·분양권 자금 흐름 : 중도금→잔금 한방에 정리	169

5장    예비 1주택자의 담보대출(실전편) : 규제장에서도 통하는 실전 시나리오

들어가기 전에	지역·상태별로 답이 다르다 : 매수 시나리오로 결론 내기	178
01	한눈에 보는 대출족보 : 주택담보대출의 모든 것 예습하기	182
02	규제 한파 속 '1주택자 되는' 4가지 시나리오	189
03	지금도 1억 신용대출 가능? 가능/불가능의 분기점	193
04	현시점의 갭투자 방법 : 갭투자는 비규제지역만!	196
05	부족한 한도를 만드는 대출의 마법, 동시대환	199

6장   1주택자의 실전 레버리지 :
상급지 입성의 사다리

들어가기 전에 부자로 가는 추월차선 : 레버리지의 본질		204
01	규제로 막힌 생활안정자금 : "왜 안 되는지"부터 뚫자	207
02	비규제지역의 함정 : 금융기관이 말하지 않는 룰	210
03	우리 집은 아파트가 아니다 : 비아파트 대출 생존 가이드	213
04	DTI·DSR에 걸려도 끝이 아니다 : 소득요건 돌파 전략	216
05	추가약정서 : 주택담보대출의 '숨은 독'	219
06	대환대출 대혼란 정리 : 규제 이후 최신판 총정리	222
07	3년이 지났다면 리셋 : 대환이 답	224
08	아이가 생겼다면 혜택을 : 신생아 특례 대환	230
09	상급지 '환승' 기술 : 규제를 뚫고 입지를 바꾸는 비법	233

7장   전문투자자의 대출의 정석 :
주거용 부동산 '규제장 생존 매뉴얼'

01	다주택 잔금대출 : 4가지 시나리오로 원샷 정리	238
02	전세퇴거자금대출 : 규제 속에서도 살아남는 정석	242
03	'똘똘한 한 채' 환승 : 다주택자 상급지 갈아타기 전략	246
04	퇴거 한도 계산 끝장 : 깔끔한 퇴거를 만드는 공식	250

05   중도상환 '족쇄 해제' : 수수료 반값 시대 활용법   255

06   주택마다 대출 2개 이상? 복수대출 리스크/해결 로드맵   260

07   임차권등기 & 전세퇴거자금 해결 (임대인 편)   263

8장  전문투자자 대출의 정석 :
상업용 부동산 '확장판'

01   오피스텔 대출 : 규제·한도·전략 한 번에   268

02   상가·꼬마빌딩 대출 : 돈 되는 구조로 설계하기   275

03   숙박시설 사업자 대출 : 업종 특화 전략   280

04   지식산업센터 대출 : 승인 포인트와 함정   284

05   공장 투자 대출 : 사업·담보·현금흐름으로 승부   287

06   토지담보대출 : 감정가+활용계획으로 한도 '짜내기'   291

07   부동산 법인대출 : 개인에서 법인으로 레벨업   296

08   매매사업자 대출 : '사업자 루트'의 모든 것   301

에필로그   좋은 대출을 활용하여 자산을 늘리자   306

1장

대출이 갑자기 쉬워지는
9가지 '치트키'

01

대출을 위한
기본 용어 알기

대출을 받기 전에 기본적으로 알면 좋은 요소들이 있다. 지금부터 그 요소들을 하나씩 알아보자.

① 대출의 한도

담보대출을 이해하기 위한 필수 용어 중 하나는 LTV(Loan to Value ratio)이다. LTV는 '주택을 담보로 돈을 빌릴 때 인정되는 자산가치의 비율'을 뜻한다.

10억 원으로 평가받는 주택에 4억 원의 대출이 있다고 가정해보자. 이 경우 자산 대비 빚의 비율은 40%이며, LTV는 40%가 된다. 만약 같은 주택을 담보로 7억 원을 빌릴 수 있다면 LTV는 70%인 셈이다. 대출의 한도는 LTV 비율에 따라 달라지며, 이는 내가 가진 집의 수와 집의 위치(투기지역 등 규제지역 해당 여부)에 따라 바뀐다.

다음으로 중요한 용어는 금리다. 누구나 가지고 있을 통장의 예금금리 덕분에 대출의 주요 요소 중에서 가장 친숙할 것이다. 대출금과 연 금리의 곱에 따라 연이자가 발생하고, 이를 12로 나누면 월이자가 된 다. 대출금리를 구하는 계산식은 다음과 같다.

대출금리를 계산하는 방법

대출금리 = 기준금리 + 가산금리 − 우대금리

대출의 세계에서 금리는 다시 기준금리, 가산금리, 우대금리로 나뉜 다. 기준금리는 말 그대로 '은행에서 대출을 결정할 때 기준이 되는 금 리'다. 주택담보대출의 기준금리는 COFIX(Cost of fund index)를, 단기 대출의 기준금리는 KORIBOR(Korea Interbank Offered Rates)를 이용한 다. 가산금리는 개인의 신용도에 따라 결정되는 금리다. 신용점수가 높 을수록 낮아지고, 신용점수가 낮을수록 높아진다. 마지막으로 우대금 리는 은행 등 금융기관이 예·적금 가입이나 신용카드 이용 등 거래 실

COFIX 이해하기

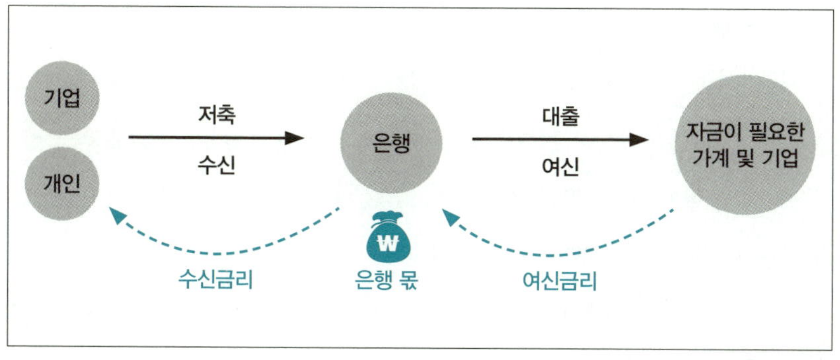

출처 : TOSS

적이 좋은 고객에게 적용하는 금리 인하 혜택이다.

② 금리의 적용 방식

우리가 대출상품에 가입할 때는 다음 세 종류의 금리 중 하나를 골라야 한다. 경제 상황이나 개인의 상황에 맞춰 현명한 선택이 필요하다.

금리에 따른 변제 방식의 차이

> ① 고정금리 : 가입할 때의 금리가 만기까지 적용된다.
>
> ② 변동금리 : 대출 기간의 기준금리에 따라 대출 상품의 금리가 바뀐다. 보통 3개월이나 6개월 주기를 선택하며, 해당 주기마다 금리의 조정을 거친다.
>
> ③ 혼합금리 : 일정 기간 고정금리를 적용한 후, 변동금리를 적용하는 방식이다.

일반적으로 금리가 오를 것이라 예상되면 고정금리를 선택하는 것이, 반대로 금리가 내려갈 것이라 예상되면 변동금리를 선택하는 것이 이자를 줄이는 데 유리하다.

③ 대출 설정 기간

최근 대출 최장 기간이 30년 만기로 줄어들었다. 수도권(서울·경기·인천) 및 규제지역(서울 전역 25개 구 + 경기 12개 구 과천, 광명, 성남(분당·수정·중원), 수원(영통·장안·팔달), 안양 동안, 용인 수지, 의왕, 하남)은 주택담보대출 만기가 최대 30년 이내이다.

단, 지방(비수도권/비규제)의 경우는 기존과 동일하게 최대 40년 만기 상품 이용이 가능하다. 최장 50년 만기 상품도 있는데, 만 34세 이하 또는 신혼부부(혼인 7년 이내) 라는 조건을 충족하면 주택금융공사의 보금자리론 정책자금을 신청할 수 있다.

④ 대출 상환 방식

원금 상환에 따른 대출 상환 방식

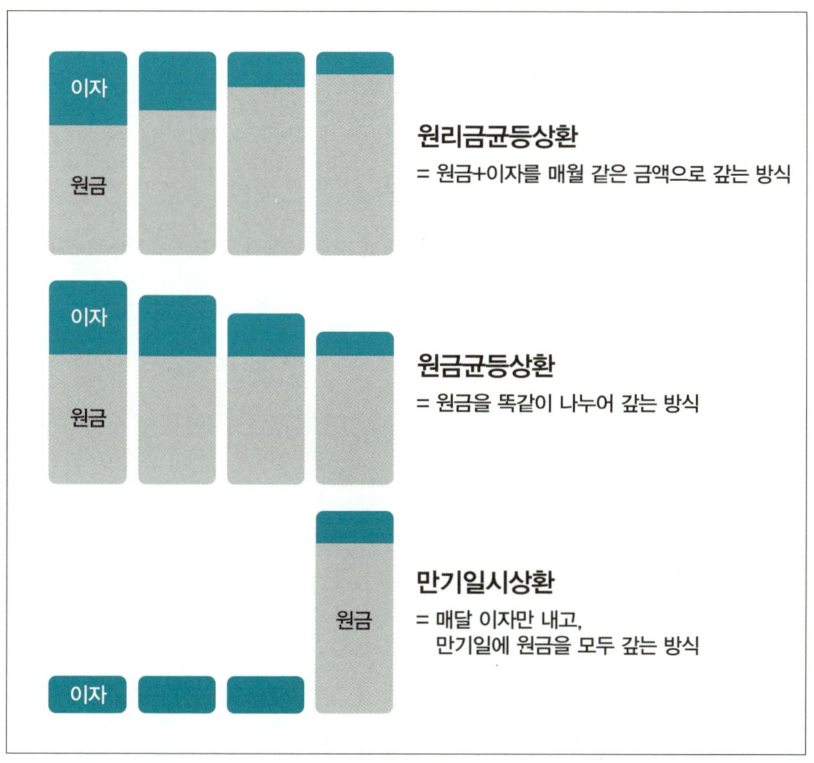

대출 상환 방식은 보통 원리금균등상환과 원금균등상환, 만기일시상환 세 가지로 나뉜다. 가장 먼저 원리금균등상환은 원금과 이자를 합한 원리금을 균등하게 나누어 상환하는 방식이다. 매달 나가는 금액이 일정해 재무계획을 세우기 좋지만, 원금균등상환과 비교하면 한 달마다 낼 돈이 더 많다는 단점도 있다.

두 번째로 원금균등상환은 원금을 대출 기간으로 나누어 매달 상환하고, 이자는 매달 바뀌는 원금 잔액에만 적용하는 방식이다. 대출 초기에는 원금 잔액이 많아 상환액이 많지만, 시간이 갈수록 원금 잔액과 함께 이자도 줄어드는 장점이 있다. 결국 따져 보면 가장 이자를 적게 내는 방식이다.

마지막은 만기일시상환이다. 보통 1년에서 5년 거치형으로 표현되며, 만기일까지 이자만 내다가 만기일에 원금과 남은 이자를 모두 낸다. 대출 기간에는 이자만 내기에 부담이 적을 수 있지만, 결국 이자를 가장 많이 낸다. 하지만 가장 큰 레버리지 효과를 가지고 있고 중도상환 수수료 면제 등 특수한 상황을 이용하면 이자 부담도 없앨 수 있다.

위의 세 가지 상환 방식 중 한도만 따지면 어떤 방식이 가장 유리할까? 대출 한도는 원금균등상환이 더 유리하다. 연봉 6,000만 원인 사람이 30년 만기, 4%의 금리를 가진 주택담보대출을 원금균등상환으로 받으면, 5억 4,000만 원까지 대출받을 수 있다. 위의 조건이 같을 때 원리금균등상환을 선택하면 4억 9,000만 원이라는 다소 줄어든 한도를 받게 된다.

연봉이라는 조건을 줄여도 마찬가지다. 시중의 모든 상품에 연소득 5,000만 원부터 4,000만 원을 대입했을 때, 원금균등상환이 원리금균등상환보다 2,000만 원 높은 한도를 보여 줬다. 하지만 매달 내야하는 원리금이 일정하다는 점에서는 원리금균등상환이 편리한 면도 있다.

대출 상환 방식을 결정할 때는 자신의 자금 상황을 먼저 분석하는 것이 중요하다. 중장년층처럼 자금 계획상 고정적인 지출이 편리하다면, 원리금균등상환이 조금 더 유리할 수 있다. 반면, 대출 이자를 줄이고

싶은 신혼부부들은 초기 부담이 다소 늘어나더라도 원금균등상환으로
대출받는 것이 적합하다.

한도는 숫자가 결정한다 :
LTV·DTI·DSR '3대 룰'

정부의 부동산 규제나 정책이 바뀔 때마다 LTV와 DTI, DSR이라는 용어가 화제에 오른다. TV나 유튜브 등에서 전문가들이 이 단어를 말하며 정책을 설명하지만, 부동산에 관심이 없는 일반인 중에는 의미를 정확히 이해하는 사람이 드물다. 그러나 이런 기본적인 용어만 이해하고 있어도 내가 받으려는 대출을 더 빠르게 이해하고 이용할 수 있다.

우선 대출은 크게 신용대출과 담보대출로 분류할 수 있다. 담보대출은 주로 주택담보대출을 말한다. 소유한 주택을 담보로 다른 집을 살 때나 생계·사업상의 이유로 이를 이용하고는 한다. 신용대출과 비교하면 실제 담보(부동산)가 있어 금리가 낮은 편이다.

LTV는 '집의 가치 대비 얼마까지 빌릴 수 있는지'를 의미한다. 쉽게 말하면 '너희 집 시세가 얼마야? 시세의 일정 부분만큼 빌려줄게'라는 뜻이다. 예를 들어 현재 시세가 10억 원인 집을 담보로 4억 원을 빌렸다면, 시세의 40%를 받았기에 LTV는 40%가 된다. 7억 원을 대출받는다면 LTV는 70%가 되는 직관적인 지표다.

DSR과 DTI의 계산 방법

$$DSR \quad \frac{연간주택담보대출\ 상환금액\ (원금+이자)+기타대출\ 상환금액\ (원금+이자)}{연소득금액} \times 100$$

$$DTI \quad \frac{연간주택담보대출\ 상환금액\ (원금+이자)+기타대출\ 상환금액\ (이자)}{연소득금액} \times 100$$

다음은 DTI(Debt to Income ratio)다. DTI는 '총부채상환비율'이라는 뜻으로 직관적으로 와닿는 용어는 아니다. 쉽게 표현하면 '너의 수입은 얼마니? 그 수입을 보고 계산해서 빌려줄게'라는 의미다. 즉, 내 수입이 이 지표를 좌우하며, 수입에 따라 원금과 이자의 한도가 정해진다.

예를 들어 연봉이 5,000만 원인 사람의 DTI가 50%라면, 연봉의 50%인 2,500만 원까지 원리금으로 대출 받을 수 있다. 따라서 수입이 늘어나면 대출액도 커진다. 즉, 이 지표는 내 소득을 통해 부채 상환 능력을 확인하는 지표다.

DSR(Debt Service Ratio)은 DTI보다 조금 더 까다롭다. '총부채원리금상환비율'이라는 뜻으로, 쉽게 표현하면 '너의 모든 원리금이 얼마야? 그 크기를 보고 빌려 줄게'라는 의미다. DSR은 DTI보다 더 깐깐한 기준을 가진 대출 평가로, 내가 가지고 있는 모든 빚을 기준으로 빌릴 수 있는 돈의 상한을 정한다.

위의 도표를 확인하면 그 차이를 알 수 있다. 기타대출 상환금액으로 이자만 보는 DTI와는 다르게, DSR은 기타대출 상환금액으로 원리금을 확인한다. 개인이 가진 모든 대출의 원리금을 따지기 때문에 가장 깐깐한 평가 기준이라고 볼 수 있다. 주택담보대출뿐만 아니라 학자금대출, 마이너스대출, 자동차 할부, 카드론 등 모든 대출의 원리금을 꼼꼼히 확인해두어야 한다.

까다롭고 강력한 '스트레스 DSR'

2024년 2월 26일부터 은행의 주택담보대출에 '스트레스 DSR'이라는 낯선 제도가 등장했다. 이 제도는 나중에 금리가 상승할 때 돈을 빌린 사람이 상환을 부담스러워할 것을 '미리' 고려해 대출한도를 조정하는 것으로, 대출 시 가산금리(스트레스 금리)를 적용한다. 가계부채 증가 억제와 금융소비자 보호를 위한 정부의 조치라고 볼 수 있다.

그 낯섦 때문인지 스트레스 DSR은 2024년 첫 도입 이후 일정 기간 유예 및 완화 기간을 가지기도 했다. 하지만 사람들에게 조금 익숙해지자 또다시 '10·15 주택시장 안정화 대책'이라는 규제의 칼바람이 불어왔다. 기존에는 최저 1.5%에서 최대 3%까지 적용받았지만, 수도권 및 규제지역 모두 최저 3%라는 더 빡빡한 기준으로 바뀐 것이다.

2026년 현재, 대한민국 대출 시장에는 '스트레스 DSR 3단계'가 전면 시행되었고, 그 어느 때보다 촘촘한 규제의 그물이 작동하고 있다. 이제 대출 한도를 결정짓는 결정적 변수는 단순히 차주의 연봉에 그치지 않는다. '내가 사려는 집이 어디에 있는지'와 '어떤 금리 유형을 선택하는지'에 따라 대출 실행 금액이 극명하게 갈린다.

10·15 안정화 대책 이후 금융 대출 규제 주요 내용 (단위 : 원)

구분	기존	개선	조치	시행
구입목적 주택담보대출 최대 한도	수도권·규제지역 6억	시세 차등 적용 15억 이하 : 6억 15억 ~ 25억 이하 : 4억 25억 초과 : 2억 (수도권·규제지역 기준)	행정지도 ↓ 감독규정 개정	2025년 10월 16일
스트레스 DSR 강화	1.5 ~ 3% (지방 주택담보대출 0.75%)	수도권·규제지역 기준 하한 3% ~	행정지도	
전세대출 DSR	전세대출은 DSR 제외	1주택자 수도권·규제지역 임차인으로 전세대출 받을 시 전세대출 이자상환분 DSR 반영	행정지도 ↓ 감독규정 개정	2025년 10월 29일
주택담보대출 위험가중치 하한 상향	15%	20%	은행업 감독업무 시행세칙 개정	현재 시행 중

자료 : 금융위원회

구분	수도권 규제지역 (서울, 경기, 인천)	지방(비수도권 지역) 2단계 연장 유예 ~26년 6월 30일까지	지방(비수도권 지역) 2단계 연장 적용 26년 6월 30일 이후
적용 단계 (스트레스 DSR)	강화 적용 3% (25.10.16 특례 적용)	2단계 적용 (3단계 유예)	3단계 적용
스트레스 금리	3.0% (하한)	0.75%	1.5%

1. 수도권·규제지역의 스트레스 금리 하한제 : 대출 한도의 급격한 절벽

2025년 10·15 대책의 후속 조치에 따라, 수도권(서울·경기·인천) 및 규제지역 내 주택담보대출(오피스텔 포함)에는 스트레스 금리 하한 3.0%라는 강력한 기준이 적용된다. 이는 기본 스트레스 금리 1.5%의 두 배에 달하는 수치다. 동일한 소득이라 하더라도 수도권 아파트(스트레스 금리 하한 3.0% 적용)를 매수할 때 빌릴 수 있는 금액은 지방(스트레스 금리 0.75%적용)보다 훨씬 적어지는 현상이 발생한다.

2. 지방의 한시적 유예 : 2026년 상반기까지의 틈새

반면 가계부채 관리와 지방 경기를 고려하여 수도권 제외 지역(지방)의 주택담보대출은 2026년 6월 30일까지 2단계 스트레스 DSR 기준이 연장 적용된다. 이 시기 동안 지방 주택담보대출에 적용되는 스트레스 금리는 0.75%다. 수도권 대비 상대적으로 한도 여유가 있는 편이므로, 지방 투자를 고려한다면 2026년 상반기(6월 30일 이전 까지)가 마지막 '레버리지 기회'가 된다.

3. 신용대출과 제2금융권까지 넓어진 그물망

3단계 규제의 핵심은 모든 금융권과 대출상품으로의 확대 적용이다. 제1금융권인 은행뿐만 아니라 보험사나 저축은행 같은 제2금융권의 가계 대출까지 스트레스 금리가 반영된다. 특히 신용대출의 경우 총 잔액이 1억 원을 초과하는 시점부터 스트레스 금리가 즉시 산입되어 주택담보대출 한도를 잠식한다. 주택담보대출 실행 전 마이너스통장을 우선적으로 정리해야 하는 이유가 여기에 있다.

수도권에서 3.0%의 스트레스 금리를 견디며 한도를 최대한 확보하

려면 변동금리보다 혼합형을, 혼합형보다 주거형 상품을 선택하는 것이 2026년 대출 전략의 정석이다.

한도를 1,000만 원이라도 더 늘리는 법 : 금리 유형의 선택

한도가 부족하다면 반드시 금리 유형을 점검해야 한다. 스트레스 DSR은 금리 변동 위험이 적은 상품일수록 가산 금리를 낮게 책정하기 때문이다.

- 주기형 (5년마다 금리 갱신) : 가산금리의 약 30% 수준만 적용 (가장 유리)
- 혼합형 (5년 고정 후 변동) : 가산금리의 약 60% 수준만 적용
- 변동형 : 가산금리 100% 적용 (가장 불리)

승인률 올리는 한 방 :
서류만 알아도 결과가 달라진다

대출 과정에서 서류만 제대로 준비한다면 빠른 승인과 함께 더 좋은 조건을 얻어낼 수 있다. 담보대출과 신용대출에 필요한 서류와 신청 전 반드시 확인해야 하는 사항들을 자세히 알아보자.

대출에 필요한 서류 목록

주택담보대출		신용대출	
용도	서류	용도	서류
부동산 소유권 확인	등기권리증	신용 확인	신분증
	매매계약서		
신분 확인	주민등록초본		재직증명서
	신분증		
	인감도장		

신분 확인		인감증명서	신용 확인	근로소득 원천징수영수증
		가족관계증명서		
임대차 계약 확인		전입세대 열람내역		
채무상환능력 확인	근로자	재직증명서		사업자등록증명원
		근로소득 원천징수 영수증		
	개인사업자	사업자등록증명원		
		소득금액증명원 (종합/사업)		전년도 소득금액 증명서
	무직자	건강보험납부확인서		
		신용·체크카드 사용내역서		

담보대출 준비 서류

주택담보대출에 필요한 서류는 너무나 다양하다. 은행 등 금융사는 대출을 심사할 때 신청자가 빚을 안정적으로 갚을 수 있는지를 가장 중요하게 살펴본다. 그래서 신청자의 소득과 채무상환능력을 확인할 수 있는 다양한 서류를 요구하고 있다.

- **부동산 소유권 증명 서류 :** 등기권리증 또는 매매계약서는 필수다. 내 소유의 부동산을 담보로 설정할 때는 등기권리증이 필요하며, 구매 예정인 부동산을 담보로 설정할 때는 매매계약서가 필요하다. 이 서류들로 부동산의 소유권을 명확하게 증명한다.

- **신분증 사본 및 등·초본** : 대출 신청자의 신분과 대출 대상 부동산과의 관계를 증명하며, 주택담보대출 관련 규제 확인에 사용된다. 만약 내가 속한 세대 구성원의 보유 주택 수가 일정 한도를 초과했다면 추가 주택담보대출이 불가능하거나, LTV 한도가 줄어들어 기존 보유 주택을 처분해야 주택담보대출을 받을 수 있다. 따라서 이를 확인하기 위해 미리 제출해야 한다.

- **소득 및 채무상환능력 증명 서류** : 직장인이라면 재직증명서나 근로소득 원천징수영수증이 필요하다. 개인사업자라면 사업자등록증명원과 소득금액증명원(종합/사업), 무직자라면 건강보험납부확인서, 신용·체크카드 사용내역서 등으로 대신할 수 있다. 이 서류들은 신청자의 채무 상환 능력을 증명하는 것으로, 대출의 핵심이다. 소득 자료는 중요하기에 조금 더 자세히 알아보자.

소득의 정의와 종류

소득이란?	비교적 장기간, 정기적으로 예상되는 수입을 뜻함
소득의 종류	증빙소득 : 공공성이 강한 기관에서 발급. 객관성이 있는 자료로 입증한 근로소득, 사업소득, 연금소득, 기타소득 등을 포함하는 소득
	인정소득 : 공공기관 등의 발급 자료 (국민연금, 건강보험료 납부내역 등)를 바탕으로 추정한 소득
	신고소득 : 증빙소득 또는 인정소득에 해당하지 않는 이자, 배당금, 지대, 임대료 등 재산을 활용해 얻은 소득으로 신청자가 제출한 자료로 추정한 소득

소득 자료는 총 세 종류로 나뉜다. 첫 번째는 증빙소득이다. 소득금

액증명원이나 근로소득 원천징수영수증, 부가가치세 과세표준증명원 등 나라나 회사에서 발급한 객관적 서류를 말한다. 대출을 위해 내 소득을 알릴 때는 근로소득과 사업소득을 가리지 말고, 자신이 낼 수 있는 자료를 최대한 제출하자.

두 번째는 신고소득이다. 신용카드를 얼마나 썼는지에 따라 내 소득을 가늠하는 방식이다. 이 기록을 제출할 때는 국세청의 '홈택스'를 이용하면 편하다. 매년 1월에 모든 카드사가 국세청으로 자료를 제출하는데, 홈택스에 들어가면 카드사별 사용 금액이 '총괄' 형태로 정리되어 있다. 간혹 카드사 고객센터에 일일이 요청해 제출하기도 하는데, 카드사 별로 나뉜 자료는 은행이 거부할 수도 있다.

마지막으로 인정소득은 공공기관에 납부하는 건강보험 납부금으로 소득을 가늠하는 방식이다. 지역가입자인지 직장가입자인지에 따라 따라 제출 방식이 다르다. 지역가입자일 경우 고지 금액은 완납되어 있어야 한다. 직장가입자라면 완납증명서를 추가로 첨부할 필요가 있다. 피부양자는 완납증명서와 부양자의 자격 득실과 납부 내역을 모두 첨부해야 한다.

이렇게 주택담보대출을 신청할 때 반드시 내야 하는 서류는 10종이 넘는다. 또 대부분의 금융사는 대출 신청일로부터 한 달 이내에 발급받은 서류만 인정하며, 일부 금융사는 이보다 더 엄격한 발급 기준을 적용하기도 하니 주의하자. 다른 금융사에서는 기한이 충분하더라도, 내가 대출 받는 금융사가 인정하지 않는다면 중요한 잔금일을 놓칠 수 있기 때문이다.

금융사의 성향이나 기준에 따라 납세 관련 서류를 추가로 요구할 때도 있다. 신청인에게 밀린 세금이 있는지 확인하기 위해서다. 이를 위해 납세증명서, 지방세 납세증명서, 지방세 세목별 과세증명서를 내야 하며, 납세증명서는 '정부24'와 '홈택스'에서, 지방세 관련 서류는 '정부 24'에서 온라인으로 발급할 수 있다.

위에서 언급한 서류 이외에도 금융기관이 요구하는 추가 서류가 있을 수 있으니, 신청하기 전에 대출을 받으려는 금융기관의 구체적인 요구 사항을 확인하고 준비하는 것이 중요하다.

대출 신청 전 반드시 점검할 사항

신용점수 : 대출의 기본 조건이며, 특히 금리와 한도에 큰 영향을 준다. 금리 등 부대 조건이 좋은 제1금융권에서 대출받으려면 최소한 600점 이상의 신용점수를 충족해야 한다. 신용점수는 미리 점검하고 관리할 수 있으니 대출 전부터 준비해두자. 신용점수가 높을수록 더 유리한 조건으로 대출을 받을 수 있다.

대출상품별 자격·우대 요건 : 정부의 각종 정책상품이나 일부 대출상품은 특정 요건을 충족하면 추가 혜택을 제공한다. 예를 들어 일부 주택담보대출은 주택 보유 여부나 소득 기준을 충족하는 경우 더 낮은 금리와 높은 한도를 제공한다.

규제지역 여부 : 내가 대출받으려는 부동산이 규제지역에 속하는지 미리 체크하자. 규제지역에 있다면 LTV나 대출한도 등 대출 조건이 까다로워진다.

시세를 잡는 사람이 거래를 잡는다 :
검색이 곧 돈이다

　예전에는 'KB부동산'으로 시세를 확인하는 것이 일반적이지 않았다. 하지만 부동산의 가치에 대한 사람들의 관심이 높아지며 현재는 거의 공식적인 지표로 활용되고 있다. 알고 싶은 부동산의 공식적인 시세와 상한가와 하한가, 평균가를 모두 확인할 수 있으며, 대출 과정에서도 기준으로 삼고 있다.

　예를 들어 내가 사는 아파트의 최근 거래가가 11억 원, 호가는 12억 이다. 하지만 KB부동산의 시세가 10억 원, LTV가 40%면 4억 원만 대출받을 수 있다. 이렇게 대출과 시세 파악에 유용한 KB부동산에서 시세를 조회하는 방법을 처음부터 차근차근 알아보자.

KB부동산으로 시세 알아보기

 'KB부동산'(kbland.kr) 사이트에 들어가면 시세부터 실 거래가, 매물까지 부동산의 전반적인 정보들을 쉽게 찾을 수 있다.

① 알고 싶은 부동산의 주소 또는 단지명을 검색

KB부동산의 검색 결과

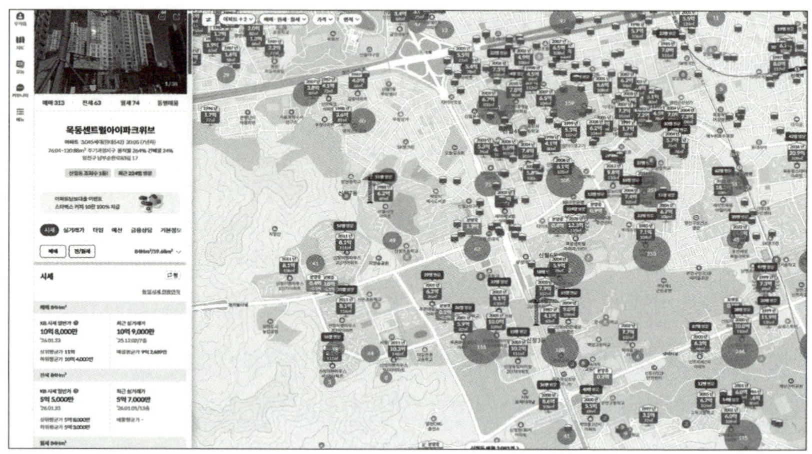

출처 : KB부동산

 KB부동산 검색창에서 자신이 원하는 부동산의 주소 또는 단지명을 검색해보자. 위 사진은 목동의 '목동센트럴아이 파크위브'를 검색한 결과이며, 해당 단지의 연식과 시세, 실거래가, 재건 축 정보 등을 알 수 있다.

KB부동산의 기타 정보

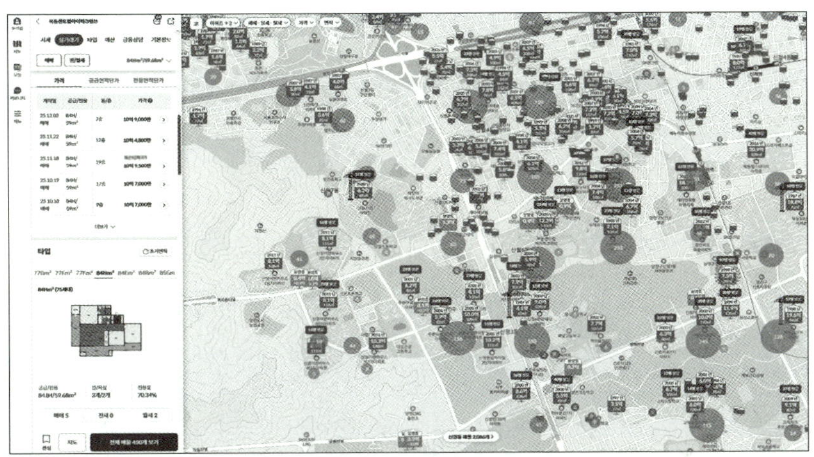

출처 : KB부동산

위 사진은 최근 실거래가를 보여준다. 2025년 12월 2일, 7층의 25평 매물이 거래되어 10억 9,000만 원으로 국토부에 신고됐다. 이렇게 사이트나 어플을 잘 이용하면 내가 찾는 매물의 실거래가격 동향을 한눈에 파악할 수 있고, 앞으로의 대출에서도 매우 중요한 지표가 된다. 관심이 있는 지역이나 단지를 저장해두고, 주기적으로 파악하는 습관을 기르자.

이외에는 평면도 등 실제로 가지 않으면 알기 힘든 다양한 정보도 함께 살펴볼 수 있다. 가장 좋은 방법은 임장(현장조사)을 나가서 직접 확인하는 것이지만, 시간이 없거나 이미 다녀온 단지의 경우는 빠르게 확인할 수 있어 유용하다

③ 예상 대출 금액 및 실제 매물 정보 확인

　　KB부동산의 시세는 월세부터 전세, 매매, 대출 등 다양한 부동산의
거래 기준이 되었다. 그 이유에는 강력한 편의성도 한몫하고 있다. 클릭
몇 번으로 내가 어떤 주택을 살 때 자본이 얼마나 필요한지, 대출이자
는 얼마나 나올지 등 다양한 예상 정보를 한 번에 찾을 수 있다.

자본금 설정과 대출 금액 확인

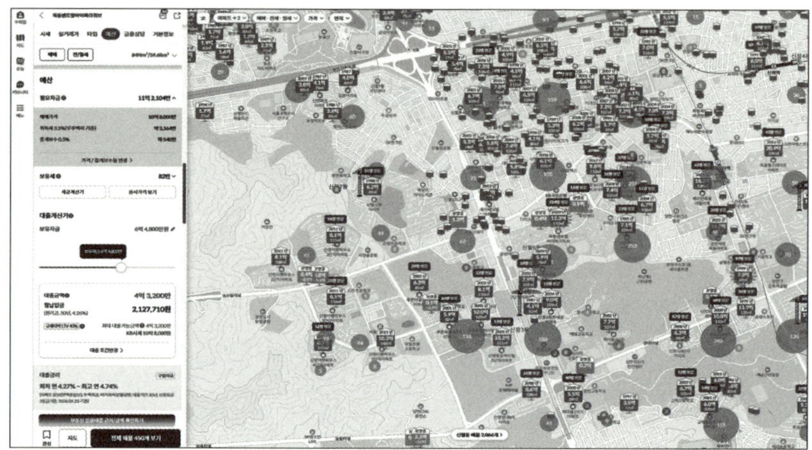

출처 : KB부동산

　　위 사진으로 목동센트럴아이파크위브 25평형을 구매할 때의 예상
지출을 알아보자. 현재 KB부동산의 시세는 10억 8,000만 원이고 최대
LTV는 40%다. 4억 3,200만 원을 대출받는다면 내 자본은 최소한 6억
4,800만 원 이상이 필요하다. 이때 30년 만기 원리금 상환, 예상금리
4.26%의 조건이라면 매월 약 212만 원, 연간 2,550만 원의 이자가 필
요하다는 것을 예상할 수 있다.

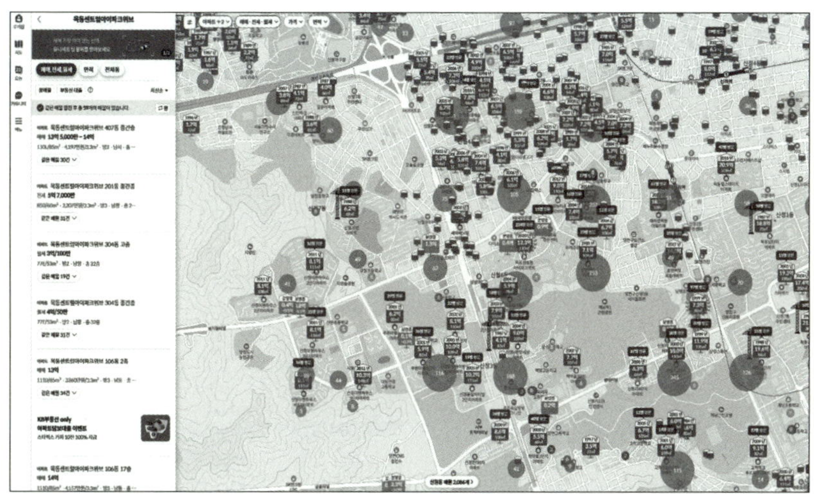

출처 : KB부동산

또 지금 시장에 나온 매물들을 비교할 수도 있다. 매매부터 전세와 월세 등 다양한 종류의 매물을 알아볼 수 있으며, 주택 소유자가 생각하는 호가도 알아볼 수 있다.

④ 투기지역 여부 확인

10·15 규제 이후 서울 전역과 경기 12개 구가 투기과열지구로 선정되었다. 하지만 내가 사려는 부동산이 여기에 포함되었는지 일일이 확인할 필요는 없다. KB부동산에 그 부동산을 검색하면 빨간색으로 투기지역 여부가 표시되기 때문이다. 손쉽게 투기지역 여부를 확인하고 대출금액 및 LTV 상한 등도 파악해보자.

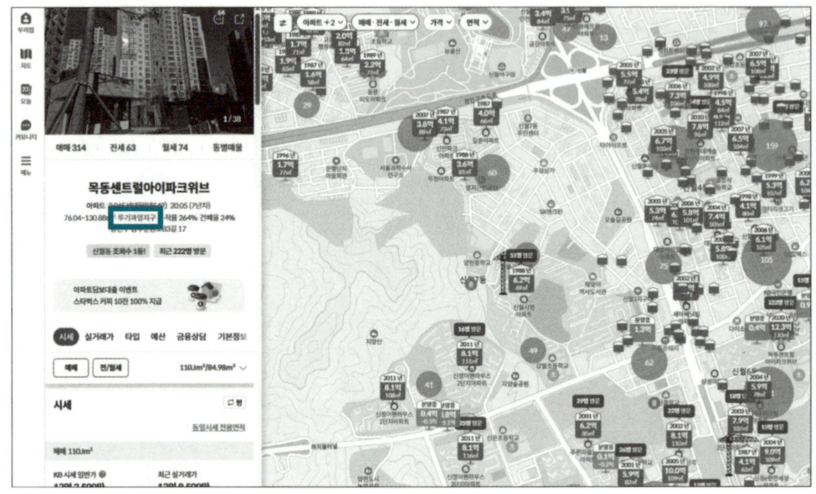

출처 : KB부동산

'부동산테크'로 추가 정보 알아보기

최근에는 여러 사이트에서 부동산 정보를 자세히 제공하고 있다. KB부동산에서 원하는 부동산의 시세를 찾을 수 없으면 '부동산테크'(www.rtech.or.kr)의 시세를 활용하자. 금융사도 KB부동산 다음으로 평가에 활용할 만큼 굉장히 유용한 사이트다.

부동산테크도 KB부동산처럼 지역별, 도로명, 단지명 등을 입력해 알아보고 싶은 곳의 시세를 찾을 수 있다. 검색창에서 내가 원하는 장소의 조건을 입력하자. 다음 사진은 KB부동산의 예시와 똑같이 목동센트럴아이파크 1단지를 찾은 결과다. 이렇게 원하는 단지를 찾았다면 부동산테크가 제공하는 상한가와 하한가를 이용해 그 단지의 평균 가격도 쉽게 구할 수 있을 것이다. 또한 평면도나 전경 사진 등 추가적인 정보도 얻을 수 있다

부동산테크의 검색창과 검색 결과

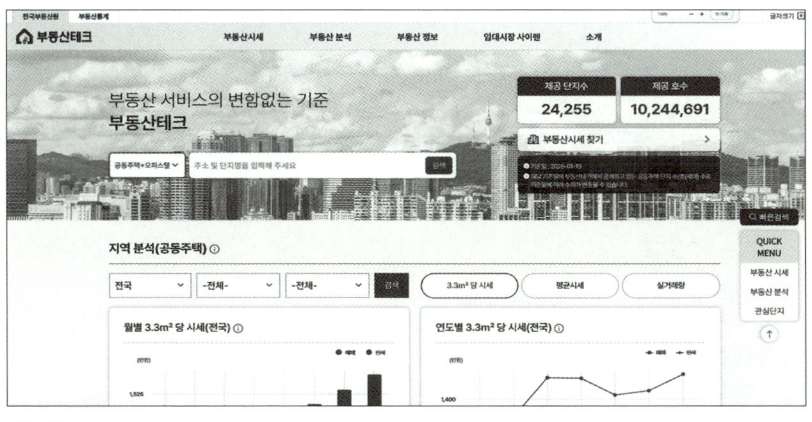

출처 : 부동산테크

탁상감정으로 미확인 시세 알아보기

내가 찾는 부동산을 KB부동산과 부동산테크에서 찾을 수 없다면 어떤 방법이 있을까? 감정평가사의 탁상감정을 통해 그 부동산의 시세를 대략 알아낼 수 있다. 탁상감정은 단어 그대로 감정평가사가 탁상 위에서 감정을 진행하는 것을 말한다. 현장 조사 없이 전례와 매매 사례를 기준으로 부동산의 평가액을 산정하며 정식감정 전에 흔히 사용되는 것이 특징이다. 보통 금융기관이 실제 부동산 담보 가치를 평가하기 위해 사용하지만, 이런 식으로도 사용할 수 있다. 신축 건물이나 아파트처럼 기존 거래 시세가 없거나, 단독주택이나 상가처럼 KB부동산에서 찾기 힘들고 개별 가치의 평가액이 다를 때 금융기관이나 대출기관에 탁상감정을 문의해보자.

다만 탁상감정은 실제로 현장에 나가 조사를 거치는 정식감정과 다소 차이가 있다는 것에 주의했으면 한다. 탁상감정만 믿고 있다가 다른 평가액이 나와서 대출 계획이 헝클어질 수도 있다. 실제로 대출을 진행하기 전 감정평가사에게 정식감정을 의뢰해 정확한 감정평가액을 확인해두자.

또 금융사에 따라서 부동산 감정평가액이 다를 수 있다. 더 높은 한도를 원한다면 여러 금융사의 감정평가 후 가치를 가장 높게 평가한 금융사에서 대출받는 것이 유리하다. 이와 유사한 경우의 대출 사례를 읽으며 더 깊게 이해하자

보통 아파트 1층을 매수할 때는 KB부동산의 시세 하한가가 적용된다. 그에 따라 대출의 한도가 줄어들고 상대적으로 큰돈이 묶이게 된다. 하지만 기업은행이나 현대해상 같은 특정 금융기관은 아파트 1층에도 하한가가 아닌 일반가를 기준으로 대출 한도를 산정하기 때문에 더 유리하다. 내 고객 중 한 명은 이를 이용해 단 5,000만 원으로 4억 원짜리 아파트를 매수했다. 해당 아파트의 일반가는 5억 원, 하한가는 4억 5,000만 원, 고객이 구매한 금액은 4억 원이었다. 일반적으로 대출받는 금융기관들을 이용했다면 KB부동산의 하한가 4억 5,000만 원의 70%인 3억 1,500만 원만 대출받았을 것이다. 하지만 이 투자자는 치밀한 조사를 통해 특정 금융기관에서 일반가 5억 원의 70%인 3억 5,000

만 원을 받아내 기회를 잡았다.

따라서 감정평가를 받거나 집을 구매할 때는 다양한 금융사의 조건을 확인한 뒤, 유리한 조건을 고르는 것이 중요하다. 이런 식으로 급매물을 찾아 좋은 가격에 매수한다면 성공적으로 투자를 이어갈 수 있을 것이다.

이렇게 부동산 시세정보를 얻는 세 가지 방법을 알아보았다. 마지막으로 짤막한 팁을 주자면, KB부동산의 시세는 매주 금요일에 갱신된다. 따라서 매주 금요일 오후에 시세를 검색하면 최신 정보를 알 수 있다. 또 매일 새벽이나 자정, 아침, 퇴근 때처럼 특정 시간에 평소 관심이 있는 부동산의 시세를 검색하는 습관을 만들자. 자주 검색하고 알아볼수록 기회가 되는 정보를 더 민감하게 알아차릴 수 있다. 한 번 배워서 평생 써먹는 재테크 습관은 멀리 있는 것이 아니다.

등본으로 지뢰 찾기 :
문서 한 장으로 거르는 위험

부동산 거래에서 등기부등본과 건축물대장 같은 공인서류의 역할은 매우 중요하다. 이 문서들은 말 그대로 부동산의 '신분증'이다. 부동산의 정확한 위치부터 크기, 구조, 소유권, 대출 및 압류 상태까지 모든 정보를 담고 있다. 확인 방법도 간편하다. 부동산의 소재지만 알면 대법원 '인터넷등기소'를 이용해 쉽고 빠르게 등기부등본을 발급받을 수 있다. 그리고 그 서류를 읽는 것만으로 그 부동산의 특이사항은 물론 소유자, 대출 현황, 압류 상황까지 파악할 수 있다. 건축물대장도 마찬가지다. 정부24나 세움터를 이용하면 세부 정보를 빠르게 확인할 수 있다.

이처럼 유용한 정보를 스스로 확인하고 제대로 분석할 수 있다면 얼마나 좋을까? 하지만 이런 서류를 처음 보면 복잡한 용어와 서식이 눈을 어지럽힌다. 주변 부동산 사무실에 불쑥 들어가 물어보기도 어렵고, 독학은 더 힘들다. 이제부터 설명하는 과정을 따라가보자. 클릭 몇 번으로 공인서류를 찾고, 저렴하고 빠르게 중요한 정보를 얻을 수 있다. 지금부터 평생 써먹을 부동산 정보 획득 방법을 알아보자.

주소만 안다면 누구나, 어떤 주택이든 가능하다

먼저 인터넷등기소에서 등기부등본을 발급받는 과정을 알아보자.

등기부등본 검색 과정 ①

43쪽 사진에서 박스로 강조한 부분을 누르면 위 사진처럼 부동산의 주소를 입력하는 곳으로 이동한다. 등기부등본 열람을 원하는 매물의 주소를 입력하자.

등기부등본 검색 과정 ②

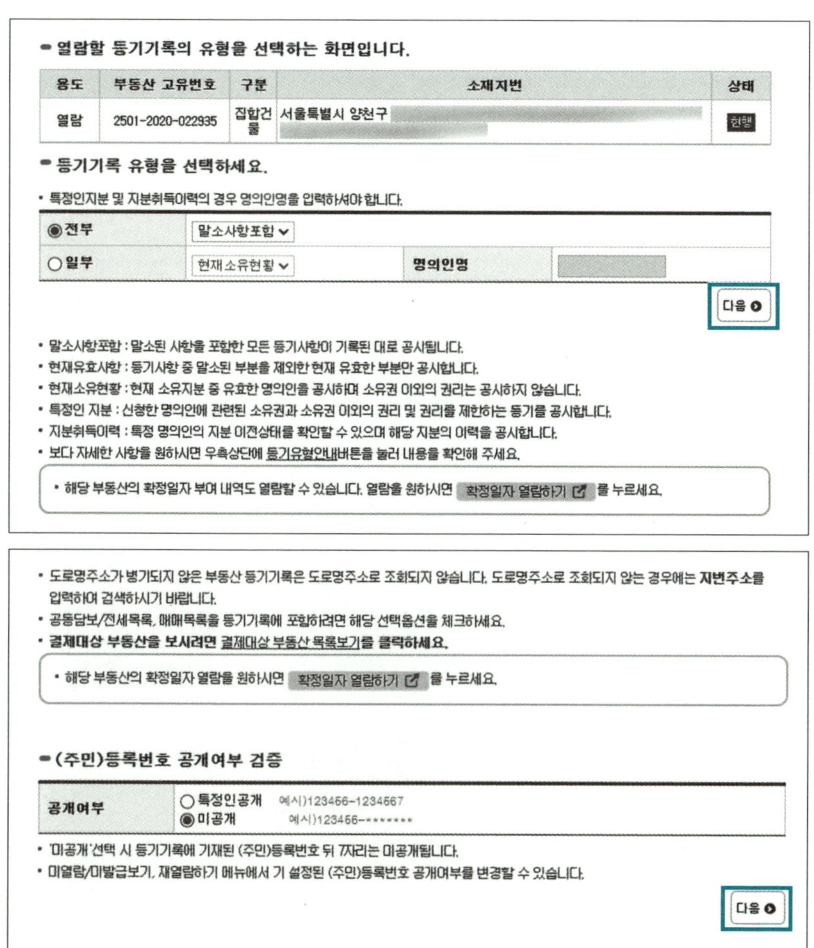

출처 : 인터넷등기소

　해당 주소지가 맞는지 확인하고, 등기기록 유형과 주민등록번호 공개 여부를 선택할 수 있다. 등본 확인에는 필요하지 않으니 강조한 위치의 '다음'을 눌러 빠르게 넘어가자. 결제창이 나올 때까지 계속 진행해도 무방하다.

등기부등본 검색 과정 ③

- 도로명주소가 병기되지 않은 부동산 등기기록은 도로명주소로 조회되지 않습니다. 도로명주소로 조회되지 않는 경우에는 **지번주소를** 입력하여 검색하시기 바랍니다.
- 공동담보/전세목록, 매매목록을 등기기록에 포함하려면 해당 선택옵션을 체크하세요.
- **결제대상 부동산을 보시려면 결제대상 부동산 목록보기를 클릭하세요.**

> - 해당 부동산의 확정일자 열람을 원하시면 확정일자 열람하기 [✔] 를 누르세요.

● 결제대상 부동산

- 검색이 완료되어 결제하실 부동산 목록입니다. 로그인 하시면 한번에 100,000원 미만 까지 일괄 결제가 가능합니다.
- 결제 후 발급/열람하지 못하신 경우 미발급/미열람을 참고하시기 바랍니다.

NO.	용도	부동산 고유번호	구분	종류	부동산 소재지번	관할 등기소	주민 등록 번호	통수	수수료	처리
1	열람	2501-20 20-0229 35	집합건물	현행 말소사 항포함(전부)	서울특별시 양천구	서울남부지방법원등기국	미공개	1 통	700 원	🗑

| | | | | | | | *총 1통 | 700원 | ▸결제 |

총 1건   1 (1/1)

결제방법

◉ 신용카드결제 ○ 금융기관 계좌이체 ○ 선불전자지급수단 ○ 휴대폰 결제 ○ 간편결제 등

⟩ 신용카드 결제

● 서비스 이용방법

- 카드종류를 선택하신 후
  1. 일반결제(ISP) 카드의 경우 ISP인증서를 선택하신 후 ISP비밀번호를 입력하여 인증
  2. 그외 카드의 경우 해당 카드사에서 제공하는 결제방법(앱, 간편결제 등)을 선택하신 후 관련 정보를 입력하여 인증
     기발급된 구)LG카드를 소지하신 고객께서는 신한카드를 선택하시고, 구)외환카드 또는 구)하나SK카드를 소지하신 고객
     께서는 하나카드를 선택하셔야 합니다.

● 사용이 불가능한 카드

- 해외에서 발행한 카드

● 결제 신용카드 입력정보

총 결제 금액	700 원 (열람 700 원)	총 결제 통수	1 통 (열람 1 통)
카드종류	▦▦▦▦ 카드 종류를 선택하여 주십시오 ▦▦▦▦ ✔		

- 결제정보는 대법원 인터넷등기소 시스템에 저장되어 결제취소 및 수수료결제내역 조회 시 이용되며 재판 및 수사를 위한 자료로도 활용될 수 있습니다.
- 해당 정보는 영구적으로 보관되며 수집 및 이용에 동의하지 않을 경우 열람ㆍ발급 서비스를 이용할 수 없습니다.
  ☐ 위 내용에 동의합니다.
- 수수료 결제와 관련하여 결제대행업체의 별도 약관이 존재합니다.

☐ **약관 동의** 📄 전자지급결제대행서비스 이용 약관 **[바로가기]**
☐ **약관 동의** 📄 개인정보 수집 및 이용 약관 **[바로가기]**
☐ **약관 동의** 📄 개인정보 제3자 제공 및 위탁 약관 **[바로가기]**
☐ **전체 동의**

결제 ❹ 이전

출처 : 인터넷등기소

등기부등본 열람에는 700원, 발급에는 1,000원이 필요하다. 하지만 지금은 금융기관 등에 제출할 것이 아니기에 열람으로 충분하다. 신용카드나 계좌 이체, 선불 지급 수단, 휴대폰 결제 중에서 원하는 방법으로 결제를 진행하자.

등기부등본을 자주 열람한다면 네이버 페이에 카드를 등록해두자. 간편 비밀번호 6자리만 입력하면 쉽고 빠르게 결제와 열람을 진행할 수 있다.

등기부등본 검색 과정 ④

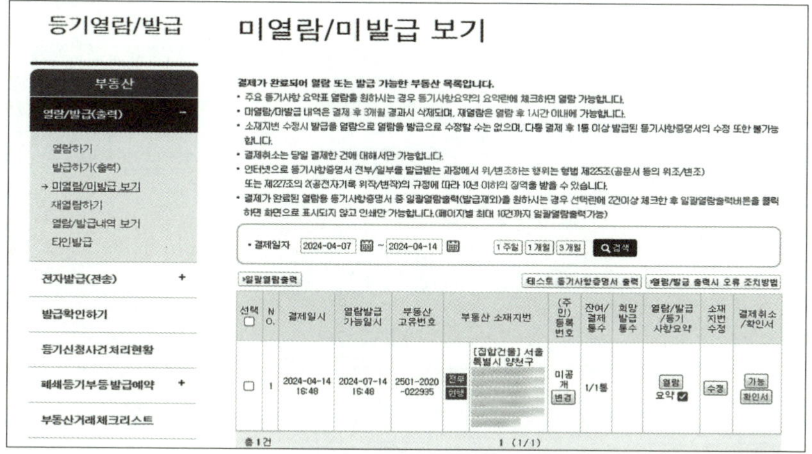

출처 : 인터넷등기소

결제 후 '등기열람/발급'에서 내가 신청한 등기부등본을 확인하자. 여기서 요약을 선택하면 등기부등본의 마지막 장에 정보가 요약 제공되어 편리하다.

등기부등본 출력, 저장 방법

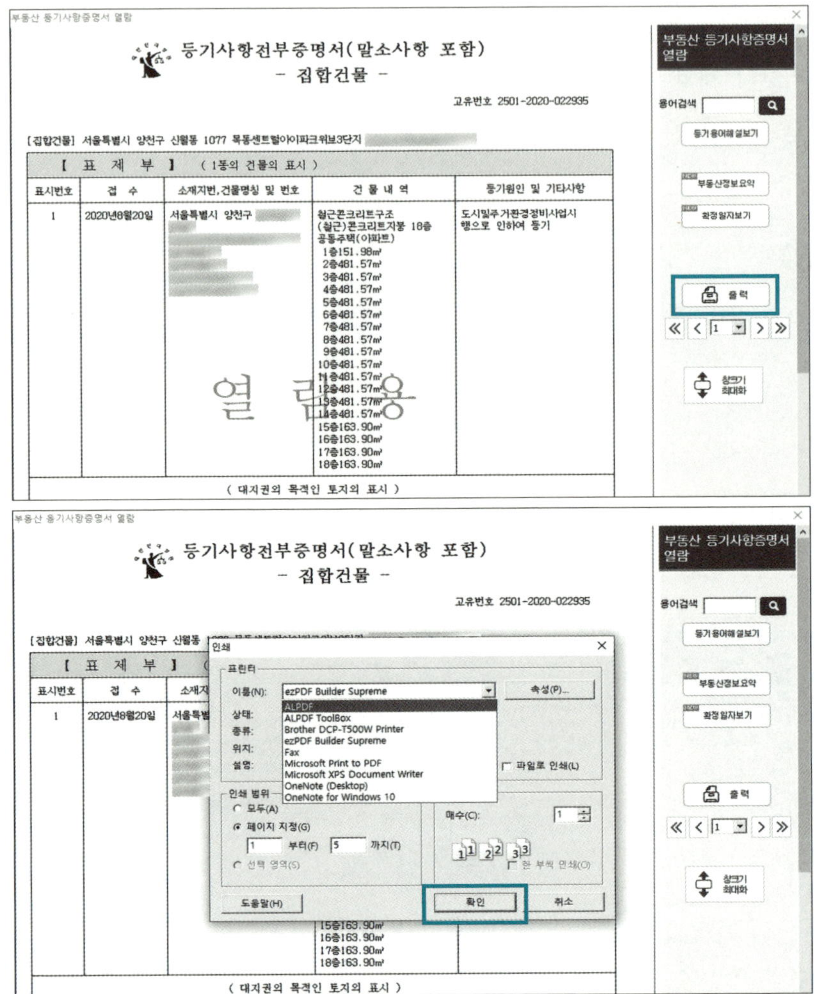

출처 : 인터넷등기소

첫 번째 그림은 프린터로 등기부등본을 출력하는 방법, 두 번째 그림
은 PDF로 저장하는 방법의 예시다. 둘 다 출력으로 들어가지만, PDF
는 프린터 이름 선택에서 PDF를 선택 후 확인을 누르면 원하는 전자기

기에 해당 등기부등본 PDF 파일을 저장할 수 있다. 각자 선호하는 방식으로 등본을 확인하자. 실제로 한두 번만 해보면 더욱 쉽게 원하는 주소의 부동산 등기부등본을 떼어서 확인할 수 있을 것이다.

내 돈을 좌우하는 등기부등본 제대로 읽기

이제 앞에서 저장했거나 출력했을 등기부등본을 파악하기 전, 그 서류들의 중요성을 알아보자. 등기부등본은 해당 부동산의 소재지, 면적, 소유자, 대출 현황, 특이사항 등의 실제 사실관계와 권리관계가 기재된 공적 장부다.

공적 장부이기 때문에 공신력을 가지고 있고 정확한 정보를 얻을 수 있지만, 그만큼 복잡한 구성과 불친절한 용어로 가득 차 있다. 이제 등기부등본의 3가지 항목 표제부, 갑구, 을구의 내용을 파악하고, 그 중 반드시 확인해야 할 부분도 알아보자.

① 표제부 : 부동산의 뼈대

표제부는 그 부동산의 '얼굴'이다. 지번부터 면적, 소재지, 용도, 구조 등 그 부동산의 기본적인 내용을 확인할 수 있다. 표제부를 볼 때는 반드시 등기부등본의 지번, 동, 호수가 내가 확인하려는 부동산의 내용과 같은지 확인하자.

표제부 예시

등기사항전부증명서(말소사항 포함)
- 건물 -

고유번호 1111-1996-204858

[건물] 서울특별시 성동구

【 표 제 부 】 (건물의 표시)				
표시번호	접 수	소재지번 및 건물번호	건 물 내 역	등기원인 및 기타사항
1 (전 2)	1991년3월30일	서울특별시 성동구	철근콘크리트조 및 콘크리트 슬래브 철근콘크리트 벽돌조 평 스라브3층 목욕탕 및 근린 생활시설 및 주택 1층 138.60㎡ 2층 138.60㎡ 3층 106.92㎡ 지층 160.20㎡ 지층중 48.60㎡ 보일라실 111.60㎡ 근린생활시설 1,2층 목욕탕 3층 증축분은 벽돌조 주택	도면편철장 제3책제1124장
				부동산등기법 제177조의 6 제1항의 규정에 의하여 1999년 08월 27일 전산이기
2	2006년1월6일	서울특별시 성동구	철근콘크리트조 및 콘크리트슬래브 철근콘크리트 벽돌조 평스라브3층 근린생활시설 및 주택 및 종교집회장 1층 138.60㎡ 2층 138.60㎡ 3층 106.92㎡ 지층 160.20㎡ 지층중 48.60㎡ 보일라실 111.60㎡ 근린생활시설 1,2층 종교집회장 3층 증축분은 벽돌조 주택	용도변경

② 갑구 : 소유권에 대한 사항

갑구에는 주택 소유자와 취득일, 거래가부터 소유권 관련 사항까지 정리되어 있다. 즉 누가, 언제, 어떤 조건으로 부동산을 취득했는지까지 알 수 있다. 또한 소유권에 영향을 미치는 압류, 가압류, 가처분 등의 사항도 확인할 수 있다. 내가 거래해야 할 부동산의 안정성을 확인하기

갑구 예시

순위번호	등기목적	접 수	등기원인	권리자 및 기타사항
1 (전 15)	소유권이전	1999년6월30일 제47809호	1999년6월12일 매매	공유자 지분 2분의 1 ••••• 서울 관악구 지분 2분의 1 -••••••• 서울 관악구
				부동산등기법 제177조의 6 제1항의 규정에 의하여 1999년 08월 27일 전산이기
2	공유자전원지분권부이전	2001년4월3일 제21248호	2001년3월2일 매매	소유자 •••••
2-1	2번등기명의인표시변경		2004년2월26일 전거	의 주소 서울 서초구 2005년5월11일 부기
3	소유권이전	2005년5월11일 제30422호	2006년5월3일 매매	소유자 서울 동대문구

위한 핵심이다. 실제로 거래할 때는 사진에서 강조한 부분 최하단에서 부동산의 최종 소유자가 누구인지 반드시 알아두자.

또한 가압류나 가처분, 가등기 등 특이사항이 있는지도 반드시 확인하자. 이런 특이사항이 있다면 문제가 있는 부동산이라는 피할 수 없는 증거다. 하지만 위의 예시처럼 삭선이 그어져 있다면, 현재는 해당 사항이 말소된 것이니 안심해도 좋다.

가압류 취소 예시

순위번호	등 기 목 적	접 수	등 기 원 인	권리자 및 기타사항
				의하여 2000년 01월 21일 전산이기
1-1	1번등기명의인표시 변경		2006년4월28일 전거	
2	소유권이전	2006년5월4일 제33488호	2006년4월15일 매매	
3	압류	2006년10월9일 제76882호	2006년10월9일 압류(세무-2294 5)	권리자 시흥시
4	3번압류등기말소	2007년2월7일 제12129호	2007년2월6일 해제	
5	소유권이전	2016년8월16일 제51570호	2016년6월24일 매매	
6	소유권이전	2022년4월28일 제27270호	2022년3월6일 매매	

[집합건물] 경기도 시흥시 정왕동 1875-2 미주아파트 제101동 제3층 제302호

갑구에 이런 단어가 있다면 주의하자.

- **가등기** : 법적으로 집이 다른 사람에게 넘어갈 예정이라는 의미이다. 소유권 이전 문제를 정확하게 확인하고, 되도록 직거래를 피하는 것이 좋다.

- **신탁** : 집 주인이 형식적인 부동산 소유권을 신탁회사에 넘긴 후 대출을 받은 것이다. 신탁회사의 동의 없이 계약했다가 집이 경매나 공매로 넘어가면, 보증금 후순위가 될 수 있다.

- **압류&가압류** : 집주인이 갚아야 할 돈을 갚지 않아, 임차인이나 법인이 돈 대신 부동산으로 돌려받겠다고 신청하면 등기부등본에 '압류' 또는 '가압류'

③ 을구 : 소유권 이외의 권리 사항

을구 예시

【 을　　　　구 】			(소유권 이외의 권리에 관한 사항)
순위번호	등 기 목 적	접　　수	등 기 원 인	권리자 및 기타사항
1	근저당권설정	2008년6월26일 제31430호	2008년6월23일 추가설정계약	채권최고액　금360,000,000원 채무자 　　　서울시 관악구 봉천동 근저당권자　주식회사 공동담보　토지 서울특별시 관악구 봉천동 　　　　　의 담보물에 추가
2	1번근저당권설정등 기말소	2018년9월21일 제175857호	2018년9월21일 해지	
3	주택임차권	2024년3월18일 제46655호	2024년3월13일 서울중앙지방법 원의 임차권등기명령 (2024　　　)	임차보증금　금130,000,000원 범　위　건물 2층 93.13㎡ 중 20㎡ (문패상 304호) 별지도면표시 ㄱ,ㄴ,ㄷ,ㄹ,ㄱ의 각 점을 순차로 연결한 선내(가) 부분 임대차계약일자　2021년11월17일 주민등록일자　2021년12월27일 점유개시일자　2021년12월25일 확정일자　2021년11월17일 임차권자 도면　제2024-388호

마지막으로 을구 부분에서는 부동산과 관련된 채권 및 채무 관계를 확인할 수 있다. 주로 해당 부동산을 담보로 한 대출 정보가 이 부분에 기록된다.

등기부등본은 소유자의 재정 상황을 파악할 수 있는 중요한 자료다. 과도한 대출이 있는 부동산은 향후 경매나 공매의 위험이 있으므로 주의가 필요하다. '임차권등기명령'이 좋은 예시가 될 수 있다. 이는 앞서 집을 빌린 세입자가 집주인에게 보증금을 돌려받지 못했다는 것을 의미한다. 이런 기록이 많을수록 사실 관계를 명확하게 파악하는 것이 중요하다.

바꿔 말하면 을구에 기록이 없는 부동산은 채무가 없는 좋은 조건의 부동산이라는 것이다. 이 부분을 잘 파악하면 얼마나(채권최고액), 누가(채무자), 어디서(근저당권자) 대출을 받았는지 쉽게 알아볼 수 있다. 요점은 채권최고액이 무리하게 높은 부동산을 피하는 것이다.

함정을 피하는 건축물대장 바로 읽기

건축물을 거래할 때 등기부등본도 중요하지만, 건축물대장을 확인하는 것도 필수다. 부동산의 가치를 정확히 평가하는 데 도움이 되며, 거래 과정에서 발생할 수 있는 문제를 사전에 피하게 해준다. 특히 빌라나 다세대·다가구, 도시형생활주택 등을 거래할 때는 건축물대장에 특이사항이 있는 경우가 많다. 위반건축물인지 모르고 계약을 진행했다가 대출을 거부당할 수도 있으니, 계약 전에 반드시 건축물대장을 확인하자.

건축물대장은 정부24나 세움터를 통해 무료로 열람할 수 있다. 다만 정부24는 한 번에 한 건만 확인할 수 있어 여러 매물을 비교하기에는 불편하다. 이럴 때는 세움터에서 최대 세 건을 동시에 열람해 빠르게 비교해보자. 주기적으로 자료가 갱신되므로 최신 정보를 확인할 수 있다.

먼저 '세움터'(www.eais.go.kr) 사이트에 접속한 뒤 '민원서비스' 메뉴에서 '건축물대장 발급' 옵션을 선택하자. 회원이면 바로 확인할 수 있으며, 비회원이라면 개인정보 제공에 동의한 후 열람할 수 있다.

건축물대장 검색 과정 ①

출처 : 세움터

다음은 검색창에 열람하고 싶은 건물의 지번을 입력하자. 시스템이 자동으로 관련 주소 리스트를 제시하며, 여기서 해당 건물의 정확한 지번을 선택하면 된다.

건축물대장 검색 과정 ②

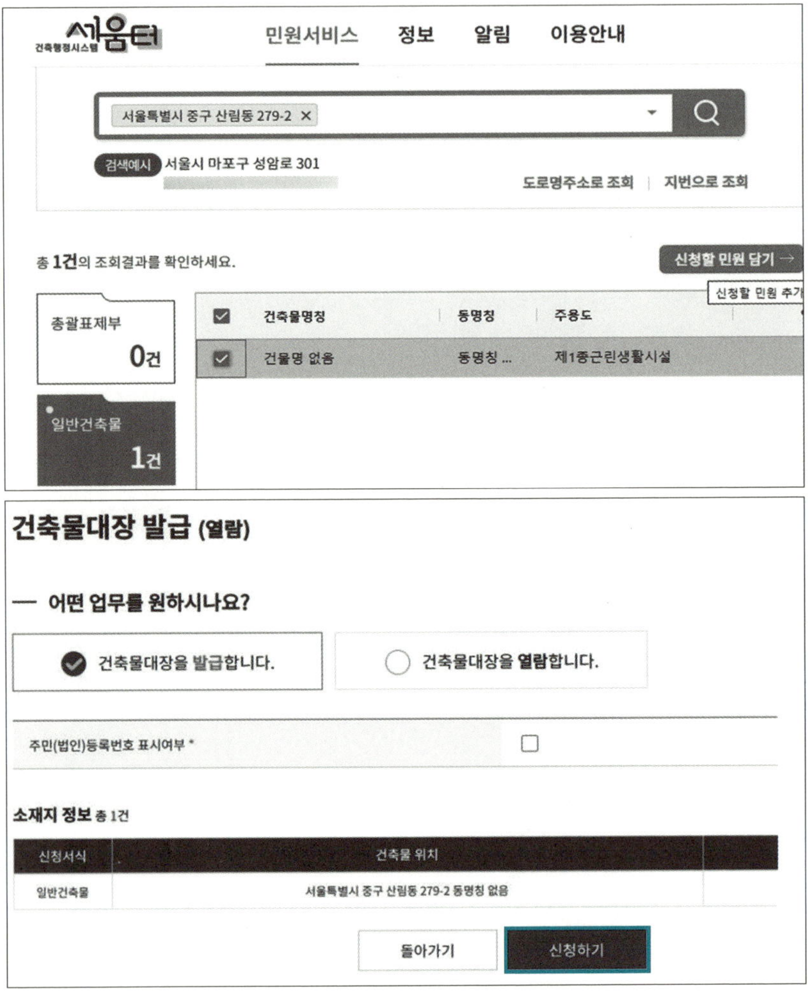

출처 : 세움터

마지막으로 내가 알고 싶은 건물의 유형을 정확하게 선택하자. 단독
주택이나 다가구주택, 상가주택이라면 '일반 건축물대장'을, 아파트나
연립·다세대주택이나 상가주택은 '집합 건축물대장'을 선택해야 한다.

그리고 찾고 싶은 세대를 지정해 내가 알고 싶은 곳의 건축물대장을 찾자. 모든 내용을 정확하게 선택했다면 '신청하기' 버튼을 누르자.

건축물대장 검색 과정 ③

출처 : 세움터

신청까지 성공적으로 마쳤다면, '건축물대장 신청내역'으로 들어가자. 여기에서 원하는 건축물의 건축물대장과 그 안에 숨어있는 귀중한 자료를 볼 수 있다.

건축물대장에서 주의할 점

건축물대장은 건축물부터 소유자까지 그 건축물에 대한 모든 현황이 정리되어 있지만, 대출을 위해서는 크기와 소유자, 이력의 변동만 확인해도 무방하다. 일반적인 건축물이라면 2장 정도 분량이지만 표시해야 할 내용이 많다면 3장 이상 나올 수도 있다.

하지만 특히 주의를 기울여야 하는 것은 위반건축물 여부다. 건축물

건축물대장의 예시

일반건축물대장(갑)

(4쪽 중 제1쪽)

고유번호	1114014700-1-01480002	명칭		호수/가구수/세대수	0호/1가구/0세대

대지위치	서울특별시 중구 쌍림동	지번		도로명주소	서울특별시 중구 퇴계로

※대지면적 m²	연면적 142.36 m²	※지역 일반상업지역	※지구 중심지미관지구 외 1	※구역

건축면적 m²	용적률 산정용 연면적 m²	주구조 세면벽돌조	주용도 근린생활시설	층수 지하 층/지상 2층

※건폐율 %	※용적률 %	높이	지붕 스레트즙	부속건축물

※조경면적 m²	※공개 공지·공간 면적 m²	※건축선 후퇴면적 m²	※건축선후퇴 거리 m

건축물 현황 / 소유자 현황

구분	층별	구조	용도	면적(m²)	성명(명칭) 주민(법인)등록번호 (부동산등기용등록번호)	주소	소유권 지분	변동일 변동원인
주1	1층	세면벽돌조	근린생활시설	71.18			1/4	2018.09.07 등기명의인표시변경
주1	2층	세면벽돌조	근린생활시설	71.18				
		- 이하여백 -					1/4	2018.09.07 등기명의인표시변경

이 등(초)본은 건축물대장의 원본내용과 틀림없음을 증명합니다.

중구청장

발급일: 2021년 06월 24일
담당자:
전 화:

(4쪽 중 제2쪽)

■ 건축물대장의 기재 및 관리 등에 관한 규칙 [별지 제1호서식]

고유번호	1114014700-1-01480002	명칭		호수/가구수/세대수	0호/1가구/0세대

대지위치	서울특별시 중구 쌍림동	지번		도로명주소	서울특별시 중구 퇴계로

구분	성명 또는 명칭	면허(등록)번호	※주차장				승강기		허가일
건축주							승용 대 / 비상용 대		착공일
설계자			구분	옥내	옥외	인근	면제	※하수처리시설	사용승인일 1949.12.10
공사감리자			자주식	대 m²	대 m²	대 m²	형식		관련 주소
공사시공자 (현장관리인)			기계식	대 m²	대 m²	대 m²	용량 인용	지번

※제로에너지건축물 인증	※건축물 에너지효율등급 인증	※에너지성능지표(EPI) 점수	※녹색건축 인증	※지능형건축물 인증	
등급	등급	점	등급	등급	
에너지자립률 %	1차에너지 소요량 (또는 에너지절감율) kWh/m²(%)	에너지소비총량 kWh/m²	인증점수 점	인증점수 점	도로명
유효기간 . . ~ . .	유효기간 . . ~ . .		유효기간 . . ~ . .	유효기간 . . ~ . .	

내진설계 적용 여부	내진능력	특수구조 건축물	특수구조 건축물 유형	
지하수위 G.L m	기초형식	설계지내력(지내력기초인 경우) t/m²	구조설계 해석법	

변동사항

변동일	변동내용 및 원인	변동일	변동내용 및 원인	그 밖의 기재사항
2002.02.06	내역 쌍림동148-3.2호에서 토지(합병)으로쌍림동148-2호로지번 변경 - 이하여백 -			주택58554-1971(2002.6.3) 호와관련 위반건축물(무단개축)표기. 도관 58554-4501(2003.10.07) 호에의거해제.

대장의 우측 상단에 노란색으로 따로 표기할 정도로 중요한 내용이며, 대출을 진행할 때 금융기관이 승인을 거부하는 가장 강력한 요인이 된다. 위반건축물이 된 이유는 변동사항 항목에서 확인할 수 있다.

위반건축물의 건축물대장 예시

■건축물대장의 기재 및 관리 등에 관한 규칙 [별지 제1호서식] <개정 2018. 12. 4. >

일반건축물대장(갑)　위반건축물

(2쪽 중 제1쪽)

고유번호	1114013800-1-00480002	명칭		호수/가구수/세대수	0호/1가구/0세대
대지위치	서울특별시 중구 필동2가	지번 ▨▨▨ 외 1필지	도로명주소	서울특별시 중구 회계로44길 ▨▨	
※대지면적 ㎡	연면적 82.65 ㎡	※지역 제3종일반주거지역	※지구	※구역	
건축면적 ㎡	용적률 산정용 연면적 ㎡	주구조 목조	주용도 근린생활시설	층수 지하 층/지상 2층	
내진설계 적용 여부	내진능력	특수구조 건축물	특수구조 건축물 유형		
지하수위 G.L m	기초형식	설계지내력(지내력기초인 경우) t/㎡	구조설계 해석법		

변동사항					
변동일	변동내용 및 원인	변동일	변동내용 및 원인	그 밖의 기재사항	
2017.11.03	위반건축물표기: 1995년 증축(1층2층),12㎡,판넬/판넬 근린생활시설[주택과-39793(2017.11.03.)]			- 이하여백 -	
	- 이하여백 -				

　건축물대장을 확인해야 하는 또 다른 이유는 아파트나 다세대로 알고 있던 부동산이 건축물대장에는 도시형생활주택으로 기재된 경우가 있기 때문이다. 대출을 받을 때는 실제 건축물대장을 기준으로 부동산의 종류와 용도가 결정되며, 이는 금융회사의 판단 근거가 되니 반드시 확인해두자.

　만약 내 부동산이 건축물대장에서 일반 아파트가 아니라면 탁상감정을 진행해야 한다. 금융기관과 부동산의 종류에 따라 감정평가사의 기준이 달라질 수 있으므로, 대출을 진행하기 전에 건축물대장을 확인해 정확한 종류와 용도를 파악하는 것이 중요하다.

　부동산 대출은 인생에서 큰 금액을 빌리는 중요한 금융거래다. 그만큼 사소한 것 하나까지 챙겨야 한다는 부담도 클 것이다. 이 장을 꼼꼼히 읽고 등기부등본과 건축물대장을 스스로 보고 해석하는 능력을 길러, 부동산의 권리관계를 빠르게 파악해보자. 그 능력을 바탕으로 앞으로 겪을 많은 거래에서 부담을 덜 수 있기를 바란다.

소유권 끝장 정리 :
'내 집 주인' 논란 종결

생애 처음 집을 구매하는 사람이나, 살고 있던 집을 떠나 더 좋은 곳으로 옮겨 가는 이들 대부분은 대출을 통해 자금을 마련한다. 하지만 어떤 방식이 좋은지 알아보는 사람은 많아도 대출에서 사용하는 용어와 구조를 공부하는 사람은 드물다. 용어와 구조를 확실하게 알아야 예기치 못한 상황에서 침착하게 빠져나갈 수 있다. 이번 장에서는 소유권을 다룰 때 자주 사용하는 용어와 흔히 일어나는 상황을 알아보자.

소유권을 다룰 때 많이 사용하는 용어 중 하나는 '차주'다. 돈이나 물건을 빌려 쓴 사람이라는 뜻이다. 빌리는 대상에 따라 '차가인(집을 빌린 경우)'이나 '차지인(땅을 빌린 경우)'으로 표현하기도 하지만, 주로 사용하는 것은 차주다. 대출에서는 대출받는 당사자를 말한다. 일반적으로 집을 구매했을 때 가장 많이 겪는 단독소유 담보대출 상황과 부부의 공동소유 담보대출 상황에 대해 알아보자.

단독소유 담보대출

등기부등본 단독소유 예시

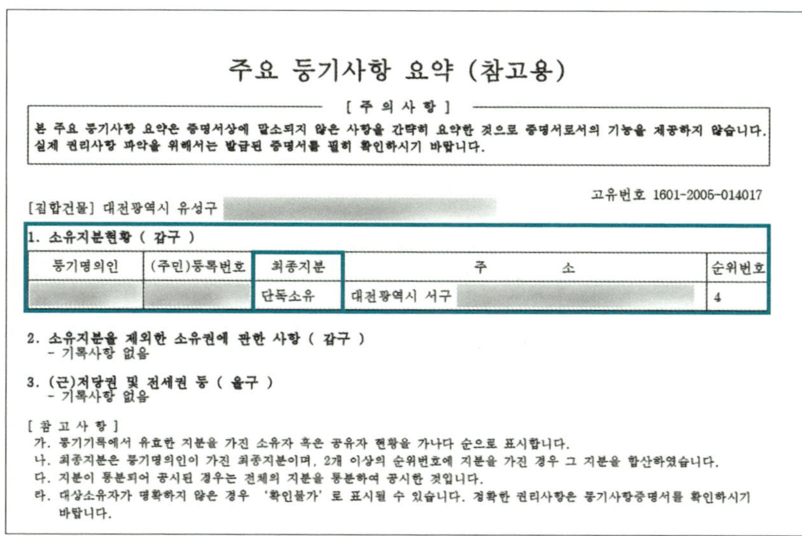

앞에서 본 것처럼 해당 물건지의 소유자는 등기부등본의 갑구를 통해 파악할 수 있다. 최종지분란에 단독소유로 표기되면 가장 깔끔하고 쉽게 대출을 받을 수 있다. 단독소유자가 직접 차주가 되어 자신의 담보 재산으로 대출받기 때문이다. 반면에 공동소유는 조금 더 복잡하다.

공동소유 담보대출

일반적으로 부부는 주택의 지분을 절반씩 나누어 가진다. 따라서 이 부동산을 담보로 대출(공동소유 담보대출)을 받으려면 부부 모두의 동의와 자필 서명이 필요하다. 부부 뿐만 아니라 다른 공동소유 관계도 마찬가지다.

등기부등본 공동소유 예시

주요 등기사항 요약 (참고용)

[주 의 사 항]

본 주요 등기사항 요약은 증명서상에 말소되지 않은 사항을 간략히 요약한 것으로 증명서로서의 기능을 제공하지 않습니다.
실제 권리사항 파악을 위해서는 발급된 증명서를 필히 확인하시기 바랍니다.

고유번호 2642-2004-000101

[집합건물] 서울특별시 중랑구 묵동 386 금호어울림아파트

1. 소유지분현황 (갑구)

등기명의인	(주민)등록번호	최종지분	주　　　소	순위번호
(공유자)	-*******	2분의 1		7
(공유자)	-*******	2분의 1		7

2. 소유지분을 제외한 소유권에 관한 사항 (갑구)
- 기록사항 없음

한 발짝 더 나아가 단독소유와 공동소유에서 발생할 수 있는 복잡한 경우를 알아보자.

단독소유자와 대출을 받는 차주가 다른 경우다. 보통 부모님이 소유한 아파트를 자녀를 위해 담보로 제공할 때 발생한다. 공동소유에서는 부부 공동담보가 있을 때 부부 중 한 명이 차주가 되어 대출을 진행하는 경우가 대표적이다.

이때 용어를 알고 있으면 이해가 쉬워진다. 두 사람 중 소득이 높고 신용점수가 높은 사람이 차주가 되는 것이다. 차주는 대출을 받는 당사자이므로, 금리와 한도 또한 차주를 기준으로 정해진다. 소득과 신용점수가 높은 사람이 차주가 되면 그만큼 높은 한도와 좋은 금리를 받을 수 있다.

공동소유는 과정과 구조가 복잡한 만큼, 추가로 알아둘 사례가 있다. 부부 중 한 사람의 소득이 너무 적어 대출이 어려울 때다. 이 경우

담보대출이 없는 경우에 한해 부부의 소득을 합한 합산소득으로 대출을 신청할 수 있다. 다만 제약도 있다. 대출 실행에 앞서 자필 서류를 작성할 때 담보제공자와 차주가 모두 참석해야 하며, 차주의 신용정보와 기존 대출 정보를 담보제공자에게 제공해야 한다.

이런 절차가 있는 이유는 담보제공자가 상대적으로 불리한 입장일 수 있기 때문이다. 차주의 정보를 제공함으로써 그 불리함을 줄이는 것이다. 복잡해 보이지만, 담보를 가진 사람이 담보제공자가 되고 대출은 돈을 빌리는 차주를 기준으로 진행된다고 이해하면 편하다.

한도는 '순서'에서 갈린다 :
감액등기로 숨은 한도 찾기

사람들이 대출 과정에서 궁금해하는 용어와 개념은 그 밖에도 수두룩하다. 이번에 알아볼 용어는 선순위, 후순위 대출이다. 대출에 순위가 있다는 점이 생소하고, 의미를 파악하기도 어려워 많이들 어려워한다. 하지만 규칙만 알면 쉽게 이해할 수 있다. 아파트 담보대출을 받는 경우를 예시로 알아보자.

현금 부자가 아니고선 아파트를 살 때 대출을 끼지 않는 경우는 드물다. 따라서 주거래은행이나 좋은 대출 상품을 취급하는 은행을 통해 60% 정도 대출받아 매수한다고 가정하자. 10억 원짜리 아파트를 샀다면 대출 원금 6억 원, 자기자본 4억 원이 들었을 것이다. 이때 등기부등본에는 원금이 아닌 '채권최고액'이 기록된다. 근저당권으로 담보되는 채권은 현재, 또는 장래에 발생할 채권을 조금 높게 매긴다. 이 한도를 채권최고액이라고 한다. 쉽게 말해 은행은 빌려준 돈보다 많은 금액으로 채권최고액을 정하는 것이다. 일반적으로는 대출 원금의 120%를 설정하며, 원금 6억 원을 빌릴 때의 채권최고액은 7억 2,000만 원이 된다.

다만 내가 이 금액을 모두 갚아야 하는 것은 아니다. 은행은 채무자가 이자를 연체하거나 채무액을 갚지 못하는 경우에 대비해 120%로 설정해둔 것뿐이다. 이런 내용이 등기부등본에는 어떻게 표시되는지 알아보자.

등기부등본에 적힌 채권최고액 예시

【 을 　 구 】			（ 소유권 이외의 권리에 관한 사항 ）	
순위번호	등 기 목 적	접 　 수	등 기 원 인	권리자 및 기타사항
1	근저당권설정	2022년1월20일 제7262호	2021년12월17일 설정계약	채권최고액　금720,000,000원 채무자 　　　경상남도 김해시 근저당권자 　　　경기도 부천시

이제 앞에서 설명한 채권최고액이 적힌 주택을 담보로 은행에 대출을 문의했다고 가정하자. 시세 10억 원의 아파트에 대출 원금 6억 원이 있고, 채권최고액은 7억 2,000만 원으로 설정된 상태다. 기존 대출 6억 원을 시세 10억 원으로 나누면 이 주택의 LTV는 60%라고 볼 수 있다. 여기서 LTV 최대한도가 80%(8억 원)까지 가능하다면 추가로 얼마를 대출받을 수 있을까? 이 지점에서 선순위 대출과 후순위 대출의 차이가 분명해진다.

선순위 대출은 LTV 최대한도(80%) 8억 원에서 대출원금 6억 원을(대환 조건부로) 뺀 금액을 기준으로 추가 한도를 계산한다. 반면 후순위 대출은 LTV 한도(80%) 8억 원에서 채권최고액 7억 2,000만 원을 뺀 금액을 기준으로 한다. 따라서 선순위 대출은 대출액 8억 원을 받아 기존의 대출 6억 원 상환 처리(대환)한 뒤, 2억 원의 가용 자금을 만든다. 반면 후순위 대출은 기존의 대출 6억 원을 그대로 유지한 상태로 LTV 한도(80%) 8억 원에서 채권최고액 7억 2,000만 원을 뺀 8,000만 원을 추가로 대출받을 수 있다.

총대출액에서도 차이가 난다. 선순위 대출은 기존 대출보다 앞 순위로 대출이 설정된다. 따라서 기존 대출 6억 원에 2억 원이 더해져 총 8억 원을 대출받게 된다. 반면 후순위 대출은 기존 대출 뒤로 추가 대출이 설정되므로 8,000만 원만 추가로 받을 수 있는 것이다.

선순위 대출과 후순위 대출의 차이

	선순위	후순위
LTV 80% 계산(A)	8억 원	8억 원
기존 대출액(B)	6억 원(대출원금)	7억 2,000만 원(채권최고액)
(A)-(B)	2억 원	8,000만 원

그렇다면 이렇게 한도가 부족할 때 한도를 늘릴 방법은 무엇일까? 정답은 '감액등기'다. 보통 부동산을 처음 구매할 때 받은 매매잔금대출은 선순위 대출로 설정되며, 원리금균등상환 방식에 30년~40년 만기로 설정하는 것이 일반적이다. 하지만 내가 이 대출의 원금을 갚은 내역은 등기부등본에 갱신되지 않는다. 이때 감액등기를 통해 내가 상환한 내역을 반영해 채권최고액을 낮추고, 그에 맞춰 새로운 채권최고액

을 다시 설정할 수 있다. 이렇게 줄어든 채권최고액만큼 후순위 대출의 한도가 늘어나면 더 많은 금액을 받을 수 있다.

나라가 지켜주는 내 돈 :
최우선변제·보증보험으로 방어

잊을 만하면 각종 뉴스에 떠오르는 전세 관련 문제로 세입자의 권리에 관한 관심이 높아졌다. 자연스럽게 '임대차 보호법'으로 세입자의 권리를 지킬 수 있다는 것과 전셋집으로 전입신고를 하고 확정일자를 받는 것이 중요하다는 것도 널리 알려졌다. 이번에는 거주지에 따라 보호 범위와 기준이 조금씩 다르지만, 내 돈을 지킬 가장 확실한 방법인 최우선변제권을 알아보자.

이 제도를 잘 이용하면 내가 임대로 살던 주택이 경매에 넘어가더라도 다른 채권자들보다 먼저 변제받을 수 있다. 물론 이런 대항력을 갖추려면 몇 가지 조건과 주의사항이 있다.

① 기준 시점은 '계약일'이 아닌 '담보물권 설정일'

현재 시점에 계약했더라도 해당 주택에 2018년에 설정된 근저당이 있다면 근저당이 설정된 2018년의 법을 기준으로 소액임차인 여부와

변제금을 판단해야 한다. 이때 앞에서 확인한 등기부등본 을구의 최선순위 담보설정일을 기준으로 과거 연혁표를 대조해야 한다.

② 50% 한도 원칙

내가 받을 수 있는 최우선변제금은 주택가액(낙찰대금)의 50%를 초과할 수 없다는 점에 주의하자. 다가구주택처럼 소액임차인이 여러 명이라면 이 한도 안에서 나누어 배당받게 되어 전액(최대 5,500만 원)을 다 받지 못하는 경우가 빈번하다.

③ 대항력 요건 구비

경매개시결정 등기 전까지 이사와 전입신고를 마쳐야 하며, 배당요구 종기일까지 이를 유지해야 한다. 확정일자는 최우선변제 요건은 아니지만, 우선변제권을 위해서는 필수라고 볼 수 있다.

④ 지역·가격별 주의사항

사려는 주택이 인천(일부 제외), 의정부, 구리, 남양주(일부), 하남, 고양, 수원, 성남, 안양, 부천, 광명, 과천, 의왕, 군포, 시흥(일부) 등 과밀억제권역이나 대구 달성군, 울산 울주군, 부산 기장군 등 광역시의 군 지역에 해당한다면, '그 밖의 지역'으로 분류될 수 있으므로 주의가 필요하다. 또한 다음 도표의 보증금 범위를 넘는 물건을 계약하면 변제 대상에서 벗어나니 주의하자.

지역별 소액임차보증금 한도

지역 구분	소액임차인 보증금 범위	최우선 변제금액(최대)
	개정안	개정안
서울특별시	1억 6,500만 원 이하	5,500만 원 이하
과밀억제권역(서울 제외), 세종·용인·화성·김포	1억 4,500만 원 이하	4,800만 원
광역시(과밀억제권역/군지역 제외), 안산·광주(경기)·파주·이천·평택	8,500만 원 이하	2,800만 원
비규제지역	7,500만 원 이하	2,500만 원

위의 조건을 만족했다면, 임대인이 파산해 집이 경매나 공매로 넘어가더라도 최우선변제권을 통해 급한 불을 끌 수 있다. 그렇다면 소액임차보증금, 최우선변제권, 최우선변제금은 주택담보대출과 어떤 관계가 있을까?

"누군가 먼저 파이를 잘라가면, 반드시 손해를 보는 사람이 생기기 때문이다."

여기서 손해를 보는 사람은 은행이다. 임차인이 최우선변제권으로 돈을 가져가는 만큼, 임대인에게 큰 돈을 빌려준 은행은 그만큼 손해를 입게 된다. 대출을 해준 금융사도 수익을 올려야 하니, 자신들의 몫이 아닌 최우선변제금을 대출금에서 제외한 뒤 대출을 승인한다. 소액임차보증금 제도가 부동산의 담보가치에 영향을 미치는 것이다.

그만큼 금융사는 손해에 민감해 방의 개수도 깐깐하게 따질 것이다. 10억 원 가치의, 아무런 대출이 없는 서울 소재 방 3개짜리 집으로

LTV 50% 대출을 받는다고 생각해보자. 어떤 대출 상품은 방의 개수만큼 소액임차보증금을 제외해(방 3개 × 5,500만 원 = 1억 6,500만 원) 대출해주고, 다른 대출 상품은 소액임차보증금만큼(5,500만 원)만 제외해 대출해주기도 한다. 이를 '방공제'라고 부른다.

방마다 방공제를 하면 대출 한도는 10억 원의 50%인 5억 원에서 5,500 × 3 = 1억 6,500만 원이 줄어들어 3억 3,500만 원이 되고, 한 번만 방공제를 하면 5억 원에서 5,500만 원을 뺀 4억 4,500만 원의 한도를 갖게 된다. 즉, 방공제는 세입자의 보증금을 보호하는 제도이자 대출한도를 줄이는 요인이다.

이 제도의 독특한 점은 주택이나 준주택만 방공제 대상이고, 아파트는 방공제 대상이 아니라는 점이다. 그렇다면 내가 가진 주택·준주택을 담보로 주택담보대출을 받을 때, 방공제를 피할 방법이 있을까? 답은 다른 대출 제도 속에 있다. 원래 차감해야 하는 소액임차보증금만큼 보증기관의 보험에 가입하면 최대한도까지 대출받을 수 있다.

MCI·MCG 보증보험이란?

'MCI'(모기지신용보험)는 보증서 발급기관인 '서울보증보험'에 가입하고, 주택담보대출 시 차감되는 방공제 금액만큼 대출 한도를 높이는 제도다. 임대인이 임차인의 보증금을 보증해주는 방법으로 1인당 2건을 이용할 수 있으며, 채무자가 채무이행을 제대로 하지 않을 때 금융기관이 입을 손해를 보험사에서 보증한다. 이때 별도 비용은 발생하지 않는다. 'MCG'(모기지신용보증)도 MCI와 비슷한 역할을 한다. '주택금융공사'의 보증으로, 가입 시 고객이 비용을 부담한다. MCI처럼 가구당 2건까지 이용할 수 있지만 1억 원 이하로 한도가 정해져 있다.

MCI와 MCG 모두 방공제를 없애 주택담보대출 한도를 높인다는 점은 같다. 다만 1인, 1세대당 2건까지만 가입할 수 있다는 한계가 있다. 이 제도를 이용하려면 거래 전에 가입 가능 여부를 확인하자. 주의할 점은 최근 은행권의 대출 총량 규제에 따라 MCI/MCG 가입이 중단되는 이슈가 있다는 것이다. 제1금융권이라도 모든 금융사가 MCI/MCG 가입을 지원하는 것은 아니므로, 방공제 없이 최대한도로 대출을 받고 싶다면 조건이 좋고 MCI/MCG 가입이 가능한 곳을 먼저 알아두자. 그래야 방공제 차감 없이 LTV의 최대한도까지 대출받을 수 있다.

소득이 없어도 길은 있다 :
구조로 뚫는 대출의 비밀

일반 주택담보대출을 진행할 때 가장 중요한 것은 소득이기 때문에 소득과 관련이 깊은 DTI와 DSR 지표를 반드시 확인한다. 그렇다면 정확한 소득을 증빙하기 어렵더라도 대출을 받을 수 있을까? 예를 들어

추정소득 계산에 필요한 서류

	필요서류	발급처
신용·체크카드	최근 1년간 사용 내역	홈택스, 손택스, 세무서 현장 방문
건강보험	3개월 치 납부 확인서	정부24 홈페이지·앱, 사회보험통합징수포털, The건강보험 앱, 무인민원발급기
국민연금	3개월 치 납부 확인서	국민연금공단 전자민원서비스 홈페이지

주부·무직자·퇴사자처럼 무소득에 가깝거나, 프리랜서처럼 업무 형태에 따라 소득 측정이 어려운데 갑작스러운 전세금 인상이나 새집 마련으로 목돈이 필요하다면 말이다. 앞에서 잠시 말했지만, 추정소득을 이용하면 최대 5,000만 원까지 일정 소득을 인정받을 수 있다.

추정소득을 계산할 때는 주로 연간 카드 사용액, 건강보험료 납부액, 국민연금 납부액을 이용한다. 연간 카드 사용액은 1년 동안 사용한 카드 대금을 바탕으로 소득 인정액을 계산하는 방식이다. 예를 들어 연 4,000만 원의 소득 인정을 받으려면 1년에 약 1,817만 원 이상 카드를 사용해야 한다

분류별 추정소득치

건보료(3개월평균)	국민연금 납부액	연간 카드사용액	소득 인정액
31,053원	90,000원(최소치)	4,544,444원	1,000만 원 국민연금은 1,133만 원
62,070원	약 16만 원	9,088,888원	2,000만 원
94,605원	약 24만 원	13,633,333원	3,000만 원
126,140원	약 32만 원	18,177,777원	4,000만 원
157,675원	약 40만 원	22,722,222원	5,000만 원(최상한)

뒤집어 말하면 1년에 1,817만 원 정도 카드를 사용하니, 대략 4,000만 원 정도의 소득이 있다고 추정해 인정해주는 것이다. 추정소득을 최대(5,000만 원)로 인정받으려면 연간 카드 사용액이 2,272만 원을 넘어야 한다. 카드 사용액의 2.2배 정도가 대략적인 연 추정소득이라고 생

각하면 편하다.

주의할 점은 1년에 1억 원 넘게 카드를 쓰더라도 추정소득은 최대 5,000만 원까지만 인정된다는 것이다. 또한 실제 결제를 마친 금액이 아니라, 현금 서비스나 장기 카드론 등 대출 형태의 사용은 인정되지 않는다. 정확한 금액은 국세청이 제공하는 홈택스의 연말정산 간소화 서비스를 통해 신용·체크카드 사용 금액을 확인하는 것을 추천한다.

〈홈택스〉 연말정산 간소화 서비스

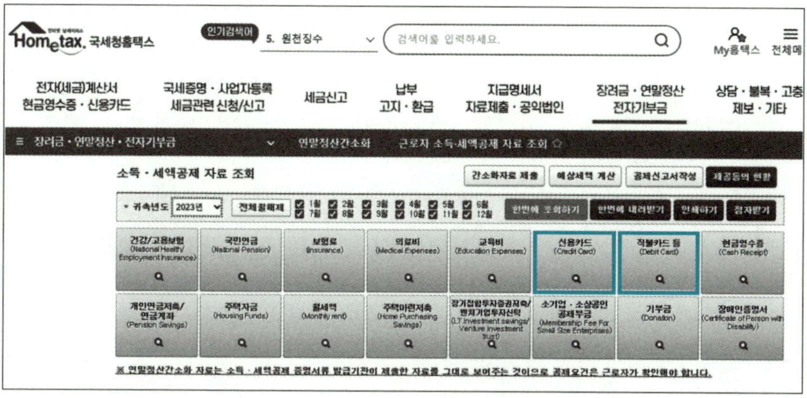

출처 : 국세청

연말정산 간소화 서비스에 들어가 근로소득자나 사업소득자 대상 소득세액공제자료 조회를 선택하자. 여러 항목 중 신용카드와 직불카드 금액을 선택하면 1년 동안의 사용 금액을 확인할 수 있다.

다음은 건강보험료나 국민연금을 이용한 추정소득 계산이다. 가장 일반적으로 사용하는 방법은 건강보험료다. 건강보험료와 국민연금 모두 최근 3개월 평균 납부액으로 추정소득을 계산하며, 자세한 금액은 위 표에서 확인할 수 있다. 추정소득을 4,000만 원으로 인정받으려면 매달 12만 6,140원 이상의 건보료를, 최대치인 5,000만 원으로 인정받으려면 매달 약 15만 8,000원 이상의 건보료를 내야 한다. 따라서 건강보험료 추정소득은 월 건보료 납부액의 320배 정도가 대략적인 연 추정소득이라고 생각하면 편하다.

건강보험료와 국민연금으로 추정소득을 인정받으려면 최소 3개월 이상 납부해야 하니, 대출을 받기 3개월 전에는 건보료와 국민연금을 미리 납부하는 작업이 필요하다. 다만 무직 상태에서 건강보험료로 추정소득을 인정받으려면 건강보험자격득실확인서에서 내 자격이 지역세대주여야만 한다. 국민건강보험공단에서 미리 확인하자. 지역세대주일 때 납부한 건강보험료 3개월 평균액을 이용해 추정소득을 인정받을 수 있다. 이렇게 추정소득을 이용해 대출과 투자를 진행한 고객의 사례를 알아보자.

한 고객은 불규칙한 소득 때문에 전통적인 소득 증빙 방식으로는 충분한 대출한도를 얻기 어려운 상황이었다. 작년보다 수입이 늘었지만 아직 소득신고가 반영되지 않아 공식적인 소득 증빙이 불가능했다. 또한 아파트 거래 경험이 없어, 비규제지역의 3억 원짜리 아파트를 매수할 때 최대한도 70% 대출이 가능하다는 기본적인 대출 지식도 없었다. 이 정도의 아파트를 사려면 자기자본이 적어도 1억 원 이상 필요하다고 생각했다.

하지만 건강보험료 납부내역과 연간 카드 사용액을 이용해 추정소득을 산출할 수 있었다. 이 사업자 고객은 건강보험료를 월 16만 원 이상 꾸준히 납부해 왔고, 연간 카드 사용액도 2,300만 원을 초과해 추정소득의 최대치인 5,000만 원을 인정받았다. 그 결과 원하는 주택을 구매할 2억 1,000만 원의 대출을 승인받을 수 있었다.

오히려 인정소득이 2,400만 원을 넘었다면 추정소득을 이용할 수 없어 더 아쉬운 대출금을 받았을 것이다. 예를 들어 인정소득이 2,500만 원으로 소득금액증명원이 확정되었다면, 건강보험료와 연간 카드 사용액이 높더라도 소득은 2,500만 원으로 확정되기 때문이다.

따라서 건강보험료와 연간 카드 사용액이 높아 추정소득을 활용할 수 있다면, 본인의 인정소득이 2,400만 원 미만인지 미리 확인하자. 그리고 최대한도의 추정소득을 받을 수 있도록 조건을 맞춰 원하는 만큼 활용할 수 있기를 바란다.

Q&A

대출에 대한
오해와 진실

Q DSR/DTI는 어떻게 확인할 수 있나요?

A 기존 대출들의 대출 기간과 금리를 알고 있다면 '부동산계산기
.com' 등 여러 유용한 앱을 통해 계산할 수 있습니다.

Q 1층, 2층과 같은 아파트 저층은 무조건 KB시세의 하한가를 적용받나요?

A 일부 금융사에서는 1층, 2층과 같은 아파트 저층부도 KB부동산
의 일반가를 적용합니다. 이를 통해 더 높은 한도를 받을 수 있습
니다.

Q 오피스텔에 투자하면 보유 주택 수에 들어가나요?

A 대출 받을 때 오피스텔은 보유 주택 수에 포함되지 않습니다.

Q 1억 원 미만의 부동산, 분양권, 입주권은 보유 주택 수에 들어가나요?

A 1억 원 미만의 부동산이라도 대출받을 때 보유 주택 수에 포함됩
니다.

Q 연소득이 2,400만 원 이상이라도 추정소득을 인정받을 수 있나요?

A 추정소득은 증빙소득이 없거나 소득신고액이 2,400만 원 미만일 때만 사용할 수 있습니다.

Q 부부가 아니라 사실혼 관계여도 합산소득을 이용할 수 있나요?

A 합산소득은 가족관계증명 상 부부일 때만 이용이 가능합니다.

Q 근로자 근로소득과 사업자 소득이 둘 다 있다면 둘을 더할 수 있나요?

A 현시점에 두 가지 소득을 모두 벌어들이고 있다면 소득금액증명 원 상의 소득합산이 가능합니다.

Q 근로, 사업소득 외에도 인정받을 수 있는 소득이 있나요?

A 연금소득, 임대소득 등도 일반소득처럼 인정받을 수 있습니다.

2장

2026 대출 규제 '리셋' :

최신 해석으로 안전하게

규제는 파도다 :
맞으면 손실, 타면 기회

이재명 정부 출범 이후 부동산 가격이 어떻게 바뀔지 많은 사람이 궁금해했다. 정권 초기에는 이전 정부의 대출 규제 완화와 집값 상승에 대한 기대감이 맞물리며 상급지가 치고 올라가기 시작했고, 이재명 정부는 2025년 6월 27일 첫 부동산 규제와 2025년 10월 15일 두 번째 대출 규제를 발표하며 이전 정부와는 다른 행보를 보여줬다. 갑작스러운 규제 발표에 시행 직전까지 각지의 부동산과 동사무소는 이전 규정을 적용받기 위한 매수·매도자들의 문의와 발걸음으로 난리였다. 내 재산을 지키기 위한 발 빠른 움직임이자, 필사적인 발버둥이었다.

그러나 이제 규제 이전의 세상은 끝났고, 집을 구하려는 사람들은 엄혹한 규제를 어떻게 뚫을 수 있을지 고민해야 할 때다. 지금의 혼란스러운 부동산·대출 시장에는 정확하지 않은 정보나 규제 이전의 정보를 사실인 것처럼 말하는 사람들이 넘쳐난다. 이런 규제를 정확하게 이해하지 못한다면 충분히 낼 수 있는 잔금 지급에 문제가 생기거나 계약금을 날리고, 복잡한 송사에 휘말릴 수도 있다. 부동산 자산은 변화에 맞춰 대비하고 공부해야 지킬 수 있다. 최신 대출 규제의 내용과 함께 무주택자부터 1주택자, 다주택자에게 어떤 조건과 의미를 갖는지 자세히 살펴보자.

1차 한파 '6·27' :
시장이 얼어붙는 지점 체크

2025년 6월 27일, 이재명 정부의 첫 부동산 규제가 시행되었다. 규제 이전에는 DSR이 대출의 핵심 기준이었다. 즉, LTV상 대출 한도가 있더라도 DSR 요건을 맞춰야지만 만족할 만큼 대출을 받을 수 있었다. 그러나 6·27 규제 이후에는 수도권 전역에 6억 원이라는 상한이 생기며 대출 금액 자체에 최대 한도가 설정되었다.

이에 따라 규제 시행일 직전까지 종전 규정 적용을 받기 위한 매수 문의가 폭주했고, 투기지역의 경우 토지허가구역 신청 및 계약금 입금 등 계약 조건을 맞추기 위해 분주하게 움직였다. 이처럼 큰 변화에 즉각 대처하지 못하면 내 집 마련과 상급지 갈아타기를 위한 주택담보대출 계획에 차질이 생길 수 있다. 이제 6·27 규제 이후 무엇이 달라졌는지 핵심 내용을 정리해보자.

① 주택담보대출 6억 원 상한 도입

가장 큰 변화는 수도권 주택 구입 시 주택담보대출 금액이 최대 6억 원으로 제한된 점이다. 이로 인해 매매 잔금을 치를 때 부담해야 할 현금이 크게 늘었다. 예를 들어 12억 원 이상의 아파트를 매수할 경우, 대출 6억 원을 제외한 나머지 금액은 사실상 전액을 현금으로 마련해야 한다.

과거에는 대출액의 상한이 없었기 때문에 소득만 충분히 뒷받침된다면 LTV 50%~70% 범위 내에서 주택가액에 비례해 대출 금액을 계속 늘릴 수 있었다. 그러나 이제는 주택담보대출 상한이 6억 원으로 고정되면서 6억 원을 초과하는 금액을 받을 수 없게 되었다.

② 수도권 다주택자 추가 주택담보대출 제한(LTV 0%)

우선, <u>수도권·규제지역*</u>내에서 <u>2주택 이상 보유자가 추가 주택을 구입</u>하거나, <u>1주택자가 기존 주택을 처분하지 않고 추가 주택을 구입</u> 하는 경우에는 <u>추가 주택구입 목적 주담대를 금지</u>(LTV=0%)하여 <u>실거주 목적</u> 등이 아닌 추가 주택구입 수요를 차단한다. <u>1주택자가 기존 주택을 6개월 이내에 처분할 경우</u>(처분 조건부 1주택자)에는 <u>무주택자와 동일</u>하게 <u>비규제지역 LTV 70%, 규제지역 LTV 50%를 적용</u>한다.

* 투기·투기과열지역, 조정대상지역 : 현재 강남구, 서초구, 송파구, 용산구가 지정

		현행		개선 방안	시행 시기
		규제	자율관리 (은행별 상이)		
2주택자 이상 / 1주택자	비규제지역	LTV 60%	수도권0%	수도권LTV 0%	'25.6.28일
	규제지역	LTV 30%	규제지역0%	규제지역LTV 0%	
처분 조건부 1주택자 (무주택자 포함)	비규제지역	LTV 70%[1]	-	LTV 70%[2]	
	규제지역	LTV 50%[1]	-	LTV 50%[2]	

1) 처분조건부 1주택자의 경우 2년 이내 기존주택 처분 약정 등 필요
2) 처분조건부 1주택자의 경우 6개월 이내 기존주택 처분 약정 필요

또한 수도권 내에서 1주택을 포함한 다주택자의 경우 LTV가 0%로 적용되어, 매수 시 추가 잔금대출이 아예 나오지 않게 되었다. 결과적으로 수도권에서 추가 주택을 매수하려면 전액 현금으로 진행할 수밖에 없는 구조가 되었다.

③ 생활안정자금 주택담보대출 1억 한도, 신용대출은 연소득 100% 이내

생활안정자금 목적의 주택담보대출에도 한도 제한이 생겼다. 과거에는 LTV 한도 내에서 보유 주택을 담보로 생활안정자금 대출이 가능했으나, 현재는 보유 주택의 LTV 한도가 많이 남아 있더라도 생활안정자금 목적의 주택담보대출 한도는 1억 원으로 제한된다. 신용대출도 과거에는 연소득의 1~2배 수준까지 가능했던 사례가 있었으나, 이제는 연소득 100% 이내로 제한된다.

④ 주택담보대출 만기 40년에서 30년으로 제한(DSR 강화 효과)

둘째, <u>수도권 · 규제지역 내 보유주택을 담보로 하여 생활비 등 조달목적으로 대출받는 생활안정자금 목적 주담대 한도를 최대 1억원으로 제한</u>한다. 수도권 · 규제지역 내 주택을 2채 이상 보유한 차주에 대해서는 해당 주택들을 담보로 한 생활안정자금 목적 주담대 취급을 금지한다. 다만, 지방 소재 주택을 담보로 하는 생활안정자금 목적 주담대 한도는 현행과 동일하게 금융회사가 자율적으로 설정할 수 있다.

			현행		개선 방안	시행 시기
			규제	자율관리(은행별 상이)		
최대 대출 한도	수도권· 규제지역 소재 주택	1주택자[1]	-	1~2억원 제한	**최대 1억원**	'25.6.28일
		다주택자[1]	-	금지	**금지**	
	지방(규제지역 外) 소재 주택		-	-	-	

1) 수도권 · 규제지역내 주택 보유수 기준(지방 소재 주택 보유수와 무관)

	디딤돌(구입) 전국		버팀목(전세)		
일반	2.5억 →	2억	수도권 1.2억 → 지방 8천만 →	현행 유지	
생초(디딤돌) 청년(버팀목)	3억 →	2.4억	전국 2억 → 1.5억		
신혼 등	4억 →	3.2억	수도권 3억 → 2.5억 지방 2억 → 1.6억		
신생아	5억 →	4억	전국 3억 → 2.4억		

출처 : 금융위원회, 뉴시스

주택담보대출 만기가 최장 40년에서 30년으로 제한되었다. 수도권, 규제지역의 주택담보대출은 만기 상환을 30년 이내로 운용하도록 정비되었고 이로 인해, 같은 소득이라도 대출기간이 줄어 DSR 요건이 강화되는 효과가 나타났다.

⑤ 갭투자 제한, 소유권 이전 조건부 전세대출 금지

추가로 소유권 이전 조건부 전세대출이 금지되며소위 갭투자(소유권 이전과 동시에 신규 세입자의 전세보증금을 활용하는 방식)에 제약이 생겼다. 이로 인해 새로 구하는 세입자가 일반 전세대출을 받기 어려워져, 결국 전액 현금으로 전세에 들어오는 세입자만 구해야 하는 상황이 발생할 수 있다.

⑥ 수도권 주택 구입 시 6개월 이내 전입 요건

마지막으로 수도권 주택 구매 시 6개월 이내 전입이 필수가 되면서, 대출을 받을 경우 직접 실거주를 해야 하는 조건이 강화되었다.

금융당국은 수도권 및 규제지역의 주택담보대출 관리 수준을 강화하고, 실수요가 아닌 대출을 제한하는 데 집중했다. 주택담보대출 6억 원 상한, 다주택자 주택담보대출 제한(LTV 0%), 생활안정자금 1억 원 한도, 신용대출 한도 축소, 전세대출 요건 강화, 전입 요건 부과 등을 통해 최근 가계대출 증가를 억제하고 가계부채 총량 감축을 목표로 하는 방향이 뚜렷하다.

2차 한파 '10·15' :
잘 알아야 잘 풀 수 있다

2025년 10월 15일, 6·27 규제 이후 시장이 찾아낸 '빈틈'을 겨냥한 두 번째 부동산 대출 규제가 발표되었다. 6·27 규제가 주택담보대출 6억 원 상한, 생활안정자금 1억 원 한도, 신용대출 연소득 100% 제한처럼 대출의 '양'을 조이는 조절에 가까운 규제였다면, 10·15 규제는 적용 범위를 넓히고 고가주택에 대한 별도 상한과 전세 관련 규제를 추가해 대출 구조 자체를 바꾸는 규제로 정리할 수 있다. 한마디로 6·27 규제가 수도권의 대출 수도꼭지를 좁혔다면, 10·15 규제는 수도권 지도 전체를 규제로 덧칠한 셈이다.

① 규제지역 확대(서울 전역 + 경기·인천 핵심 12개 지역 단계 편입)

가장 큰 변화는 규제지역의 확대다. 6·27 규제 직후에는 일부 지역만 조정대상지역·투기과열지구로 지정되어 규제가 집중되었지만, 10·15 규제 이후에는 서울 25개 구 전역과 경기·인천의 주요 핵심 12

개 지역(과천, 광명, 성남(분당·수정·중원), 수원(영통·장안·팔달), 안양 동안, 용인 수지, 의왕, 하남)이 단계적으로 규제지역에 편입되었다. 규제지역으로 지정되면 LTV·DTI·DSR 규제가 동시에 강화되고, 자금조달계획서 제출, 실거주 요건, 전입 기한 등 각종 의무가 한꺼번에 따라온다. 이로 인해 과거에는 '규제 밖'이라는 이유로 상대적으로 레버리지 활용이 가능했던 준수도권·외곽 지역까지 사실상 동일한 규제를 적용받게 되었다.

10 · 15 규제로 지정된 추가 부동산 규제지역

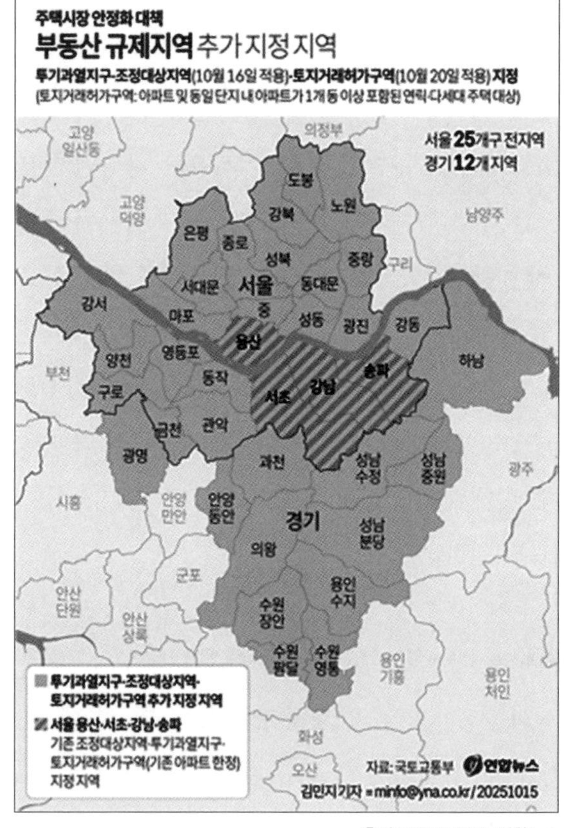

출처 : 국토교통부, 연합뉴스

② 고가주택 별도 대출 한도(구간별 차등 상한) + 유주택자 추가 취득 LTV 0%

두 번째 변화는 고가주택에 대한 별도 대출 한도 설정이다. 6·27 규제로 수도권 주택담보대출 6억 원 상한이 도입되면서 전체적인 대출 총량 상한이 생겼다면, 10.15 규제에서는 시가 15억·25억 기준으로 일정 가격 이상 고가주택에 대해 6억/4억/2억의 차등 상한이 적용되기 시작했다.

서울 25개 구 전역과 경기·인천의 12개 핵심 지역이 규제지역으로 편입되며(생애최초는 제외), 해당 지역의 일반 매매 건은 LTV 40%를 기본으로 대출이 실행된다. 또한 15억 초과~25억 이하 구간은 최대 4억 원, 25억 초과 구간은 최대 2억 원 수준으로만 대출이 허용되는 방식으로 고가주택 상한이 더 강화되었다. 이때 적용되는 상한은 정책상 최대치로 작동한다. 결과적으로 고가주택은 대출 레버리지로 접근하는 대상이 아니라, 자기자본 중심으로 취득해야 하는 자산으로 성격이 바뀌었다.

아울러 규제지역 내 유주택자의 다주택 취득은 LTV 0%로 적용되어, 해당 규제지역 내 추가 주택 취득은 전액 현금으로 진행할 수밖에 없게 되었다. 따라서 기존의 대출 최대상한인 6억 원보다 더 강화된 규제로 인해서 이제 고급 아파트는 대출로 살 수 있는 대상이 아니라, 오롯이 내 돈으로 사야 하는 자산으로 성격이 바뀐 것이다.

③ 스트레스 금리 상향 조정(DSR 추가 강화)

또한 스트레스 금리 상향 조정도 이뤄졌다. 6·27 규제에 대출 만기를 최장 40년에서 30년으로 줄인 것에 더해서 대출 한도에 영향을 줄 수 있는 스트레스 금리 자체를 상향 조정했다. 기존 수도권·규제 지역 내 주택담보대출의 스트레스 금리를 1.5%에서 3.0%로 조정되며 같은 소득이라도 받을 수 있는 대출이 줄게 되었다.

④ 전세대출 반영으로 빡빡해진 DSR

세 번째 변화는 전세대출과 DSR의 관계다. 6·27 규제 이전까지 전세대출은 실수요 성격을 감안해 DSR 산정 시 기대출 적용 대상에서 제외되었다. 하지만 10·15 규제 이후에는 수도권 규제지역 내 1주택자(소유 주택의 지역 무관)가 수도권·규제지역에서 임차인으로 전세대출을 받는 경우, 전세대출의 이자상환분을 DSR에 반영하게 되었다.

따라서 기존 주택을 보유한 상태에서 전세로 갈아타며 일시적으로 두 채를 운영하는 전략, 즉 '집은 유지하고 전세로 옮겨 여유를 확보한 뒤 나중에 매도·매수 타이밍을 본다'라는 방식이 DSR 측면에서 상당히 불리해진 것이다. 이제는 전세대출 이자상환분이 DSR에 포함되어 주택담보대출 한도를 깎아 먹는 요소가 되었기 때문에, 갈아타기를 고민하는 1주택자라면 전세를 활용한 설계에 더 신중해질 수밖에 없다. 전세대출 보증 비율도 80%로 강화되었고, 1주택자의 전세대출 한도는 2억 원으로 일원화되며 금액 또한 줄어들었기 때문이다.

⑤ 1억 원 초과 신용대출 보유 차주의 규제지역 주택 구입 제한

가계 대출 중 신용대출과 관련해 1억 원 초과 신용대출을 보유한 차주에게는 대출 실행일로부터 1년간 규제지역 내 구입이 제한된다. 따라서 신용대출 실행 이후 주택을 취득할 예정이라면, 신용대출 약정액 기준 1억 원 이하의 신용대출만 활용할 수밖에 없다.

⑥ 사업자 대출의 주택 구입 목적 사용 제한

마지막으로 사업자 대출에 대해서도 주택 매매·임대사업자 외 사업자의 주택 구입 목적 주택담보대출(사업자대출)을 제한하게 되었다. 따라서 실제 사업을 위한 대출이 아닌 사업자대출을 활용해 주택 구입 목적으로 주택담보대출을 사용하는 것을 금지하며, TF를 꾸려 전수조사에 나선다고 밝혔다.

이 모든 규제를 관통하는 핵심은 생활안정자금 1억 원 한도, 수도권 주택담보대출 6억 원 상한과 더불어 "실수요가 아닌 레버리지성 대출을 얼마나 줄일 것인가"에 맞춰져 있다. 6·27 규제가 대출 총량을 직접 조이는 1차 규제였다면, 10·15 규제는 규제지역 확대와 고가주택 상한, 전세·전입 요건 정비를 통해 남아 있던 우회로를 단계적으로 줄여 나가는 2차 규제였다. 결과적으로 수도권·규제지역에서의 주택담보대출은 실거주 중심, 자기자본 중심 구조로 재편되고 다주택자의 레버리지 확대는 사실상 봉쇄되는 방향으로 설계되었다.

정리하자면 10·15 규제는 6·27 규제에서 시작된 '대출 총량 관리 기조'를 한 단계 더 진화시켜 수도권 전역에서 고가주택·전세·갈아타기 전략에 이르기까지, 대출을 활용한 투자성 수요를 폭넓게 제한하는 역할을 했다. 금융당국은 규제지역 확대, 고가주택 별도 한도, 전세대출의 DSR 반영, 전세퇴거자금대출 기준 정비 등을 통해 가계부채 증가 속도를 늦추고 주택가격 상승 압력을 대출 규제로 제어하고자 하는 목표를 분명히 드러냈다.

앞으로는 "얼마까지 빌릴 수 있느냐"를 묻기 전에 "어떤 목적의 집을, 어느 지역에서, 어떤 방식으로 보유할 것인가"를 먼저 정해야 한다. 대출은 더 이상 가격을 끌어올리는 레버리지 수단이 아니라 정책이 허용

10 · 15 규제 총정리

(단위 : 원)

구분			10·15일 이전 非규제지역(수도권)	10·15일 이후 규제지역 (서울 전역 + 경기·인천 12개 구)
금융권 대출[1]	일반 차주	LTV	70%	40%
		DTI[3]	60%(아파트, 근생)	조정대상지역(아파트, 근생) 50% 투기과열지구 40%
		최대한도	6억	15억 이하 : 6억 15~25억 : 4억 25억 초과 : 2억
	생애최초 구매자[4]	LTV	70%	(좌동)
		DTI[3]	60%(아파트, 근생)	(좌동)
		최대한도	6억	15억 이하 : 6억 15~25억 : 4억 25억 초과 : 2억
	서민 실수요자[5]	LTV	70%	60%
		DTI[3]	60%(아파트, 근생)	(좌동)
		최대한도	6억	15억 이하 : 6억 15~25억 : 4억 25억 초과 : 2억
정책성 대출	디딤돌 대출	LTV	70%	(좌동)
		DTI	60%	
		최대한도	일반차주 : 2.0억 생애최초 : 2.4억 신혼 등 : 3.2억 신생아 : 4.0억	
	보금자리 론	LTV	아파트 : 70% 아파트 이외 : 65%	아파트 : 60% 아파트 이외 : 55% * 생애최초[4], 실수요자[6]는 좌동
		DTI[3]	60%	50% * 생애최초[4], 실수요자[6]는 좌동
		최대한도	일반 : 3.6억 생애최초 : 4.2억	(좌동)

주1) 무주택자(처분조건부 1주택자 포함) 기준

주2) 주택가격(시가) 구간별 차등 적용

주3) 금융권 대출은 DSR 규제(은행권 40%, 제2금융권 50%, 규제지역 동일) 적용 중

주4) 세대 구성원 모두가 과거에 주택을 소유한 사실이 없는 자

주5) ①부부 합산 연소득 9,000만 원 이하, ②주택가격 8억 원 이하, ③무주택세대주 요건을 모두 충족하는 경우

하는 범위 안에서 실거주 기반의 자산을 유지·관리하기 위한 최소한의 도구가 되어 가고 있다. 6·27과 10·15, 두 번의 대출 규제는 그렇게 2025년 이후의 부동산·대출 시장의 기준선을 규정했고, 우리의 선택지를 줄이고 있다.

규제 속 '막차' 전략 :
서민·실수요 정책은 반드시 챙겨라

2025년 10월 15일, 서울 전역과 경기 주요 지역이 동시에 규제지역으로 편입되면서 주택담보대출의 적용 기준이 크게 강화되었다.

이후 규제지역에서는 대출 한도가 'LTV, DSR, 총액상한'이라는 세 가지 기준에 의해 동시에 결정된다. 기본적으로 규제지역의 LTV는 약 40% 수준으로 제한되는 방향이지만, 여기에 더해 주택 가격 구간(15억·25억 기준)에 따른 총액상한(6억/4억/2억), 스트레스 금리 인상, 전세대출의 DSR 반영까지 중복 적용된다. 그 결과, 형식상 LTV 기준만 보면 가능해 보이는 금액보다 실제 체감 대출 한도는 더 크게 줄어들 수 있다.

요약해 보면, "일반 매매잔금 대출은 LTV 40%이지만, 진짜 집이 필요한 사람에게는 60%까지 열어준다."라는 의미다. 정부는 투자·갭투자·다주택 레버리지에는 강하게 브레이크를 걸면서도, 무주택 서민 실수요자에게는 마지막 통로를 하나 남겼다.

시장도 이 변화를 즉각 체감했다. LTV 40%의 벽 앞에서 거래가 눈에 띄게 줄어든 반면, 주택가격 8억 원 이하, 부부 합산 소득 9,000만 원 이하, 무주택 세대주 요건을 모두 충족하는 부동산에 대한 서민 실수요자 대출은 LTV 60%가 적용되기 때문에, 주택가격 8억 원 미만에 해당되는 부동산의 매수 문의가 다시 살아났다. 같은 서울, 같은 단지, 같은 8억 원 아파트를 두고도 누군가는 3억 2,000만 원(LTV 40%)까지만 빌릴 수 있고, 누군가는 4억 8,000만 원(LTV 60 : 서민 실수요자 경우)까지 설계가 가능한 이유가 여기에 있다.

규제지역의 기본값은 LTV 40%다. 10억 원짜리 아파트라면 원칙적으로 대출은 4억 원까지가 상한이다. 이는 "대출을 더 많이 받아서 집을 사기보다는 자기자본 비율을 높여 진입하라"는 방향성을 담고 있다. 그런데 같은 규정 안에 또 하나의 문장이 들어가 있다. "다만 서민·실수요자에 대해서는 LTV 60%까지 허용한다." 이 내용은 준비해야 할 자기자본 규모를 바꾸고, 잔금 달력과 이사 계획을 다시 쓰게 만들며, 어떤 가격대의 집을 볼 수 있는지까지 바꾼다.

그렇다면 여기서 말하는 '서민·실수요자'는 누구인가. 현장에서의 기준은 비교적 단순하면서도 엄격하다.

1. 무주택 세대주여야 한다. 과거에 주택을 보유했었더라도 이미 처분을 마치고 현재 기준으로 세대 내에 주택이 없어야 하며, 세대주 명의도 정리되어 있어야 한다. 등기부 말소일, 전입일, 세대 분리일, 세대주 변경일이 서류상 서로 어긋나 있으면, 심사 과정에서 "무주택 여부가 불명확하다"는 판단을 받을 수 있다.

2. 부부 합산 연소득이 9,000만 원 이하여야 한다. 통상 세전 기준으

로 판단하며, 급여소득자는 근로소득 원천징수영수증과 건강보험료 납부내역, 사업자·프리랜서는 종합소득세 확정신고서와 건강보험 자격득실·납부 확인서 등으로 교차 검증한다.

3. 구입 대상이 되는 아파트의 가격이 8억 원 이하여야 한다. 전용면적보다는 시세가 기준이며, 무엇보다 '아파트'에 한정된다는 점이 중요하다. 빌라, 다가구, 오피스텔은 다른 규정을 따른다.

이 세 가지 조건을 모두 충족하면 규제지역이라 하더라도 LTV 60% 구간에 진입할 자격이 생긴다. 다만 "LTV 60%가 가능하다"는 말이 "무조건 60%를 다 빌려준다"는 뜻은 아니다. 실제 최종 한도는 세 가지 장치를 동시에 통과해야 한다.

1. 가격 구간에 따른 정책상 상한(예 : 수도권 15억 원 이하 6억 원, 15~25억 원 4억 원, 25억 원 초과 2억 원 등)이 먼저 적용된다.
2. 그 상한선 안에서 LTV 계산치(40% 또는 60%)가 적용된다.
3. 마지막으로 스트레스 금리를 반영한 DSR 심사를 거친다.

이 세 값 중 가장 보수적인 숫자가 실제로 받을 수 있는 최종 한도가 된다. 문은 열었더라도 마지막 열쇠는 DSR이 쥐고 있는 셈이다. 여기서 끝나면 좋겠지만, 아쉽게도 60%가 그대로 다 나오는 것은 아니다. 수도권은 스트레스 DSR이 적용되고, 주택담보대출 만기가 40년에서 30년으로 줄어들면서 월 상환액이 늘어났다. 실제 실행 한도는 LTV 이론값보다 한 단계 낮게 형성되는 경우가 많다. 그럼에도 'LTV가 40%만 가능한 것'과 'LTV가 60%까지 열려 있다'의 차이는 서민 실수요자에게 내 집 마련의 가능성(대출액의 LTV 20% 상향을 통한)을 열어 주는 중요한 변수다. 그래서 이 구간을 활용하려면 무엇보다 먼저 본인의 조건을 제도 기준에 맞춰 정리해두는 것이 필요하다.

6·27과 10·15 대출 규제는 수도권과 규제지역의 레버리지를 전반적으로 줄이는 대신, 무주택·중저가·중소득 구간에는 LTV 60%라는 예외를 남겨 두었다. 규제 이후의 시장에서 서민 실수요자의 대출 전략은 복잡한 기술이 아니다. 아파트 가격대 중심으로 검색 범위를 재설정하고, 부부 합산 소득과 무주택 세대주 요건을 서류로 깔끔하게 증명하며, 주택담보대출 실행 전에는 신용대출·마이너스통장 등 DSR을 잡아먹는 부채를 먼저 줄이는 것이다. 규정은 장벽처럼 보이지만, 실은 "어떤 사람이, 어떤 집을, 어떤 방식으로 사야 하는가"를 정해 놓은 지침에 가깝다. 이 지침을 이해하고 준비하는 사람에게 LTV 60% 완화는 규제 시대에 서민 실수요자에게 허용된 몇 안 되는 기회가 될 수 있다.

'실수요' 황금티켓의
마지막 체크포인트

서민 실수요자 LTV 60% 우대는 현재 규제지역(서울 및 경기 12개 구)에서 내 집 마련을 하려는 무주택자를 위한 중요한 예외 규정이다. 이 혜택의 중요성과 적용법을 알아보자.

규제지역의 서민 실수요자 LTV 우대 내역

구분	기준	비고
소득	부부 합산 연소득 1억 2,000만 원 이하, 미혼은 본인 소득 기준	일반 주택담보대출 기준
주택 가격	매매가 9억 원 이하 주택	KB 시세 기준
기타 조건	무주택 세대주 또는 1주택자 (기존 주택 6개월 이내 처분 조건)	무주택자에게 가장 유리
일반 차주 (소득 1억 2,000만 원 초과 등)	40%(표준 LTV)	3억 6,000만 원 (시세 9억 기준 최대)
서민 실수요자 (소득/가격 충족)	60%(우대 LTV)	5억 4,000만 원 (시세 9억 기준 최대)
혜택	+20%p 우대 적용	1억 8,000만 원 추가 대출 확보 가능

① 서민 실수요자 정의 기준

LTV 우대를 받으려면 소득과 주택 가격 기준을 동시에 충족해야 한다. 이 기준은 일반 주택담보대출과 정책 모기지 모두에서 서민층을 구별하는 척도가 된다. 주의사항으로는 1주택자의 경우 기존 주택을 6개월 이내 처분하는 조건이 붙으며, 기한 내 미이행 시 대출이 회수될 수 있다.

② 규제지역에서 LTV 60%가 가지는 의미

현재 서울 전역과 경기도 12개 주요 지역은 10·15 규제를 통해 규제지역으로 지정되어 있다. 이 지역에서 일반 차주와 서민 실수요자가 적용받는 LTV는 앞의 도표와 같다.

③ 대출 한도 계산의 3중 장벽

서민 실수요자가 규제지역에서 대출을 받을 때 최종 대출액은 다음 3가지 장벽 중 가장 낮은 금액으로 결정된다.

1. 가격 구간에 따른 정책상 상한(예 : 수도권 15억 원 이하 6억 원, 15~25억 원 4억 원, 25억 원 초과 2억 원 등)이 먼저 적용된다.
2. 그 상한선 안에서 LTV 60% 계산치가 적용된 대출액
3. 마지막으로 스트레스 금리를 반영한 DSR 심사를 충족한 대출액

DSR 삼중고 돌파 플랜 :
한도를 다시 살리는 실전 조합

대출 규제 이후 내 집 마련의 길은 어렵게만 느껴진다. 규제지역 내 부동산을 매수할 때 일반 매수자라면 LTV 40%로 대출 가능 비율이 크게 줄었고, 여기에 최장 대출 기간이 30년으로 줄어든 데다 스트레스 가산금리 3.0%까지 더해지면 내 소득으로 받을 수 있는 DSR 기준 대출액은 줄어들 수밖에 없다. 하지만 언제나 그렇듯 최적의 길은 있다. 나에게 맞는 대출 전략을 통해 내 집을 마련하자.

① 인정받을 수 있는 소득을 최대한 유리하게 활용하라

첫 번째 전략은 인정받을 수 있는 소득을 최대한 유리하게 활용하는 방법이다. 4대보험에 가입된 직장인이라면 소득금액증명원을 통해 전년도 확정된 세전소득을 기준으로 대출을 받을 수 있다. 다만 올해 재계약 등으로 연봉이 올랐다면, 최근 1년치 소득을 활용해 현재 소득을 더 높게 인정받아 유리한 조건의 대출을 받을 수 있다.

프리랜서나 사업자는 소득금액증명원상의 소득이 낮게 잡혀 2,400만 원 미만일 수도 있다. 이 경우 앞서 설명한 추정소득 제도를 이용해 연간 카드 사용액과 건강보험료 납부액 중 환산에 유리한 항목을 활용하면 최대 5,000만 원까지 연소득을 인정받아 대출이 가능할 수 있다.

또한 갑종근로소득세 원천징수영수증, 근로 외 사업소득 자료처럼 인정받을 수 있는 소득을 모두 파악해, 가장 높은 소득으로 대출을 설계하는 것이 유리하다. 마지막으로 혼인신고를 앞두고 있다면 혼인신고 이후 부부 합산 소득을 활용하는 방법도 있다. 이를 통해 본인과 배우자의 소득을 합산해 더 높은 소득을 인정받을 수 있다(단, 소득을 합산하면 부채도 합산된다).

② 제1금융권 대신 제2금융권의 주택담보대출을 활용하라

두 번째 전략은 은행 대신 보험사의 주택담보대출을 활용하는 것이다. 은행권은 DSR 40% 이내의 소득요건을 충족해야 하지만, 제2금융권 보험사, 상호금융(새마을, 신협, 농협, 수협)의 주택담보대출은 10% 완화된 DSR 50%까지의 DSR 소득요건을 충족하면 된다. 연소득 6,000만 원인 차주를 예로 들면, 은행에서는 연간 원리금 상환 한도가 2,400만 원(40%)이라면 보험사에서는 3,000만 원(50%)까지 반영할 수 있다. 같은 금리와 같은 만기라면 대출액 기준으로 대략 3억 중반과 4억 초반, 약 6,000만 원(연소득) 정도의 한도 차이가 발생할 수 있다.

보험사는 제2금융권이기 때문에 '금리가 더 비쌀 것'이라는 선입견이 있지만, 실제로 주택담보대출 구간의 금리가 제1금융권과 크게 차이가 나지 않은 경우도 많다. 이럴 때는 "금리 0.2%가 더 낮은 은행"보다 "내게 필요한 한도가 나오는지"가 더 중요해진다. 목표가 한도인지 금리

인지에 따라 선택지는 달라질 수 있다.

③ 개인대출을 사업자 담보대출로 전환하라

세 번째 전략은 개인대출을 사업자 담보대출로 바꾸는 방법이다. 같은 집을 담보로 4억 원을 빌리더라도 개인 주택담보대출로 받으면 전액이 가계 DSR에 반영된다. 반면 임대사업·점포 운영·시설 투자·법인 인수 등 명확한 사업 목적을 갖춘 사업자 담보대출로 인정되면, 가계 DSR 산정에서 제외되는 구간이 있다.

소득이 부족하거나 기존 신용대출 때문에 은행 DSR 40%에 막힌 차주라면 임대차계약서, 임대수익 추정표, 세금계산서, 거래명세서, 매매계약서와 계약금 영수증 등 사업 목적을 입증할 수 있는 서류를 갖춰 '이 대출은 사업을 위한 자금'이라는 점을 보여줘야 한다.

다만 이 대출을 생활비·전세보증금·카드대금 등 가계자금으로 전용하면 용도 외 사용으로 회수·만기 단축 리스크가 생길 수 있으므로, 통장을 분리하고 자금 흐름에 사업 목적을 명확히 남겨 두는 것이 중요하다.

④ 마이너스통장과 신용대출을 과감히 정리하라

네 번째 전략은 마이너스통장과 신용대출 등 기존 부채를 정리하는 것이다. "마이너스통장은 쓰지 않으니 DSR에 영향이 없겠지"라고 생각하기 쉽지만, 실제로는 정반대다. 마이너스통장은 한도 전체를 기준으로 원리금 상환액을 추산한다. 1억 원 한도에 잔액이 0원인 마이너스통장도 DSR 계산에는 1억 원을 빌린 것으로 간주될 수 있다. 반면 같은 1억 원이라도 일시대출이나 분할상환대출이라면 실제 잔액 기준으로 반영되는 경우가 많다.

따라서 본격적인 주택담보대출 설계에 들어가기 전, 특히 잔금일 1~2개월 전에는 기존 마이너스통장을 해지하고 꼭 필요한 금액만 단기 신용대출로 전환하는 편이 DSR 확보에 더 유리할 수 있다. 사전심사 시점(D-60일 전후)에 보유 마이너스통장과 카드론 현황을 점검하고, 본 심사 투입 전에 정리해두어야 '대출을 다 계획했는데 DSR에서 막히는' 일을 피할 수 있다.

⑤ 전세대출과 주택담보대출의 '순서'를 설계하자

다섯 번째 전략은 전세대출과 주택담보대출을 조합하되, DSR 규제에 알맞게 순서를 다시 짜는 것이다. 10·15 규제 이후 1주택자의 전세대출 이자가 DSR에 반영되면서 전세대출이 막힌 것처럼 느끼는 경우가 많아졌다. 그러나 전세대출은 원리금 전체가 아니라 이자만 DSR에 잡힌다는 점에서 여전히 설계 여지가 있다.

갈아타기를 준비하는 1주택자가 기존 집을 당장 팔지 않고 전세로 옮겨 자금을 확보한다면, 전세대출 이자 부담과 새로 받을 주택담보대출 원리금이 함께 DSR에 반영된다. 이때는 어떤 순서로, 어느 시점에 어떤 대출을 먼저 실행할지가 승부를 가른다. 주택담보대출 사전심사를 먼저 받아 한도를 확보한 뒤, 그 결과를 기준으로 전세대출 실행액과 시점을 조정하는 방식으로 설계를 다시 짜야 한다.

⑥ 스트레스 DSR을 이해하고 금리·만기·상환 방식을 조합하라

여섯 번째 전략은 스트레스 DSR 계산 방법을 이해하고 금리·만기·상환 방식을 조합해 유리한 구조를 만드는 것이다. 수도권 차주는 DSR

계산 시 현재 금리에 1.5~3%포인트의 가산금리를 더해 미래 금리의 상승 가능성까지 반영한다. 변동금리는 가산폭이 크게 적용되는 반면, 일정 기간 고정금리(예 : 5년 고정)나 혼합형 금리를 선택하면 계산상 유리해지는 구간이 있다.

따라서 표면금리만 보고 '조금이라도 싼 곳'을 고르기보다 해당 금리를 스트레스 DSR에 넣었을 때 연간 원리금이 얼마로 계산되는지를 함께 봐야 한다. 같은 4%대 금리라도 혼합형·장기 고정 조합으로 설계하면 순수 변동금리보다 DSR 부담이 줄어들어 실질 한도가 더 나오는 사례도 있다. 만기(30년/25년), 상환 방식(원리금균등/체증식), 거치 기간(0/12개월)까지 함께 조정해 연간 원리금을 줄이는 것도 중요한 도구다.

이 여섯 가지 전략은 따로 떨어진 기술이 아니다. 실제 현장에서는 이를 조합해 하나의 '로드맵'으로 만드는 작업이 필요하다. 예를 들어 연소득 6,000만 원, 수도권 8억 원 아파트를 생애최초로 매수하려는 차주라면 은행 단독 주택담보대출에서는 2억 후반 정도밖에 나오지 않던 한도가 보험사 주택담보대출로 바꾸면 3억대 중반으로 늘어나고, 여기에 마이너스통장을 해지해 DSR 여유를 확보한 뒤 상호금융 후순위를 추가해 총액을 확장하는 설계가 가능해질 수도 있다. 같은 소득, 같은 담보, 같은 사람이라도 구조를 어떻게 짜느냐에 따라 결과가 달라진다.

마지막으로 이런 구조를 잔금일까지 무사히 가져가려면 '날짜' 변수도 빼놓을 수 없다. 사전심사 접수일, 보험사·상호금융 본심사 승인일, 기존 대출 해지일, 새 대출 실행일, 소유권 이전 등기 접수일, 전입신고일, 세입자 퇴거일과 입주일까지를 한 장의 달력에 겹쳐 놓고, 빠진 날이나 겹치는 날이 없는지 확인해야 한다. 대출은 숫자만으로 끝나는 작업이 아니다. 서류·구조·달력이 동시에 맞물려야 잔금일에 '달콤한 입금의 순간'이 온다.

정리하자면 스트레스 DSR 3단계 이후의 대출은 "얼마까지 되나요?"라는 질문만으로는 답을 얻기 어렵다. 이제는 "어떤 구조로, 어떤 순서로, 어떤 기관을 조합해야 할까"라고 먼저 물어야 한다. 보험사의 DSR 50% 여지, 사업자 담보대출, 마이너스통장 정리, 전세대출 이자 구조, 혼합형·고정금리 선택 등 여러 조각을 엮어 내는 사람이 같은 소득과 같은 담보로도 더 넓은 선택지를 만들 수 있다.

대출은 순서 게임이다 :
시작도 끝도 '순서'가 승부처

급하게 대출이 필요해지면 사람들은 은행을 찾아 상담을 받거나, 대출 광고를 보고 서둘러 상품을 선택한다. 겉으로는 자연스러운 대응처럼 보이지만, 결과는 크게 달라질 수 있다.

같은 사람, 같은 소득, 같은 담보를 갖고 있어도 어떤 금융기관을 먼저 방문했는지, 어떤 순서로 절차를 진행했는지, 어떤 상품부터 신청했는지에 따라 최종 대출 한도와 금리는 크게 달라진다.

금융기관마다 DSR 적용 방식, 담보 인정 기준, 상품 구조, 심사 기준이 다르기 때문이다. 그래서 대출은 각 규정을 자신에게 유리한 순서로 통과시키는 설계의 문제로 이해하는 것이 더 정확하다.

대출의 기본 원칙은 단순하다. 가장 유리한 정책자금으로 시작해, 낮은 금리 순서대로 금융권을 이용하는 것이다. 따라서 대출의 모든 것은 순서가 좌우한다.

주택담보대출의 경우

① 정책자금부터 확인하라

항상 정책자금을 먼저 확인해야 한다. 많은 사람이 "어느 은행이 금리가 싼가"부터 묻지만, 실무에서는 "이 사람이 지금 쓸 수 있는 정책자금이 있는가"를 먼저 본다. 청년·신혼부부 전세자금, 생애최초 주택구입 특례처럼 소득·연령·무주택 요건을 충족할 때만 열리는 각종 정책상품은 시장 금리보다 낮은 경우가 많고, 보증기관이 함께 들어오기 때문에 심사 자체도 상대적으로 안정적이다.

이 구간에서 낮은 금리 자금을 먼저 확보해두면, 이후 제1금융권 주택담보대출이나 기타 대출을 설계할 때 전체 부담이 줄어든다. 반대로 정책자금 활용 여부를 뒤늦게 알아보면, 이미 소득이나 무주택 요건에서 벗어나 손을 쓸 수 없는 경우도 적지 않다.

② 제1금융권 주택담보대출로 중심을 세워라

정책자금으로 바닥을 깔았다면 다음 중심축은 시중은행의 주택담보대출이다. 제1금융권은 DSR 40% 규정이 엄격하고 서류도 까다롭지만, 바로 그렇기 때문에 낮은 금리와 안정적인 상환 구조를 제공한다. 한 번 제1금융권의 담보대출을 깔끔하게 승인받아 상환해 나가면 그 이력은 이후 금융거래에서 신뢰의 기준이 된다. 또한 급여 이체·카드 실적·적금·외화 예금 같은 부수 거래 조건도 단순한 홍보가 아니라 0.1~0.3%p 수준의 금리 차이를 만들어 스트레스 DSR 환경에서 실제 한도를 조금 더 넓혀 줄 수 있다.

이 단계에서 가장 치명적인 실수는 주택담보대출 심사 직전에 신용대출이나 마이너스통장을 새로 여는 것이다. 잔액이 없더라도 한도 자체가 DSR 계산에 원리금 상환액으로 반영될 수 있어 본 대출의 한도를 갉아먹는다. 제1금융권 대출을 준비할 때는 마이너스통장·카드론·리볼빙 등 한도성 신용을 줄이거나 해지 또는 동시 대환해 DSR 여유를 만드는 것이 순서다.

③ 제1금융권에서 한도가 부족하면 제2금융권 주택담보대출로 보완하라

제1금융권에서 DSR 40% 규제에 막혀 한도가 부족할 때 다음 선택지는 보험사의 주택담보대출이다. 보험사는 주택담보대출에 대해 통상 DSR 50%까지 계산하기 때문에 같은 소득·같은 담보라도 연간 원리금을 더 태울 수 있다.

예를 들어 은행은 연소득 6,000만 원인 차주에게 2,400만 원의 한도(LTV 40%)를 주지만, 보험사는 3,000만 원의 한도(LTV 50%)를 제공한다. 같은 금리와 같은 만기라면 대출 금액 기준으로 대략 3억 중반과 4억 초반, 약 6,000만 원(연소득 금액) 정도의 한도 차이가 발생할 수 있다. 이럴 때는 '금리 0.1%p 더 싼 제1금융권 은행'보다 '나에게 필요한 대출의 최대한도가 나오는지'가 더 중요한 선택지가 된다.

담보대출의 다른 종류, 사업자 담보대출

사업자 담보대출은 일반적인 주택담보대출과 비교해 크게 세 가지 차이가 있다.

1. LTV 비율이 더 높을 수 있고
2. DSR 소득요건이 필수가 아니며

3. 대출에 따른 추가 주택 구입 제한 약정이 없는 경우가 있다.

① 사업자담보대출 상호금융 먼저 검토하라

사업자 주택담보대출은 상호금융권('새마을금고', '신협', '농협', '수협')을 우선적으로 검토해야 한다. 이런 상호금융은 지역성과 지점 재량 때문에 아파트 외 담보, 소득 증빙이 다소 부족한 차주, 복합 구조 설계 등이 필요한 경우에 유연하게 대응하는 중간 지대 역할을 한다.

사업자 담보대출은 일반적으로 내가 부동산의 소유권을 가져온 소유권이전등기일 기준 3개월이 지난 시점부터 가능하며, 사업자등록증 개업일 기준 최소 3개월이 지난 사업자에 대해서 대출이 가능하다. 또한 대출 목적이 사업상의 목적으로 쓰여야 하기 때문에 사업자담보대출 실행 3개월 이내에 대출액을 쓴 용도에 대한 증명을 금융사에 제출해야 한다.

직장인이더라도 사업을 준비하면서 사업자등록을 내고 임대차계약서·수리비 견적·임대수익 추정표 등을 갖춰두면 상호금융의 사업자 담보대출로 필요한 비용을 더 여유롭게 융통할 수 있다. 이때 자금의 쓰임새와 회수 계획을 문서로 준비해두면 심사가 빨라지고, 향후 장기대출로 대환할 때도 신뢰를 얻는다. 반대로 자금 흐름이 모호하거나 생활비와 뒤섞이면 다음 단계에서 조건이 급격히 나빠질 수 있다.

상호금융권의 사업자 담보대출은 사업 운영자금 목적의 대출로써 금리는 현시점(26년 2월 기준) 4% 후반에서 5%대를 기록하고 있다. LTV를 살펴보면 일반적으로 KB 시세의 80%에서 해당 부동산 지역의 방공제 금액을 제외한 금액이 대출 가능액이 된다.

서울 10억 원 아파트 : 10억 × 80% = 8억 원

→ 방공제 5,500만 원을 제외하면 7억 4,500만 원

다만 LTV 85%는 모든 상호금융권의 일반적인 기준이 아니라, 최대 한도를 좋게 받는다는 가정하에 가능한 것이다. 일반적으로 받는 사업 자대출의 후순위 대출(선순위로 매매잔금 주택담보대출이 존재하는 경우)은 LTV 80%에서 해당 부동산의 방공제 금액을 반영하는 구조로 설명할 수 있다.

② 상호금융 한도가 부족하면 저축은행, 캐피탈로 보완하라

다음 선택지는 저축은행과 캐피탈의 사업자대출이다. 저축은행·캐피탈의 사업자대출은 금리가 8~10%대로 크게 상승하지만 LTV 최대한도가 높기 때문에 사용할 수밖에 없는 경우가 있다. 상호금융권과 다른 점은 LTV 최대한도가 85~90%까지 가능할 수 있고, 한도 산정에서 방공제를 적용하지 않는 구조가 있다.

서울 10억 원 아파트 : 10억 × 90% = 최대 9억 원

이처럼 저축은행·캐피탈을 쓰는 이유는 한도에서 강점이 있기 때문이다. 다만 담보대출 LTV를 85~90%까지 당겨 주는 상품이 있더라도 금리가 7~10% 이상으로 높고 각종 수수료도 만만치 않을 수 있으므로, 저축은행·캐피탈의 사업자대출은 높은 한도가 꼭 필요할 때 최종

적으로 활용하는 편이 낫다. 우선은 상호금융권의 사업자대출을 먼저 검토하자. 높은 금리는 생각보다 큰 어려움으로 되돌아온다.

③ 최후의 구간. P2P·대부

P2P·대부 등 사금융권은 일반적인 LTV 한도를 주기도 하지만 금리는 12% 전후로 평균적으로 가장 높은 경우가 많다. 단기자금이 필요하거나, 일반 담보대출이 모두 불가할 때 대출을 받게 된다. 등록업체 여부에 따라 DSR 포함·불포함 여부 등도 나뉘는데, 모든 대출이 불가할 때 마지막으로 활용해볼 수 있는 최후의 방법이라고 생각하면 된다.

④ 신용대출은 마지막에 최소한으로

마지막에 위치하는 것이 신용대출·마이너스통장·차량담보대출 같은 유동성 대출이다. 이들은 생활비와 운영비의 구원투수가 될 수도 있지만 금리가 높고 DSR 반영 강도가 매우 크다. 그래서 순서상 항상 본 대출 뒤에 두어야 한다. 주택담보대출과 주요 담보대출을 모두 설계한 이후 남은 여유 범위 안에서 꼭 필요한 만큼만 사용하는 식이어야 전체 구조가 건강하다. 이미 보유 중인 신용대출과 마이너스통장이 있다면, 본 대출 전에 상환·해지 일정을 미리 잡아 DSR의 여지를 만들어두는 것이 순서다.

결국 대출은 순서다. 최우선으로 정책자금을 고려하고, 이후 주택담보대출은 제1금융권, 제2금융권 순서로 검토한다. 사업자 담보대출이 필요하다면 상호금융권, 저축은행·캐피탈 순서로 보고, 최후의 수단으로 P2P·대부를 활용한다. 신용대출과 차량대출 등은 전략적으로 그리고 마지막에 최소한으로 가져가야 한다.

요즘 대출은 "얼마까지 되나요?"라는 질문만으로 끝나지 않는다. "어떤 순서로, 어떤 기관에서, 어떤 구조로 진행할 것인가"를 먼저 설계해야 한다. 정책자금으로 바닥을 깔고 제1금융권으로 중심을 세우고, DSR 요건이 부족할 때 제2금융권인 보험사와 상호금융으로 여지를 넓힌다.

이후 보유한 부동산으로 사업상 자금이 필요할 때만 상호금융과 저축·캐피탈 순으로 사업자담보대출을 검토한다. 이 외에 특수한 경우 사금융인 P2P와 대부를 고려하고, 신용. 차량 등 기타 대출은 맨 마지막에 최소한으로 가져가는 것이다.

이 순서가 지켜질 때 본인에게 필요한 최적의 한도를 최저의 금리로 받을 수 있고, 충분히 받을 수 있던 좋은 대출 상품을 놓쳐 몇천만 원 이상의 대출 이자를 내는 일도 막을 수 있다.

부동산 2.0 세금지도 :

'모르면 손해'인 세금 파헤치기

부동산 정책의 변화는 대출에만 오지 않았다. 지난 두 번의 규제도 그렇지만, 기획재정위원회는 2025년 11월 30일에 총 11건의 세제개편안을 통과시키며 다양한 분야에 포문을 열었다. 50억 원 이상의 배당소득에 30%의 세율을 신설한 것을 시작으로, 액상형 전자담배 원료의 대부분을 차지하는 합성니코틴에 대해 50%의 경감세율을 적용하도록 하는 개별소비세법, 초등학교 2학년 이하 자녀의 예체능·체육 학원비를 공제 대상에 포함하도록 하는 소득세법, 관할 세무서장이 한국자산관리공사로 하여금 대행하게 할 수 있는 업무의 종류에 '가상자산 매각'을 추가한 국세징수법 일부개정법률안 등이 통과되었고, 이외에도 상속세 및 증여세법, 국제조세조정에 관한 법률, 종합부동산세법, 관세법, 국세기본법, 농어촌특별세법, 부가가치세법 등의 개정안이 통과됐다.

우리는 부동산이라는 재테크 수단을 다루고 있으니 여기에 가장 큰 영향을 미칠 '종합부동산세법'을 메인으로, '상속세 및 증여세법'을 곁

들여 조금 더 자세히 알아보자.

① 집을 살 때 한 번 내는 세금, 취득세

집을 사면 가장 먼저 마주치는 세금이 취득세다. 예를 들어 10억 원 짜리 아파트를 매수한다고 가정해보자. 실제 세법상 계산식은 과세표준을 구한 뒤 세율을 곱하는 구조지만, 이 구간에는 3% 세율이 적용된다. 10억 원에 3%를 적용하면 취득세는 약 3,000만 원 수준이 된다. 여기에 지방교육세 등 부가세가 붙으면 3.3%에서 3.5% 정도까지 올라가지만, 이해를 위해 기본 3% 정도로 생각해도 무리는 없다.

취득세의 중요한 특징은 처음 살 때 한 번만 내는 세금이라는 점이다. 집을 보유하는 동안 반복해서 내는 세금이 아니라, 취득 시점에 단 한 번 부담하는 비용이다.

다만 취득세에는 중과세가 붙을 수 있다. 조정대상지역에서 두 번째 주택을 취득하는 경우 취득세율이 8%로 뛰는 구조다. 10억 원짜리 집을 예로 들면, 원래는 3%인 3,000만 원을 내면 되지만, 8%가 되면 취득세만 8,000만 원이 된다. 일반적인 경우와 비교하면 5,000만 원을 더 부담하게 되는 셈이다. 이 취득세 8% 중과는 2025년 10월 16일부터 바로 적용되니, 조정대상지역 내에서 두 번째 집을 취득할 때 염두에 두어야 한다.

② 매년 돌아오는 세금, 보유세

집을 산 뒤에는 보유세가 매년 부과된다. 보유세의 기준일은 매년 6월 1일이다. 이날을 기준으로 그 주택을 소유하고 있는 사람에게 1년치 세금이 한 번에 확정된다. 6월 1일 하루만 보유하고 있어도 그 해 전체 보유세를 부담하는 구조다.

보유세는 재산세와 종합부동산세로 나뉜다. 종합부동산세는 누구에게나 부과되는 세금이 아니다. 주택 공시가격 합산액이 12억 원을 넘는 경우에만 종합부동산세 과세 대상이 된다. 공시가격 12억 원은 대략 시세 16억 원 안팎에 해당하는 수준으로 설명된다.

처음 집을 사는 단계에서 바로 16억 원, 20억 원 이상 고가 주택을 매수하는 경우는 많지 않으니 크게 걱정할 필요는 없다. 예를 들어 공시가격이 7억 원인 1주택의 경우 재산세는 연 약 100만 원 안팎 수준이다. 실거주용으로 5년 정도 보유한다면 보유세 총액은 대략 500만 원에서 600만 원 선에서 마무리되는 셈이다.

다만 앞으로도 보유세 인상 여지가 있다는 것에 유의하자. 먼저 공동주택 공시가격 조정이 있다. 예를 들어 시세 10억 원인 아파트의 공시가격이 7억 원이라면 공시가격 현실화율은 70%다. 이때 공시가격 현실화율을 조금만 올려도 시세는 그대로이지만, 공시가격을 기반으로 계산되는 재산세와 종합부동산세가 함께 인상된다.

또한, 공정시장가액비율이 조정될 수 있다. 종합부동산세 과세표준은 공시가격에서 일정 금액을 차감한 뒤 공정시장가액비율을 곱해 산정하는데, 이 비율이 현재 최저치인 60%에서 80% 수준으로 올라가면 과세표준이 커지면서 종합부동산세 부담이 늘어난다.

이처럼 부동산 관련 세금 부담이 커지며, 세제 구조 자체를 손보는 방식이 거론되고 있다. 보유세는 현재 재산세와 종합부동산세 두 축으로 구성되어 있지만, 이를 하나로 통합하는 방안이 논의되기도 한다. 두 세금을 합쳐 과세 대상을 넓게 잡되 세율은 다소 낮추는 방식이나, 과거 논의되었던 국토보유세와 같은 형태로 재편하는 방안 등이 거론

된다. 이렇게 된다면 재산세와 종합부동산세 이중과세 논란을 줄이면서도 전체 보유세 규모를 조정할 수 있게 된다.

가장 간단하고 직접적인 보유세 절세 방법은 '부부 공동명의'다. 아파트 한 채만 소유하는 경우 대부분은 재산세만 부담하지만, 고가 주택이거나 다주택자라면 재산세에 더해 종합부동산세까지 부담해야 한다. 이때 부부 공동명의라면 종합부동산세 공제액이 달라진다. 1주택을 부부 공동명의로 각각 절반씩 보유하면, 각자 9억 원씩 공제되어 합산 18억 원까지는 종합부동산세가 과세되지 않는다. 공시가격 현실화율을 70%로 가정하면, 공시가격 18억 원은 시세 약 25억 원 수준의 주택에 해당한다. 이 경우 1주택을 부부 공동명의로 보유했다면, 종합부동산세 과세 기준에 미치지 않아 종부세가 부과되지 않는다.

그러니 1주택을 오래 보유할 계획이라면 단독명의를 부부 공동명의로 전환하는 것을 고려해보자. 여기에 1주택을 5년 이상 보유하고, 만 60세 이상 고령자 요건을 충족할 경우 종합부동산세 추가 세액 공제를 적용받을 수 있는데, 이 공제율이 최대 80%까지 올라갈 수 있다. 이 경우 종합부동산세 부담을 상당 부분 줄일 수 있다.

③ 집을 팔 때 부과되는 세금, 양도소득세

집을 팔 때는 내가 판 가격에 그 집을 살 때 쓴 돈을 뺀 양도차익에 양도소득세가 부과된다. 예를 들어 10억 원에 집을 사서 12억 원에 팔았다면 양도차익은 2억 원이다. 비과세 요건을 충족하지 못해 일반 과세를 적용받는 경우 이 2억 원에 대해서는 대략 4,000만 원 안팎의 양도세가 발생하는 수준으로 제시된다.

바뀌는 세법은 실거주 1세대 1주택자에게 강한 비과세 혜택을 준다.

일정 거주와 보유 요건을 충족했을 때 양도가액이 12억 원 이하라면 양도세가 과세되지 않는다. 따라서 10억 원에 산 집을 12억 원에 팔고 1세대 1주택 비과세 요건을 충족하면 양도세는 나오지 않는다.

고가주택의 경우에는 12억 원 초과분만 과세 대상이 된다. 예를 들어 10억 원에 산 집을 15억 원에 팔았다면 전체 차익은 5억 원이다. 이 중 양도가액 12억 원까지는 비과세이고, 나머지 12억 초과분 3억 원에 대해서만 과세가 이루어진다.

비과세가 아닌 경우 일반 과세 기준으로 보면 대략 다음과 같은 수준의 세액이 제시된다. 양도차익 1억 원일 때 세금은 약 2,000만 원, 3억 원일 때는 약 1억 원, 5억 원일 때는 약 1억 7,000만 원, 10억 원일 때는 약 3억 원 수준이다.

3주택 이상에 대한 중과가 적용되면 세액은 크게 달라진다. 같은 예시 기준으로, 1억 원 차익일 때 세금은 약 5,000만 원, 3억 원 차익일 때 약 2억 원, 5억 원 차익일 때 약 3억 5,000만 원, 10억 원 차익일 때 약 7억 원 수준까지 올라간다. 같은 10억 원 차익이라도 일반 과세와 3주택 중과 사이에서 세금 차이는 약 4억 원까지 벌어진다.

④ 장기보유특별공제와 거주의 의미

장기보유특별공제는 특히 고가 1주택자의 양도세를 줄이는 핵심 장치다. 예를 들어 10억 원에 구입한 집이 30억 원이 된 경우를 생각해 보자. 비과세를 받더라도 12억 원 초과분에서 세금이 발생하는데, 이때 장기보유특별공제를 통해 최대 80%까지 과세 대상 금액을 줄일 수 있는 구조다.

장기보유특별공제는 보유 기간과 거주 기간을 기준으로 산정된다. 제도 개정 이후에는 단순 보유만으로는 높은 공제를 받기 어렵고 실제 거주 기간이 중요해졌다. 거주 요건을 충족하면 최대 80%까지 공제를 받지만, 거주 요건을 충족하지 못하면 최대 30% 수준 공제만 적용된다. 거주하지 않을 경우 연 8%씩 쌓이는 공제가 아니라 연 2% 수준 공제가 적용되어 공제 한도가 크게 줄어들기 때문이다. 거주 최대 80%, 거주 없는 보유는 최대 30%라는 수치를 기억하자.

실무적으로는 10년 거주를 모두 채우는 경우보다는 2년에서 4년 구간에서의 거주 기간을 추천하고 싶다. 최소 2년 거주를 전제로 3년, 4년 정도만 채워도 양도세가 상당히 줄어들기 때문이다. 만약 어떤 재건축 아파트 30평형대를 15억 원에 취득해 현재 40억 원 정도가 되었다고 가정해보자. 이런 경우, 12억 원 초과분에 대한 장기보유특별공제를 최대한 활용하기 위해 최소 2년 이상 실거주하면 어떻게 될까? 1년 거주하는 것으로 수천만 원 단위의 절세 효과를 누릴 수 있다.

다만 이 장기보유특별공제 제도 자체를 다시 조정하려는 움직임이 있다는 소식도 있다. 일반 장기보유특별공제 상한인 30%와 1주택 고가주택 장기보유특별공제 상한인 80% 사이의 간격을 줄이려는 논의가 진행 중이다.

⑤ 양도세 중과 유예와 2026년 이후

3주택 이상 보유자에 대한 양도세 중과 유예 기간과 그 이후 체계도 중요한 변수다. 현행 규정상 양도세 중과 유예는 2026년 5월 9일까지로 설정되어 있다. 이 기간이 연장되지 않는다면 그 다음 날인 2026년 5월 10일부터 중과가 다시 부활하게 된다.

유예 종료 이후에는 앞서 본 것처럼 같은 10억 원 차익이라도 일반

과세 시에는 약 3억 원, 3주택 중과 시에는 약 7억 원 수준의 세금이 산출될 수 있다. 이 경우 세금 차이가 4억 원에 이르게 된다. 이 때문에 3주택 이상 보유자들 중에서는 2026년 5월 9일 이전에 잔금을 치르는 방식으로 매도를 마무리하려는 움직임이 늘어나고 있다. 잔금일 기준으로 과세 여부와 세율 적용 시점이 갈리기 때문이다.

⑥ 임대주택 등록과 3주택 중과, 세후 수익이 줄어든 사례

세금 구조를 충분히 이해하지 못해 세후 수익이 크게 줄어든 사례도 있다. 서울 강동구 단독주택을 오래 보유한 한 사례에서, 해당 주택은 수년간 보유해 온 자산이었고 집값은 약 10억 원 정도 상승한 상태였다. 집을 매각해 노후 자금을 마련하려는 계획을 세운 상황에서 이 주택은 과거에 주택임대사업자로 등록되어 있었다.

임대주택 등록 시 일정 요건을 충족하면 주택 수에서 제외되어 3주택 중과를 피할 수 있지만, 이 사례에서는 임대사업 요건을 하나 어긴 상태였다. 그 결과 해당 주택이 주택 수에 포함되어 3주택 중과 대상이 되었다. 10억 원 차익에 대해 일반 과세였다면 양도세가 약 3억 원 수준이었겠지만, 실제로는 약 7억 원의 양도세가 부과되는 결과로 이어졌다. 이 사례는 임대주택 등록 요건, 중과 여부, 비과세 및 장기보유특별공제 요건을 정확히 확인하지 않은 채 매각을 진행하면 세후 수익에서 큰 차이가 발생할 수 있다는 점을 보여 준다.

3장

사회초년생의 전세·월세 대출 :

첫 상담에서 '호구' 안 되는 법

상담실 들어가기 전 10분 :
필수 체크리스트

전작 《부동산 대출 수업》에서는 사회초년생이 좋은 대출 상담사를 찾는 법을 정리했었다. 이 내용을 다시 간단히 짚어본 뒤, 그렇게 만난 대출 상담사에게 어떤 내용을 물어봐야 할지 알아보자.

먼저, 자신의 명의와 수익으로 처음 부동산 계약을 진행하는 초년생은 모든 것이 불안할 것이다. 은행에서 문의하는 것부터 살 곳의 공인중개사를 찾아가는 것, '대출에서 바가지를 쓰면 어쩌지'까지 말이다. 이런 걱정을 없애려면 먼저 좋은 상담사를 찾는 것으로 충분하다.

공인중개사에게 소개받거나, 부동산 관련 인터넷 카페 등에서 상담사의 인적 사항을 건네받았다면 '은행연합회(www.loanconsultant.or.kr)' 의 조회 사이트에 들어가 이름과 등록번호를 입력하면 끝이다. 상담사의 소속 법인부터 경력, 사진, 위반 사항까지 확인할 수 있다.

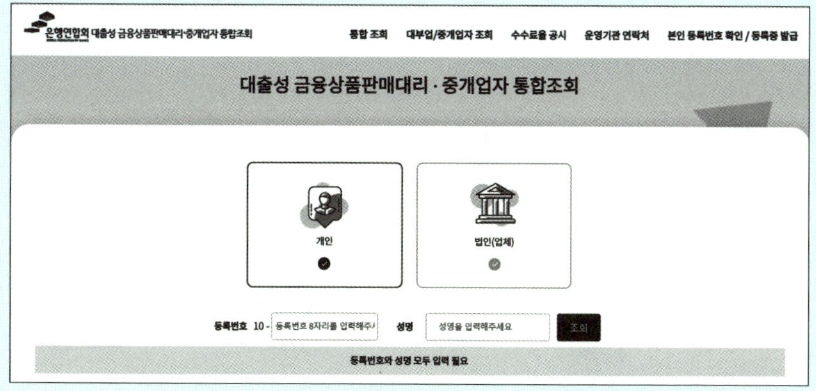

출처 : 전국은행연합회

그 사람이 말하는 금리와 조건을 걱정할 필요도 없다. 대출 상담사는 금융회사와 계약한 수탁 법인의 소속 직원이며, 상담사가 권유한 대출상품은 은행과 100% 똑같다. 비용 역시 걱정하지 않아도 된다. 이들은 대출이 체결될 때마다 금융회사나 모집 법인에서 대출금액의 일정 부분을 수당과 수수료로 받기 때문이다. 그렇기에 휴일이나 영업시간 외에도 답변을 준다거나, 내가 다른 일정으로 바쁠 때 대출 서류에 필요한 자필 서명을 받아 가기도 한다. 이런 다양한 편의성 때문에 대출을 많이 받은 사람 중에는 대출 상담사를 통한 대출을 선호하는 사람도 있다.

이렇게 좋은 대출 상담사를 만나는 방법을 알았다면, 이제 그들에게 '무엇을' 물어봐야 할까? 사회초년생이나 신혼부부가 가장 많이 하는 고민은 단연 '전세냐, 월세냐'의 문제다. 목돈이 없으니 일단 마음 편한 월세로 시작하겠다는 사람들이 많다. 하지만 금융의 관점에서 보면, 월세는 매달 공중으로 흩어지는 '사라지는 돈'이고, 전세자금대출의 이자는 내 주거의 질을 높이기 위한 '레버리지 비용'이다. 그리고 결론부터

대출 상담사의 구조

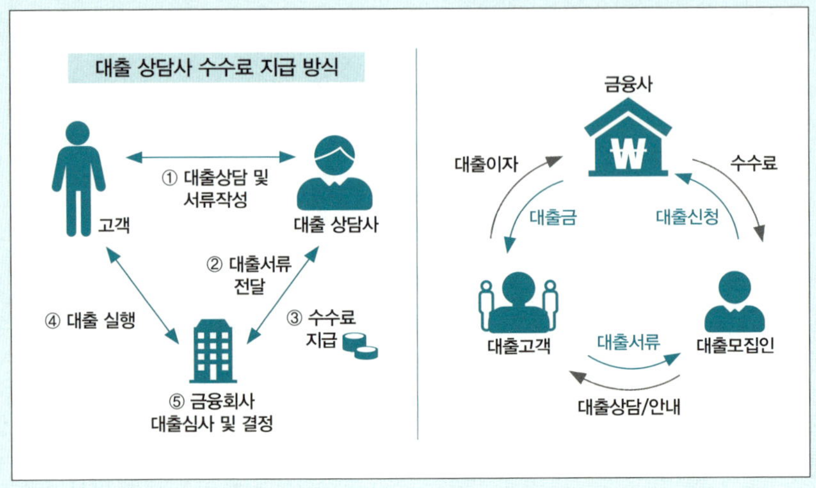

말하자면, 전세대출의 이자가 월세보다 일반적으로 낮다.

예를 들어 서울의 괜찮은 투룸 빌라 월세가 100만 원이라고 가정해보자. 1년이면 1,200만 원, 2년 계약 기간 동안 2,400만 원이 집주인의 주머니로 들어간다. 반면, 같은 집에 정부가 지원하는 정책성 대출 상품을 이용해 연 2%대의 금리, 2억 원짜리 전세로 들어가면 한 달 이자는 약 30~40만 원 수준이다. 월세로 100만 원을 낼 것인가, 아니면 이자로 40만 원만 내고 나머지 60만 원을 모을 것인가? 답은 명확하다. 전세 제도를 활용하면 주거비용을 절반 이하로 줄이면서도 훨씬 쾌적한 환경에서 거주할 수 있다.

특히 정부는 무주택 서민을 위해 시중은행 금리보다 훨씬 낮은 '정책성 전세대출' 상품을 운용 중이다. 대출 상담사를 만나면 일반 은행 상품을 묻기 전에 아래의 정책상품 중 내가 어디에 해당하는지부터 반드시 확인하자.

① 버팀목 전세자금대출

가장 기본이 되는 상품이다. 무주택 세대주라면 누구나 신청할 수 있으며, 소득 요건과 자산 요건만 맞는다면 시중 금리의 절반 수준으로 이용할 수 있다.

② 청년전용 버팀목 전세자금대출

만 19세 이상 34세 이하의 청년이라면 이 상품이 1순위다. 일반 버팀목보다 한도는 조금 적을 수 있어도 금리가 더 낮고 조건이 유리하다. 사회초년생이 원룸이나 오피스텔에서 독립을 시작할 때 가장 강력한 무기가 된다.

③ 신혼부부 전용 전세자금대출

결혼 예정이거나 혼인 기간 7년 이내의 신혼부부를 위한 상품이다. 부부 합산 소득 기준이 적용되지만, 그만큼 대출 한도가 넉넉하고 금리 우대 혜택이 커서 신혼집 마련의 필수 코스로 불린다.

④ 신생아 특례 전세자금대출

가장 핫한 상품이다. 2년 내 출산(입양 포함)한 가구라면 소득 기준을 대폭 완화해주고, 파격적인 최저 금리를 적용해준다. 아이가 있다면 이 상품을 쓰지 않는 것이 손해일 정도다.

이제 대출 상담사에게 "무조건 저렴한 금리를 찾아주세요"라고 막연하게 묻지 말자. 대신 "신혼부부 버팀목이 될까요?" 혹은 "이번에 아이를 낳는데 신생아 특례로 갈아탈 수 있나요?"라고 구체적으로 질문하자.

나에게 맞는 정책성 전세대출 체크리스트

1. 만 19세~34세 미혼 청년인가?

→ '청년전용 버팀목' 우선 검토 (보증금 3억 이하, 대출 한도 최대 2억)

2. 혼인 7년 이내 혹은 3개월 내 결혼 예정인가?

→ '신혼부부 전용 버팀목' 우선 검토 (수도권 보증금 4억 이하, 대출 한도 최대 3억)

3. 2년 내 출산했거나 출산 예정인가?

→ '신생아 특례 전세자금' 최우선 검토 (소득 요건 대폭 완화, 최저 금리 적용)

4. 위 조건에 해당하지 않는 무주택 세대주라면?

→ '일반 버팀목 전세자금' 검토 (수도권 보증금 3억 이하, 대출 한도 최대 1.2억)

※ 정책 상품은 예산 소진이나 정책 변경에 따라 금리와 한도가 수시로 변동
되므로, 주택도시기금 '기금e든든' 사이트나 대출 상담사를 통해 최신 조
건을 확인해야 한다.

정책상품 선점이 1순위 :
공짜 혜택부터 먹고 간다

계약을 앞두고 있다면 '정책상품'을 가장 먼저 알아봐야 한다. 조건만 충족한다면 일반 은행보다 낮은 이자, 적은 부수거래 조건, 그리고 다양한 혜택을 받을 수 있다. 전세금을 마련할 때는 정부 발표나 뉴스, 대출 상담사를 통해 내가 적용받을 수 있는 상품이 있는지 꾸준히 확인해두자.

① 버팀목 전세자금대출

첫 번째로 알아볼 상품은 '버팀목 전세자금대출'(이하 '버팀목 전세')이다. 버팀목 전세는 정부가 서민의 주거 안정을 도모하기 위해 출시한 대출상품이다. 자산이 3억 4,500만 원 이하이면서, 부부 합산 연소득 5,000만 원 이하인 무주택자라면 이 상품을 이용할 수 있다. 만약 신혼부부라면 부부 합산 연소득 7,500만 원 이하까지 가능하다.

대상 주택의 전세보증금 한도는 수도권 3억 원, 비수도권 2억 원이지만, 신혼부부거나 2자녀 이상 가구라면 수도권 4억 원, 비수도권 3억 원으로 각각 1억 원의 추가 한도가 제공된다. 모든 조건을 만족했다면 보증금의 70%(신혼부부·2자녀 이상 가구는 80%) 이내에서 수도권은 최대 1억 2,000만 원, 비수도권은 최대 8,000만 원까지 대출받을 수 있다. 금리는 연 2.2%~3.3%이며, 연소득과 임차보증금에 따라 차등 적용되고 변동금리가 적용된다.

대출 기한은 2년이지만 경우에 따라 4번까지 연장할 수 있어 10년 동안 이용할 수 있다는 것도 특징이다. 다만 2년 단위로만 연장되므로 전세 계약이 1년 남았다면 먼저 대출을 받고 중도 상환하는 식으로 이어가야 한다. 버팀목 전세는 중도상환수수료가 면제되므로 중간에 해지하더라도 부담이 크지 않다.

만약 버팀목 전세의 조건을 만족하면서 나이 제한(만 19세~만 34세)까지 충족한다면 '청년전용 버팀목 전세자금대출'(이하 '청년전용 버팀목')을 이용할 수 있다. 일반 버팀목 전세보다 금리가 0.3%p 더 낮고, 보증금의 80%(최대 1억 5,000만 원, 만 25세 미만의 단독 세대주는 최대 1억 2,000만 원)까지 대출받을 수 있다. 조건을 만족한다면 청년전용 버팀목을 최우선으로 활용하자.

② 신혼부부전용 전세자금대출

신혼부부전용 전세자금대출(이하 '신혼부부 전세')은 혼인신고일로부터 만 7년 이내이거나, 3개월 이내 혼인신고 예정인 신혼부부만 신청할 수 있는 특별상품이다. 신청 요건은 부부 합산 연소득 7,500만 원 이하, 순자산 3억 4,500만 원 이하의 무주택 부부이며, 전세보증금 지원 한도는 수도권 최대 4억 원, 비수도권 최대 3억 원까지다.

모든 조건을 만족하면 보증금의 80% 이내에서 수도권은 최대 2억 5,000만 원, 비수도권은 최대 1억 6,000만 원까지 대출받을 수 있다. 이는 '버팀목 전세'나 '청년전용 버팀목'에 비해 상대적으로 높은 한도를 제공한다. 금리는 연 1.9%~3.3%로, 정책상품 중에서도 '청년전용 버팀목' 다음으로 금리가 낮다는 점이 특징이다. 다만 연소득과 전세보증금액에 따라 차등 적용된다.

대출을 신청할 때는 합가 기간을 확인할 수 있는 주민등록초본이 필요하며, 예비 신혼부부라면 예식장 계약서나 청첩장 등으로 증빙할 수 있다.

③ 신생아 특례 버팀목대출

2024년, 정부는 '신생아 특례 구입·전세자금대출'(이하 신생아 특례)이라는 정책을 내놓았다. 신혼부부와 출산가정의 주거 안정을 통해 저출산 문제에 대응하려는 취지다. 신생아 특례의 대상은 대출 접수일 기준 최근 2년 이내에 출산한 가구(2023년 1월 1일 이후 출생아 포함)다. 추가 요건으로 부부 합산 연소득 1억 3,000만 원 이하(맞벌이 가구 2억 원 이하), 순자산 3억 4,500만 원 이하의 무주택 가구여야 한다.

보증금 한도와 금리도 유리한 편이다. 보증금 한도는 수도권 5억 원, 비수도권 4억 원이며, 보증금의 80% 이내에서 최대 2억 4,000만 원까지 대출받을 수 있다. 정책상품 중에서도 한도가 높은 편이며, 금리는 연 1.3%부터 시작한다. 적용 대상에 해당한다면 우선적으로 검토할 만하다. '신혼부부 전세'와 비교하면 소득·자산 요건, 보증금 한도, 대출 한도, 금리 등 여러 항목에서 신생아 특례가 더 유리한 구조로 설계되어 있다.

증빙서류는 '신혼부부 전세'와 마찬가지로 출생신고서나 입양확인서가 필요하며, 출산 전에는 신청할 수 없다. 다만 출산이나 입양 후에는 혼인신고를 하지 않은 세대도 신청할 수 있다.

조건만 맞는다면 위의 정책상품들을 우선 고려하자. 다만 혜택이 좋은 만큼 조건이 다양하고 까다로울 수 있고, 모든 사람이 정책상품을 이용할 수 있는 것은 아니다. 그렇다면 다음에 소개할 '한국주택금융공사', '주택도시보증공사', '서울보증보험'을 통한 일반 전세대출을 이용해보자.

정책상품 정리 (단위 : 원)

	버팀목 전세	청년 전용	신혼부부 전용	신생아 특례
조건	부부 합산 연소득 5,000만 이하 2자녀 6,000만 이하 신혼 7,500만 이하 순자산 3.45억 이하 무주택자	만 19세~만 34세 세대주 부부 합산 연소득 5,000만 이하 순자산 3.45억 이하 무주택자	부부 합산 연소득 7,500만 원 이하 순자산 3.45억 이하 무주택 세대주 신혼부부(혼인 기간 7년 이내, 3개월 이내 결혼 예정자)	대출접수일 기준 2년 내 출산한 무주택 세대주 부부 합산 연소득 1.3억 이하 (맞벌이 2억 이하) 순자산 3.45억 이하
보증금 한도	일반 : 수도권 3억, 그 외 2억 신혼, 2자녀 : 수도권 4억, 그 외 3억	3억	수도권 4억, 그 외 3억	수도권 5억, 그 외 4억
대출 한도	(보증금 80% 이내) 수도권 1.2억, 그 외 0.8억 신혼, 2자녀 : 수도권 2.5억, 그 외 1.6억	(보증금 80% 이내) 최대 1.5억 (25세 미만 단독세대주 : 1.2억 이하)	(보증금 80% 이내) 수도권 최대 2.5억, 그 외 1.6억	(보증금 80% 이내) 최대 2.4억
대상 주택	전용면적 85㎡	전용면적 85㎡ (25세 미만 단독세대주 : 60㎡)	전용면적 85㎡ (읍면 100㎡)	전용면적 85㎡ (읍면 100㎡)
금리	연 2.2%~3.3%	연 2.2%~3.3%	연 1.9%~3.3%	연 1.3%~4.3%
대출 기한	2년 (4회 연장 가능, 최장 10년)	2년 (4회 연장 가능, 최장 10년)	2년 (4회 연장 가능, 최장 10년)	2년 (5회 연장 가능, 최장 12년)

일반 전세대출,
한 장으로 끝내는 사용법

가장 먼저 전세가 무엇인지 되짚어보자. 전세는 임차인이 임대인에게 주택을 일정 기간 빌리는 대신 보증금을 지급하고, 임대기간이 끝나면 보증금을 돌려받는 우리나라의 특별한 주택임대 유형이다. 월세에 대한 거부감이 있거나 매매가 어려운 경우에 주로 선택한다.

하지만 보증금이 매매가에 육박할 만큼 큰 경우도 있다. 이럴 때 전세자금대출은 적게는 몇 천만 원에서 크게는 몇 억 원까지 실행되곤 한다. 전세자금대출은 주택담보대출이나 신용대출처럼 주택이나 신용을 담보로 요구하지 않는데, 은행은 무엇을 믿고 이렇게 큰돈을 빌려줄까. 전세자금대출은 보증기관의 보증서를 담보로 실행되기 때문이다. 보증서에는 임차인(세입자)이 전세자금대출 원리금을 상환기일에 상환하지 못하는 경우, 보증기관이 그 원리금 상환을 대신 책임진다는 내용이 담긴다. 은행은 이 보증서를 근거로 차주에게 자금을 대출한다. 따라서 전세대출은 보증기관의 보증서 발급 조건을 충족한 것과 같은 의미로 이해할 수 있다.

보통 전세를 위한 정부 정책상품은 '한국주택금융공사'(이하 HF), '주택도시보증공사'(이하 HUG) 두 기관이 보증을 서고, 은행 재원으로 실행되는 일반 전세대출은 HF, HUG와 함께 민간회사인 '서울보증보험'(이하 SGI)이 일정 보증료를 받고 보증을 선다. (참고로 보증비율은 2025년부터 세 기관 모두 대출금액의 90%로 통일되었다) 전세대출에는 보증이 필수인 만큼, 각 기관의 보증서 발급 조건과 특징을 자세히 알아보자.

전세대출 보증기관 정리 (단위 : 원)

	주택도시보증공사(HUG)	한국주택금융공사(HF)	서울신용보증(SGI)
한도	(보증금의 80% 한도, 신혼 및 청년은 90%) 최대한도 : 무주택자 4억. 무주택자 2억	(보증금의 80% 한도) 최대한도 : 4억 4,400만 1주택자 2억 2,200만 수도권 및 규제지역 1주택자 2억	(보증금의 80% 한도) 최대한도 무주택자 5억, 1주택자 3억 수도권 및 규제지역 1주택자 2억
특이사항	저소득자도 발급 가능. 단, 소득별 한도차등, 신용점수 관리 필요	필수요건은 적지만 소득에 따라 승인	사기업에서 운영, '질권설정통지서'를 발급해 임대인에게 내용증명
보증금한도	수도권 7억, 그 외 5억	수도권 7억, 그 외 5억	제한 없음
전세금반환보증보험 의무가입 여부	자동의무가입	개별 가입	개별 가입
임대인 동의	필수	불필요	필수

HUG의 전세대출은 일반적으로 안심전세대출이라고 부른다. 이 대출의 가장 큰 특징은 세 보증기관 전세대출 중 임차인의 소득과 직업을 가장 덜 엄격하게 본다는 점이다. 따라서 무직 상태이거나 소득 증빙이 어려운 프리랜서 등의 경우 HUG 보증을 선호한다. 예전에는 무소득자라도 발품을 열심히 팔면 보증금의 최대 80%까지 대출을 받을 수 있었으나, 2025년 6월 이후에는 임차인의 소득, 부채, 신용도에 따라 대출 한도에 차등을 두고 있다.

HUG는 임차인의 소득보다 대출 대상 주택과 임대인의 상황을 더 중시한다. 등기부등본을 확인했을 때 경매 신청, 압류, 가압류, 가처분, 가등기 등 권리 침해 사항이 있으면 보증서를 받기 어렵다. 또한 건축물대장상 위반건축물(아파트 제외)이거나, 전입세대열람원에서 타 세대 전입 내역(단독·다가구 제외)이 있으면 안 된다. 이런 문제는 대출 전 서류 작업을 통해 미리 확인해두자.

서류를 확인했다면 다음은 주택의 채무 상태다. 선순위채권과 전세보증금을 합친 금액이 주택가액의 90%(단독·다가구의 경우 80%)보다 낮아야 하며, 선순위채권이 주택가액의 60%를 넘어서도 안 된다. 임대인의 동의 역시 필수다. 임차인이 대출을 신청하면 임대인에게 채권양도통지서가 발송되는데, 만기 시 대출금을 임차인이 아닌 은행으로 입금해야 한다는 내용이 담긴다. 임대인이 이를 수령한 뒤 동의 절차를 완료해야 대출을 받을 수 있다.

전세자금의 90%까지 HUG 전세대출 받는 방법

- **신혼부부** : 부부 합산 연소득이 6,000만 원 이하이며 신청일 기준 7년 이내 혼인신고자. 결혼 예정자도 가능하나 청첩장이나 예식장 계약서 등 증빙서류가 필요함.
- **청년 가구** : 연소득 5,000만 원 이하인 만 19세부터 만 34세 이하의 청년

전세대출 보증비율은 지역에 따라 관리되며, 수도권·규제지역은 80%, 비수도권은 90%가 적용됨

HUG 보증을 최우선으로 알아봐야 하는 경우

- 소득이 없거나 적은 무직자와 프리랜서의 경우
- 전세대출을 받으면서 전세보증보험 자동가입을 원하는 경우
- 신혼부부, 만 19세~34세 청년의 경우

② 소득의 3배~4배까지, 임대인 동의가 필요 없는 HF 전세대출

HF가 보증하는 전세대출은 보증료가 가장 저렴하고, 가입할 수 있는 주택의 종류도 가장 많다. 반면 대출 한도액은 상대적으로 적고, 앞서 설명한 HUG 전세대출과 달리 임차인의 소득을 중요하게 본다. 조건에 부합한다면 최대 4억 4,400만 원 범위 안에서 소득의 3배~4배까지 대출이 가능하다.

다만 일정한 소득이 없고 신용점수가 낮다면 대출이 어렵고, 대출이 성사되더라도 아주 소액만 가능한 경우가 많다. 신용대출과 비슷하다고

생각하면 편하다. 또한 기존 대출이 있는 경우 그 금액만큼 한도에서 차감될 수 있으니, 대출 전 기존 대출금액을 다시 한 번 확인해보는 것이 좋다.

HF는 개인의 소득과 신용도를 중시하지만, 다른 보증기관에 비해 주택과 임대인의 상황에는 관대한 편이다. 무주택자 기준 4억 원까지는 임대인의 동의 없이 바로 대출이 가능하며, 질권설정에 대한 임대인의 협조가 있다면 한도는 최대 4억 4,400만 원까지 늘어난다. 주택의 형태나 서류상 기준도 비교적 관대하다. 등기부등본상 권리침해 사항이 없고 주택 또는 오피스텔로 분류된다면 대부분 대출이 가능하다. 또한 전세보증금 2억 원 이하는 주택가격과 상관없이 보증받을 수 있다.

다만 HF 역시 과도한 근저당은 허용하지 않는다. 선순위 채권과 전세보증금의 합이 주택 가격의 90%를 넘으면 안되며, 법인의 경우 주택 가격의 80%를 넘으면 보증이 거절된다.

HF 보증을 최우선으로 알아봐야 하는 경우

- 임대인 동의를 받기가 어려운 경우
- 임대인이 법인인 경우
- 가장 저렴한 금리를 원하는 경우

③ 아파트 보증금 제한이 없는 SGI 전세대출

SGI는 앞서 설명한 HUG, HF와 달리 사적 보증기관이다. 그만큼 공적 보증기관보다 규제가 적어 주택가격과 보증금에 제한이 없고, 세 기관 중 한도가 가장 많다는 장점(최대 5억 원)이 있다. 특히 7억 원을 초과하는 고가주택에 들어간다면 제1금융권 전세대출을 보증해주는 기관은 SGI가 유일해 선택의 여지가 없다.

반면 SGI만 까다롭게 보는 조건도 있다. 우선 DTI 40% 이내 요건을 충족해야 한다. 대상 주택도 한정적이다. SGI 전세대출은 아파트, 연립, 다세대, 오피스텔만 취급하며 단독주택, 다가구, 다중주택 등은 취급하지 않는다. 또한 HUG처럼 임대인의 질권설정통지서 동의가 필수다. 한 가지 특이한 점은 보증료를 은행이 부담한다는 것인데, 이는 금리에 반영되므로 결과적으로 총비용은 SGI 전세대출이 가장 높아질 수 있다.

SGI 보증을 최우선으로 알아봐야 하는 경우

- 보증금이 7억 원을 초과하는 고가주택에 전세로 들어가는 경우
- 금리보다 대출 최대한도를 중요시하는 경우
- 1주택 보유자가 제1금융권에서 대출을 최대한도로 받고 싶은 경우

④ 최소한의 안전장치, 전세보증금 반환보험

앞서 보증기관들의 보증은 세입자가 전세대출 원리금을 상환하지 못할 때 그 상환을 책임지는 것이라고 설명했다. 그러나 이 보증이 세입자가 임대인에게 돌려받지 못한 보증금의 반환까지 책임지지는 않는다. 그래서 보증기관들은 이를 보험화해 전세보증금 반환보험을 출시했다. 전세대출 실행 시점에 가입할 수 있고, 대출 이후라도 계약기간이 1년 이상이고 그중 절반이 지나지 않았다면 가입이 가능하다. 전세대출 보

증기관이 HUG라면 전세대출과 동시에 가입되므로 따로 신경 쓸 필요가 없지만, HF나 SGI 등 다른 보증기관의 보증을 받았다면 세입자가 따로 가입해야 한다.

한편 전세 만기 시 임대인이 잠적하거나 전세보증금을 유용해 보증금을 돌려받지 못하는 경우가 늘고 있다. 전세 사기가 불안하다면 전세보증금 반환보험 가입을 고려하자. 특히 전세 가격이 시세보다 높게 책정되어 있거나, 해당 주택에 선순위 채권이 많이 설정되어 있다면 반드시 가입해두자.

지금까지 전세대출을 보증해주는 기관별 특징과 조건을 알아보았다. 전세 자금을 대출받는다면 정책상품을 가장 먼저 이용하는 것이 좋다. 다만 해당하는 정책상품이 없다면, 위의 세 보증기관의 일반 전세상품을 잘 알아두자.

1주택·다주택 전세대출 :
'된다/안 된다' 조건만 뽑기

무주택자만 받을 수 있을 것 같지만 유주택자도 전세자금을 대출받을 수 있다. 무주택자처럼 낮은 금리와 파격적인 조건의 정책상품은 이용할 수 없지만, 보유 주택의 가격·투기지역 여부·매매 시기 등 특정 조건을 만족하면 충분히 이용할 수 있다. 이때 이용할 수 있는 곳이 HF, HUG, SGI 보증의 일반 전세자금대출이다.

1주택자라면 HF와 HUG에서 보증금의 80% 한도로 최대 2억 원까지, SGI에서 최대 3억 원까지 대출받을 수 있다. 다만 2025년 9월 8일 이후 수도권·규제지역의 1주택자는 세 보증기관 모두 2억 원까지만 가능하다.

특이사항으로 전세자금대출은 주택담보대출과 다르게 아파트 분양권과 입주권을 '주택'으로 인정하지 않는다. 따라서 투기과열지구의 3억 원을 초과하는 분양권, 다른 지역의 9억 원을 초과한 입주권을 매수했다고 해서 대출금이 회수되지는 않는다. 단, 아파트가 완공되고 잔금을 치르는 시점에는 입주권이 주택으로 취급된다.

무주택자와 1주택자의 일반 전세자금대출 상한

	주택도시기금 전세대출	한국주택금융공사 (HF)	주택도시보증공사 (HUG)	서울신용보증 (SGI)
무주택자	2억 2,000만 원	4억 4,400만 원	4억 원	5억 원
1주택자	불가	2억 2,200만 원	2억 원	2억 원

다음으로 2주택 이상 보유자, 다주택자의 경우를 짧게 알아보자. 앞에서 설명한 제1금융권의 전세대출은 불가능하다. 다만 제2금융권에서는 제한적으로 가능하다. (2025년 8월 이후 제2금융권에서도 다주택자 전세대출을 취급하는 금융사가 매우 줄었다.) 제2금융권의 전세대출은 보증서 담보대출로 진행하는 곳도 있지만, 주로 전세권 설정을 이용하는 등 제1금융권과는 다소 다르게 진행된다. 때문에 임대인의 동의가 더 까다롭거나 금리가 높다는 단점이 있다. 그러나 전세보증금 80% 이내에서 담보대출 금액이나 선순위 채권 등의 제약이 적어, 다주택자이거나 신용도가 낮은 경우에도 고려할 수 있다.

결론적으로 1주택자든 다주택자든 전세 자금을 대출받을 때는 소유 주택의 가격, 위치, 구입 시기 등 다양한 조건을 고려하자. 또한 제1금융권의 대출 한도와 금리, 제2금융권의 폭 넓은 가능성을 꼼꼼히 비교한 뒤에 결정하는 것이 중요하다.

전세의 종말?
월세 시대 '생존 금융' 전략

과거 대한민국 부동산 시장에서 전세는 주거 임대차 시장의 큰 비중을 차지했다. 그러나 최근 '빌라왕' 사태로 대변되는 전세 사기 공포와 강화된 보증보험 규제는 임대차 시장의 흐름을 크게 흔들고 있다. "내 보증금을 지킬 수 있을까?"라는 불안감 속에서 많은 세입자가 자의 반 타의 반으로 월세 시장으로 이동하고 있다.

일반적으로 전세는 월세에 비해 전세대출을 활용했을 때 거주 비용이 낮다고 여겨진다. 이럴 때는 월세를 '매달 사라지는 돈'이라고 생각하기 쉽다. 그러나 전세대출 이자가 급등한 고금리 시기에는 월세가 안전 비용을 지불하고 유동성을 확보하는 합리적인 선택이 될 수도 있다.

이번 장에서는 월세를 고려하는 거주자가 반드시 알아야 할 정부 지원 금융상품과 주거비를 낮추는 '월세 세테크(세금+재테크)' 전략을 살펴본다.

월세 보증금과 월세, '정부 정책상품'으로 방어하라

전세와 마찬가지로 월세로 전환할 때 가장 큰 부담은 매달 나가는 현금흐름, 즉 월세와 보증금이다. 앞서 살펴본 대출의 순서 원리처럼, 우리는 시중은행의 일반 대출보다 낮은 금리로 이용할 수 있는 '주택도시기금' 정책상품을 우선 검토해야 한다.

① 가장 든든한 아군 '청년전용 보증부월세 대출'

사회초년생이나 청년(만 19세~34세)이라면 이 상품을 우선 검토하자. 이 대출의 강점은 보증금뿐 아니라 매달 내는 월세까지 대출이 가능하다는 것이다. 보증금이 낮은 월셋방을 구할 때 이자 부담을 크게 낮출 수 있다.

- 보증금 대출 : 연 1.3% 금리로 최대 4,500만 원까지 지원
- 월세금 대출 : 월 20만 원까지 무이자(0%), 초과분은 연 1.0%로 최대 월 50만 원까지 지원

② 당장 월세가 부담된다면 '주거안정 월세대출'

취업준비생, 사회초년생, 혹은 일시적으로 소득이 불안정한 시기라면 '주거안정 월세대출'을 활용할 수 있다. 이는 보증금이 아닌 월세 납입액 자체를 빌려주는 상품으로, 당장의 현금 흐름이 막힌 상황에서 주거 안정을 꾀할 수 있다.

- 대상 : 우대형(취업준비생, 주거급여 수급자 등)과 일반형(부부 합산 연소득 5,000만 원 이하)으로 구분

- 구조 : 매월 최대 60만 원씩 2년 동안(최대 1,440만 원) 운용 가능, 금리도 1%대(우대형 기준)로 낮은 편

③ 월세 보증금에도 쓸 수 있는 '중소기업취업청년 전월세보증금대출'

흔히 '중기청 대출'로 불리는 이 상품은 전세금을 100% 대출해주는 것으로 유명하다. 하지만 월세(반전세) 보증금을 마련할 때도 활용할 수 있다. 집필 시점(2026년 1월)에는 연 1.5% 고정금리가 강점이지만, 실제로 대출받을 때는 '기금e든든' 또는 취급 은행(우리·신한·국민·농협·하나 등)에서 한 번 더 최신 조건을 확인해보자.

④ 제2의 월급, '월세 세액공제'

월세 거주자를 위한 실질적인 꿀팁 중 하나는 월세 세액공제를 활용하라는 것이다. 가장 중요한 팁이기도 하다. 매년 연말정산 시 납부한 월세로 세금 혜택을 받는 것으로, 조건만 맞는다면 가장 큰 금액을 돌려받을 수 있다. 간단히 계산해보면, 월세 50만 원(연 600만 원)을 내는 직장인이 17% 공제를 받는다면 연말정산 때 102만 원을 돌려받는다. 두 달 치 월세를 보전받는 셈이다.

- 주요 조건(2024년 귀속 기준)
- 총급여 8,000만 원 이하 무주택 근로자
- 전용면적 $85m^2$ 이하 또는 기준시가 4억 원 이하 주택
- 임대차계약서 주소지와 주민등록등본 주소지 일치(*전입신고 필수)

- 공제율 및 한도
 - 총급여 5,500만 원 이하 : 17% 공제
 - 총급여 5,500만 원 초과 : 15% 공제
 - 공제 한도 : 연 1,000만 원

세액공제를 받기 위해 집주인의 동의를 구할 필요가 없는 것도 장점이다. 임대차 계약서와 월세 이체 내역만 있으면 신청할 수 있으니 거리낌 없이 신청하자. 만약 과거에 냈던 월세 세액공제를 받지 못했다면, 해당 월세 지출기준 5년 이내에 '경정청구'를 통해 과거의 월세 공제액을 한 번에 환급받을 수 있다.

월세도 '안전'이 우선이다. 필수 체크리스트

월세 계약이라도 대항력 확보를 위해 전입신고와 확정일자는 필수다. 전입신고를 하면 거주 기간 동안 임대인이 바뀌더라도 새로운 임대인에게 임차권을 주장할 수 있는 대항력이 생긴다. 또한 확정일자를 받으면 월세 보증금에 대한 우선변제권이 생긴다. 만약 내 집이 경매로 넘어가도 다른 채권자보다 먼저 내 보증금을 돌려 받을 수 있다. 확정일자만으로 불안하다면 내가 살고 있는 지역의 '소액임차인 최우선변제금' 한도를 확인해두자. 내 보증금을 이 한도 안으로 정리해두면 경매 상황에서 또다른 무기를 쥘 수 있다.

전세에서 월세로 주거 형태를 바꾸려면 큰 결심이 필요하다. 하지만 이런 정부의 지원 정책이나 세제 혜택을 잘 이용하면, 주거비 부담도 줄이고 내 돈을 안전하게 지킬 수 있다.

재계약 등의 사정으로 즉시 신청하기 부담스럽다면, 이사 후 5년 이내에 앞서 말한 경정청구를 통해 과거 공제액을 환급받을 수 있다. 단, 월세 이체 내역과 임대차계약서는 반드시 보관해두자.

세액공제 요건(예 : 총급여 기준 등)에 해당하지 않더라도, 월세 납입분에 대해 현금영수증을 신청해 신용카드 등 사용금액 소득공제 항목으로 혜택을 받을 수 있다. 신청은 '홈택스'에서 '주택임차료(월세) 현금영수증 발급 신청'을 통해 가능하며, 이 역시 집주인 동의 없이 진행할 수 있다.

경매도 막는 튼튼한 방패, '최우선변제금' 활용 전략

전세 사기나 깡통전세가 무서운 이유는 집주인이 파산해 집이 경매로 넘어갈 때 선순위 근저당(은행 빚)에 밀려 보증금을 돌려 받지 못하는 위험 때문이다. 그러나 월세 계약에서 보증금을 소액임차인 최우선변제금 범위 내로 설정하고, 전입신고와 확정일자 등 요건을 갖춘다면 상황은 달라질 수 있다.

① 내 보증금을 '최우선변제금' 이하로 맞춰라

지역에 따른 보증금 설정

지역	적용 대상 보증금 범위	최우선 변제 금액
서울	1억 6,500만 원 이하	5,500만 원
수도권 과밀억제권역	1억 4,500만 원 이하	4,800만 원
광역시(군 제외)	8,500만 원 이하	2,800만 원
그 밖의 지역	7,500만 원 이하	2,500만 원

지역별로 정해진 소액임차인 기준에 맞춰 보증금을 설정하면, 그 금액만큼은 제도상 우선변제 범위에 들어갈 수 있다.

② 실전 적용 예시 (서울 거주 시)

서울의 한 빌라에 입주하려는데 집주인의 대출이 많아 불안하다고 가정해보자. 이때 보증금을 5,500만 원 이하(예 : 5,000만 원)로 협의하고 나머지를 월세로 돌려 계약한다.

여기서 최악의 시나리오는 집주인이 파산해 집이 경매로 넘어가고, 은행 빚이 집 값보다 더 많은 상황일 것이다. 하지만 우리는 미리 보증금 협의를 마쳤고 월세로 살고 있기 때문에, 적어도 5,000만 원이라는 목돈을 지킬 수 있었다.

따라서 월세로 거주하려는 부동산에 기존 대출이 크거나 보증금 반환이 걱정된다면, 지역별 소액임차인 기준을 확인하고 보증금을 최우선변제금액 이하로 맞추자. 다만 임대인의 국세·지방세 체납 여부가 배당에 영향을 줄 수 있으니, 임대인의 국세·지방세 완납증명서 등 확인 가능한 자료를 함께 점검하자.

4장

예비 1주택자의 담보대출(기초편) :

'실수 0' 내 집 마련 로드맵

월세 vs 매매 :
내 돈이 남는 선택은 무엇인가?

아파트를 살 때 대출을 두려워하는 사람이 많다. 그때의 대출 금액이 '몇억 원' 단위의 큰 돈이기 때문이다. 반면 부자들은 아파트 대출이야말로 가장 안전한 대출이라고 생각한다. 같은 대출을 보는 관점이 왜 이렇게 다를까.

그 차이는 '내가 대출을 끝까지 갚아야 한다'는 생각 때문이다. 프롤로그에서도 잠깐 설명했지만, 대출 원금과 이자는 더 큰 집으로 건너가기 위한 기회비용일 뿐이다. 이자에만 신경을 곤두세워 "월세로 살며 돈을 더 모으겠다"는 생각에 갇히면, 월세와 기회비용, 물가 상승으로 인한 화폐 가치 하락이라는 삼중고를 감수하게 된다. 반대로 매매로 살다가 적절한 가격에 매도하면 내가 그 대출을 갚을 필요도 없고, 시세 차익도 기대할 수 있다.

전세, 월세, 자가 등 모든 주거 방식에는 장단점이 있고, 필요한 비용도 다르다. 각자의 재정 상황에 따라 최적의 선택이 다를 수 있다. 또한 집값의 미래는 누구도 예측할 수 없다. 다만 주거비용을 바라보는 시각을 조금만 바꿔보자. 대출을 끼고 자가로 거주하는 것은 월세와 일맥상통하는 부분이 있다.

월세로 산다면 보증금과 월세는 물론, 계약이 끝날 때마다 중개수수료와 이사비용 등이 들어간다. 반면 대출을 받아 자가를 마련하면 대출 이자, 취·등록세, 재산세, 중개수수료 등 다양한 비용이 발생한다. 그런데 두 선택을 비교할 때, 우리는 본능적으로 가장 큰 비용에만 주목한다. 바로 월세와 원리금이다. 그리고 이것이 우리가 흔하게 저지르는 실수다.

원리금을 납부하며 자가에 거주한다면, 적어도 '거주'의 대가로 월세를 별도로 낼 이유는 없다. 그래서 월세와 자가의 '진짜 차이'는 원리금 자체가 아니라, 원리금에서 월세를 제외한 값으로 봐야 한다. 여기에 자가 거주는 '내 집'이라는 상황에서 만족감과 편안함 같은 정성적 요소를 얻을 수 있고, 정량적으로는 집값 상승에 따른 시세차익을 누릴 가능성도 있다.

우리나라의 아파트 가격은 장기적으로 우상향해왔다. 매매로 큰 수익을 내지 못하더라도, 내 집 마련을 위한 대출이 반드시 큰 손해로 이어지는 것만은 아니라는 의미다. 물론 집을 팔아 더 큰 수익을 낼 수 있는 투자처가 확실하다면, 부동산이 자금을 묶어두는 족쇄처럼 보일 수도 있다. 다만 "주식에 투자해 쪽박을 찼다"는 말은 흔히 들리지만, 그만큼 "큰 부자가 되었다"는 이야기는 자주 듣기 어렵다. 마찬가지로 부동산 부자는 비교적 쉽게 찾을 수 있지만, 주식 부자는 주변에서 흔히 보기 어렵다.

물론 집값이 단기적으로 하락하거나 급락할 수도 있다. 그러나 시계

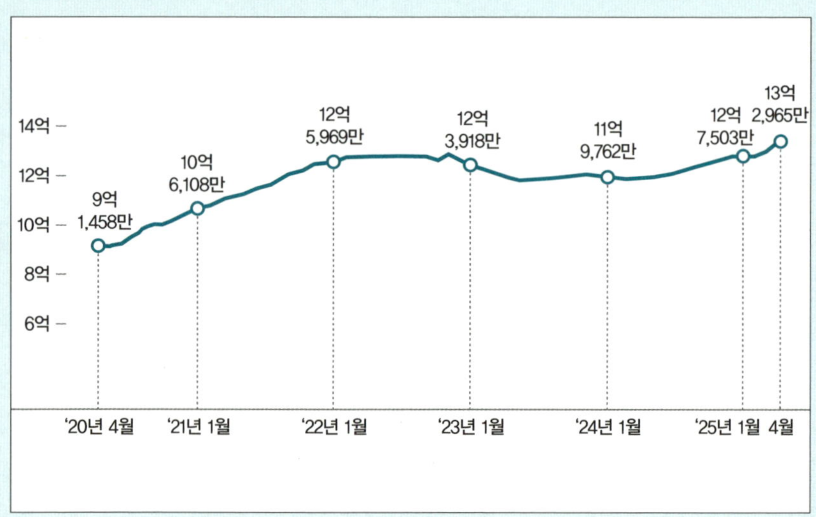

출처 : KB부동산, 뉴스1

열을 길게 늘려보면, 장기 흐름은 우상향으로 정리되는 경우가 많다. 모두가 이 사실을 어렴풋이 알고 있으며, 안정적인 삶을 원하는 사람들의 목표가 '집'으로 수렴하는 이유도 여기에 있다.

그리고 집을 한 번 사면, 부동산에 대한 관심이 커진다. 관심은 정보를 부르고, 정보는 판단을 돕는다. 집을 더 일찍 살수록 결과적으로는 투자 성공 확률이 높아질 수도 있다. 하루에도 수십 번 무심코 지나치던 아파트 단지를 다시 보게 된다. "왜 이 아파트는 우리 아파트보다 비쌀까? 왜 이 동은 로열동일까? 왜 이 단지는 매매가와 전세가의 갭이 적을까? 내가 이 아파트로 오려면 얼마가 필요할까? 왜 이 지역이 더 좋은 지역일까?" 같은 질문이 일상에 자리 잡고, 투자가 생활 속으로 스며든다.

달마다 이자로 80만 원만 감내하면 자가 주거의 만족감과 매매 시 시세차익 가능성 그리고 부동산에 대한 생각과 경험을 쌓을 수 있다. 이제 월세와 매매의 차이가 단지 이자의 크기가 아니라, 장기적으로 큰 격차를 만드는 출발점이 될 수 있다는 점을 이해하게 될 것이다.

내 집 마련 A to Z:
실수 없이 끝내는 완벽 프로세스

대출 용어가 익숙해지고 전세로 감을 잡았다면, 이제는 내 집을 마련할 단계다. 이때 주로 사용하는 주택자금대출은 일반적으로 소유권 이전 3개월 이내에 받는 매매잔금대출과 소유권 이전 3개월 이후에 받는 자기담보권대출로 나뉜다. 매매잔금대출은 지역에 따라 비규제지역과 규제지역으로 구분되며, 앞에 설명한 LTV를 본격적으로 써먹어야 한다.

지겹더라도 복습을 위해 LTV를 다시 정리해보자. LTV는 주택담보대출의 핵심 지표다. 해당 주택에 얼마만큼의 대출이 잡혀 있는지 평가하는 지표로, 10억 원짜리 주택에 기존 대출이 7억 원이면 LTV는 70%, 4억 원이면 LTV는 40%가 된다. 매매잔금대출을 받을 때 무주택자는 비규제지역 LTV 70%, 규제지역 LTV 40%의 한도를 가진다. 다주택자는 비규제지역 LTV 60%, 규제지역 LTV 0%(대출 불가)가 최대 한도다.

그리고 LTV 최대 한도만큼 부조건 대출을 받을 수 없다. 주택담보대출은 거액이 오가는 만큼 DSR로 소득을 확인하기 때문이다. 제1금융권에서 주택담보대출을 받을 때는 DSR 40% 이내의 소득 요건을 충족해야 한다. 제2금융권이나 보험사를 이용한다면 DSR 50%만 만족해도 매매잔금대출이 최대 한도로 가능하다.

앞에서는 다루지 않은 한 가지 팁이 있다. 부동산 하락기에는 'KB시세'보다 실거래가가 낮을 때가 있다. 금융사 대부분은 KB시세를 기준으로 매매잔금대출의 LTV 최대 한도를 계산하기 때문에, KB시세가 높으면 대출액이 늘어 투자금을 줄일 수 있다. 반대로 부동산 상승기에는 KB시세가 낮아 더 많은 투자금이 필요한 것에 유의하자.

① 실거래가보다 KB시세가 높다면 더 많은 대출이 가능해 투자금이 가장 적게 든다.

② 실거래가보다 KB시세가 낮다면 대출금이 줄어 투자금이 더 많이 필요하다.

③ 보험사에서 주택담보대출을 받으면, 미리 자필서명을 해두고 자서 시점과 기표 시점 중 금리가 낮은 쪽을 고를 수 있다.

그렇다면 위 조건을 외우고 서류를 준비하면 어떤 주택이든 대출을 받아낼 수 있을까? 대출 상담을 받는 고객들이 종종 저지르는 실수를 알아보자. LTV가 70%인 비규제지역에 10억 원짜리 주택이 있다고 가정하자. 그리고 이 주택에는 전세금 2억 원을 내고 들어온 임차인이 있다. 내가 이 집을 담보로 매매잔금대출을 시도해 갭투자를 하면 한도는 얼마일까? 제도를 자세히 모르는 고객들은 "LTV 70%니까 7억 원을 대출받을 수 있겠지? 그렇다면 전세보증금 2억 원에 내 돈 1억 원만 더하면 이 집을 살 수 있다"라고 생각한다.

　하지만 이는 잘못된 생각이다. LTV에는 이미 전세보증금(선순위 대출처럼 취급)이 포함되어있기 때문이다. 10억 원짜리 주택에 전세보증금 2억 원이 있다면, LTV 70%인 7억 원에서 전세보증금 2억 원을 뺀 5억 원이 주택담보대출의 최대 한도다. 따라서 전세보증금 2억 원과 주택담보대출 5억 원 그리고 실투자금(내 돈) 3억 원이 필요하다. 이러한 초보적인 실수를 피하려면 이번 장의 내용을 꼼꼼히 읽어두자.

잔금이 모자라면 이렇게 :
신용대출+무설정론 '필살 조합'

아무리 꼼꼼하게 계획을 세워도 문제는 종종 발생한다. 그런데 그런 일이 잔금일에 발생하면 어떨까? 이미 제1금융권이나 제2금융권에서 최대 한도의 LTV를 받았거나, 대출 막바지에 DSR이 충족되지 않아 잔금이 부족하면 말이다. 이럴 때는 신용대출과 무설정론이 해답이다. 물론 신용대출은 같은 금액의 일반대출보다 DSR 계산에서 불리하다. 대출 한도를 크게 깎아내기도 한다. 하지만 최대한 주택담보대출을 받아도 잔금이 부족하거나, 취·등록세나 공증비용 등 각종 비용이 부족할 때의 돌파구는 될 수 있다.

잊지 말아야 할 것은 신용대출은 DSR 한도를 점유하는 비중이 높아 충분한 소득이 있어야 주택담보대출 이후 신용대출까지 받아낼 수 있다. 주택담보대출의 최대한도를 간신히 충족할 때 별다른 고민 없이 신용대출을 받으면 오히려 받기로 했던 주택담보대출의 한도가 줄어들 수 있다. 따라서 추가로 신용대출이 필요한 경우에는 철저한 DSR 계산이 필요하다. 또, 제1금융권과 제2금융권 중 어디서 받는지에 따라 크게 나뉜다. 제1금융권은 금리는 낮지만 한도가 부족하고, 제2금융권은 금리는 높지만 비교적 높은 한도를 받을 수 있다. 상황에 따라서 내게 알맞은 신용대출을 받는 것이 필요하다.

다음으로 아파트나 주택 등 부동산 보유자들이 사용할 수 있는 필살기인 무설정론이 있다. 일반적인 신용대출은 본인의 연봉에 따라 최대한도가 결정되지만, 이 대출은 제2금융권에서 내 신용과 부동산 자산을 함께 평가해 더 높은 한도를 받아 낸다. 취득하게 될 부동산 가치 평가를 함께 제출해 최대 2억 원까지 고액 대출도 가능하다.

또 다른 장점들도 많다. 미리 서류를 준비하면 신청부터 입금까지 하루만에 해결할 수도 있고, 사업장을 운영하는 일반사업자라면 사업자용 무설정론을 사용했을 때 DSR에 포함되지 않아 추가 한도를 얻을 수 있다. 또한 일정 기간 이자만 내는 거치식 상환도 가능하며 기간은 최대 10년 이내에서 자유롭게 설정할 수 있다.

무설정론은 후순위 대출에도 유용하다. 만약 내 부동산에 전세 세입자가 있다면 후순위 대출을 받을 때 반드시 그 세입자의 동의가 필요하다. 전세 사기 같은 문제가 불거지며 후순위 대출을 받을 때 세입자의 동의를 얻는 것이 어려워졌지만, 무설정론은 이름 그대로 등기부에 설정이 되지 않는 '무설정'부 신용대출이기에 세입자의 동의가 필요하지 않다. 이런 이점은 앞에서 본 공동명의 부동산에도 똑같이 적용된다. 예를 들어 배우자와 공동명의인 부동산으로 일반적인 주택담보대출을 받으려면 공동명의자의 합의가 필요하다. 반면 무설정론은 대출자의 제2금융권 신용대출이기에 공동명의자의 동의 없이 대출받을 수 있다.

물론 신용대출의 일종이기에 개인의 신용등급에 따라 다소 높은 금리를 적용받는다는 분명한 단점이 있지만, 위에 적은 장점이 필요하거나 급하게 자금이 필요할 때 현명하게 사용하자.

정책상품이 집 크기를 바꾼다 :
한도 레벨업 공식

정부는 청년층의 내 집 마련을 돕기 위해 '청년주택드림'이라는 이름으로 청약통장 + 대출 연계 정책을 발표했다. 과거처럼 '우대금리만 조금 지원하는' 구조가 아니라, 자산형성(통장) → 구입자금(대출) → 결혼·출산 이후 추가 우대까지 생애주기 3단계로 설계된 것이 특징이다.

먼저 '청년주택드림'은 단순한 우대금리 상품이 아니라, 자산 형성부터 청약·구입자금 대출 그리고 결혼·출산 이후의 금리 인하까지 생애주기 3단계로 연결되는 구조가 핵심이다. 1단계인 '내 집 마련 준비'에서는 기존 청년우대형 청약통장이 '청년주택드림청약통장'으로 확대 개편된다. 가입 연령은 19~34세로 유지되지만, 소득요건이 완화되고 무주택 '세대주'가 아니라 '무주택자'로 적용 범위가 넓어진다. 납입 한도는 월 100만 원까지 늘어났고, 당첨 이후 계약금 납부 목적의 중도인출과 당첨 후 추가 납입이 가능해 '청약 당첨 이후의 자금 설계'까지 염두에 둔 통장이라는 점이 실무적으로 유용하다.

정책상품 세부 조건 비교

	주택청약종합저축	청년우대형청약저축	청년주택드림청약통장
이자율	연 2.3%~3.1%	연 2.0%~4.3%	연 2.3%~4.5%
가입 연령	제한 없음	만 19~34세	만 19~34세
현역장병	가능	불가	가능
월 납입 한도	2만~50만 원	2만~50만 원	2만~100만 원
소득공제/비과세	공제 O / 비과세 X	공제 O / 비과세 O	공제 O / 비과세 O
중도인출	불가	불가	당첨 후 계약금 목적 가능
당첨 후 추가 납입	불가	불가	가능
분양대출자금 연계	없음	없음	청년주택드림대출 연계

2단계인 '내 집 마련'에서는 '청년주택드림 디딤돌대출'로 연결된다. 분양가의 일정 비율까지, 장기 만기로 낮은 금리를 적용받는 것이 강점이며, 지원 대상의 기준은 다음과 같이 정리된다.

청년주택드림 디딤돌대출 지원대상

항목	기준
나이	만 39세 이하 무주택자
소득	연 7,000만 원 이하(미혼) / 1억 원 이하(기혼 시 부부 합산)
주택	분양가 6억 원 이하, 전용 85㎡ 이하
기타	자산('26 기준) 순자산 5.11억 원 이하

필요서류(핵심) : 신분증, 직전년도 소득금액증명원/원천징수영수증, 소득확인증명서, 무주택확약서 등

이 상품을 포함해 구입자금 정책대출에서 공통으로 중요한 것은 자격 요건 자체보다 자격을 증명하는 서류가 심사 속도와 승인 안정성을 좌우한다는 점이다. 신분 확인, 소득 입증, 무주택 확인 서류가 기본 세트로 요구되므로, 신청 직전이 아니라 미리 묶어서 준비하는 편이 안전하다. 3단계에서는 결혼·출산·다자녀 가구가 되었을 때 추가 금리 인하가 붙어 장기 주거비를 낮추는 구조로 이어진다.

다음은 가장 대표적인 정책상품인 '디딤돌대출'이다. 디딤돌대출은 많은 수요자가 실제로 선택하는 기본 정책대출이며, 핵심은 '시중 주택담보대출에서 한도를 막는 DSR 대신 DTI를 본다'는 점이다. 순자산과 소득 요건이 있고, 세대원 전원이 무주택이어야 한다는 조건이 중요하다. 또한 대상 주택의 면적과 가격 제한 그리고 생애최초·신혼·다자녀 여부에 따라 소득·주택 가격 상한이 달라진다. 한도는 LTV 범위 안에서 정해지지만, 디딤돌이 강한 이유는 같은 LTV라도 시중 대비 금리 격차가 크고, DSR 부담으로 '한도 자체가 꺾이는 상황'을 피할 여지가 크기 때문이다.

소득 수준·기간별 디딤돌대출 금리

부부 합산 연소득	10년	15년	20년	30년
2,000만 원 이하	연 2.85%	연 2.95%	연 3.05%	연 3.10%
2,000만 초과~ 4,000만 이하	연 3.20%	연 3.30%	연 3.40%	연 3.45%
4,000만 초과~ 7,000만 이하	연 3.55%	연 3.65%	연 3.75%	연 3.80%
7,000만 초과~ 8,500만 이하	연 3.90%	연 4.00%	연 4.10%	연 4.15%

디딤돌대출은 만기와 상환방식 선택지가 비교적 넓고, 실행 이후 전입 및 실거주 요건이 붙는 구조다. 즉, '승인만 받으면 끝'이 아니라 실행 후 일정과 거주 계획까지 함께 맞아야 한다.

다음은 '보금자리론'이다. 보금자리론은 디딤돌보다 금리가 높을 수 있지만, 대신 주택 가격·대상 범위·소득 요건이 상대적으로 완화되어 더 넓은 수요층을 담는다. 담보주택 가격 상한이 있고, 평가 기준은 시세·감정·매매가 중 하나라도 상한을 넘으면 제한되는 구조다. 하지만 디딤돌과 달리 전용면적 제한이 없어 '가격은 낮지만 면적이 큰 주택'을 고려하는 사람에게 장점이 될 수 있다.

신혼·다자녀·사회배려층 등 내 조건에 따라 우대금리 폭이 크며, 온라인 신청으로 금리를 추가로 낮출 수 있는 '아낌e보금자리론' 같은 선택지도 있다. 만기는 최장 50년까지 있지만, 연령·혼인 여부에 따라 사용할 수 있는 만기가 다른 점은 설계 단계에서 반드시 확인해야 한다.

실무적으로 가장 아쉬운 선택은 '디딤돌과 보금자리론을 동시에 활용할 수 있는데도 하나만 쓰는 경우'다. 두 상품은 별개로 취급되므로, 낮은 금리의 디딤돌로 우선 한도를 채우고, 등기상 채권최고액을 고려해 남는 구간을 보금자리론으로 보완하면 평균 금리를 낮출 수 있다. 즉, 다른 상품을 어떻게 조합하냐가 중요하다.

마지막으로 '신생아특례디딤돌대출'은 금리와 한도 측면에서 정말 파격적인 상품이다. 2년 내 출산 가구가 소득·자산 요건을 충족하면 이용할 수 있고, 대상 주택의 가격 상한도 다른 정책상품보다 완화되어 있다. 또한 일정 조건에서는 기존 주택 구입자금 대출을 이 특례로 대환할 수 있다는 점이 크다. 다만 모든 대출이 대환되는 것은 아니고, '주택 구입자금 용도'와 '시점'에 주의해야 한다.

특례 금리 적용시 금리(기본 5년)

부부합산 연소득	10년	15년	20년	30년
~2,000만 원 이하	연 1.80%	연 1.90%	연 2.00%	연 2.05%
2,000만 원 초과 ~ 4,000만 원 이하	연 2.15%	연 2.25%	연 2.35%	연 2.40%
4,000만 원 초과 ~ 6,000만 원 이하	연 2.40%	연 2.50%	연 2.60%	연 2.65%
6,000만 원 초과 ~ 8,500만 원 이하	연 2.65%	연 2.75%	연 2.85%	연 2.90%
8,500만 원 초과 ~ 1억 원 이하	연 2.90%	연 3.00%	연 3.10%	연 3.20%
1억 원 초과 ~ 1.3억 원 이하	연 3.20%	연 3.30%	연 3.40%	연 3.50%
(맞벌이) 1.3억 원 초과 ~ 1.5억 원 이하	연 3.50%	연 3.60%	연 3.70%	연 3.80%
(맞벌이) 1.5억 원 초과 ~ 1.7억 원 이하	연 3.85%	연 3.95%	연 4.05%	연 4.15%
(맞벌이) 1.7억 원 초과~ 2억 원 이하	연 4.20%	연 4.30%	연 4.40%	연 4.50%

＊ 대출대상주택이 지방 소재인 경우 0.2%p 인하
＊ 대출접수일 기준 2년 내 추가 출산한 자녀가 있는 경우, 추가 출산 자녀 1명당 특례 금리 적용기간 5년 연장 가능하며, 최장 15년간 특례 금리 이용 가능
＊ 맞벌이 : 차주와 배우자가 모두 소득이 있고, 부부 각 1인의 소득이 1.3억 원 이하

특례 금리는 일정 기간만 적용되고 이후에는 소득 구간에 따라 금리 체계가 달라진다. 다만 2년 내 추가 출산 시 금리 인하와 특례 기간 연장 같은 장치가 있어, '내 출산 계획과 주택 구입 타이밍'을 잘 조율하면 체감 혜택이 달라질 수 있다. 추가로 지방 주택, 청약저축 가입 기간,

준공 후 미분양 등 조건에 따라 우대금리가 붙는 구조이며, 우대의 총합에는 상한이 존재한다는 점까지 함께 기억해두는 편이 안전하다.

정리하면, 청년층은 '청년주택드림청약통장'으로 준비 단계의 금리·납입 구조를 먼저 최적화하고, 구입 시점에는 디딤돌·보금자리론·신생아특례 중 "내 조건과 주택 조건에 가장 맞는 조합"을 찾는 방식이 가장 현실적이다. 특히 디딤돌과 보금자리론은 서로 대체재가 아니라 병행 가능한 경우가 있어, 한도를 늘리려는 목적뿐 아니라 전체 금리 부담을 낮추는 관점에서도 함께 검토하는 편이 유리하다.

04

정부가 찍어준
'꿀 입지'의 비밀

정부는 부동산 가격이 폭등하는 시기에 부동산 가격 상승 억제를 위해 수많은 대출 규제를 내놓는다. 2020년부터 2021년 사이 서울 전 지역과 경기도 일부, 변동 폭에 따라 지방까지 순차적으로 투기지역이나 투기과열지구 등 규제지역으로 지정되었으며, 주택 수에 따른 취·등록세와 양도세도 크게 올려 투기수요를 막고자 하였다.

한차례의 큰 부동산 상승기가 끝난 뒤 어느 정도 부동산 금액이 안정된 2024년 시점에서 투기지역과 투기과열지구, 조정대상지역, 분양가상한제 적용지역 등 수많은 부동산 규제를 모두 적용받는 곳은 강남구, 서초구, 송파구, 용산구 단 '4곳'이었다. 하지만 10·15 규제 이후 서울 전역(25개 구)과 경기 일부 지역(12개 구 : 과천시, 광명시, 성남시(분당·수정·중원구), 수원시(영통·장안·팔달구), 안양시 동안구, 용인시 수지구, 의왕시, 하남시)이 규제지역으로 확대 지정되었다. 바꿔서 생각하면 이 지역은 정부가 나라에서 가장 좋은 입지라고 인정하는 곳이며, 과열된 투자를 막기 위해 투기지역으로 지정된 것이다.

규제를 뚫는 '생애최초'와 '비규제지역'의 조합

이런 복잡한 규제에도 불구하고, 생애최초로 주택을 구매하는 경우, 수도권과 규제지역의 주택은 LTV 70%(단, 부동산 시세에 따른 구간별 대출 상한액 존재)까지. 그리고 비규제지역에서는 LTV 80%(최대한도 6억 원 내)까지 적용받을 수 있다. 또 나이와 주택의 가격, 소득제한도 없다.

단, 총대출금액이 1억 원을 넘어가면 제1금융권의 DSR 40%, 제2금

생애최초 주택구매 매수지역에 따른 조건

항목	개선(수도권 + 규제지역)	개선(수도권 외 비규제지역)
요건/대상	생애최초(연령제한 없음)	생애최초(연령제한 없음)
주택가격	제한 없음 (단, 시가별 대출한도 자동)	제한 없음
소득(부부 합산)	제한 없음	제한 없음
LTV	LTV 70%	LTV 80%
DSR/스트레스	40% + 스트레스 금리 3.0%(하한)	40% + 스트레스 금리 0.75% (2026.6까지 적용)
대출 한도	• 15억 이하 6억 원 (8.57억 이하의 부동산 LTV 70% 대출액 비례. 8.57억 이상의 부동산부터 최대 6억 고정) • 15~25억 : 4억 원 • 25억 초과 : 2억 원	최대 6억 원
전입 의무	6개월 내 전입 필수	전입 필수 조건 없음
대출 만기	30년 이내 제한	최장 40년(일반), 50년(정책자금)까지 선택 가능

융권의 DSR 50% 등 기본적인 소득요건을 그대로 충족해야 하니 주의하자.

핵심은 '주택 가격 제한'이 수도권 외 비규제지역에 대해서는 사실상 없다는 점이다. 비규제지역은 15억 원을 넘는 초고가 아파트라도 대출이 가능하고, 필수 전입 의무가 없다. 세입자를 낀 상태로 매수하면서도 자금을 조달할 수도 있다. 이를 활용하면 세입자의 전세보증금과 생애최초 주택구입 대출을 조합해 초기 투자금을 크게 줄일 수 있다.

예를 들어 시세 20억 원 아파트의 평균 전세가가 10억 원이라고 가정하자. LTV 80%가 적용된다면 최대 담보대출 한도는 20억 원 × 80% = 16억 원이다. 이때 전세보증금 10억 원은 선순위성 금액으로 취급되어 담보 여력에서 먼저 차감되므로, 실제로 추가로 받을 수 있는 주택담보대출 한도는 16억 원 - 10억 원 = 6억 원이 된다. 이때 매수자가 준비해야 할 자기자본은 매매가 20억 원에서 전세보증금 10억 원과 대출 6억 원을 제외한 4억 원이다. 즉, 수도권 외 비규제지역의 20억 원 짜리 초고가주택을 자기자본 4억 원 + 전세보증금 10억 원 + 주택담보대출 6억 만으로 산 것이다.

이렇듯 대출을 알고 레버리지로 삼으면 내 자본보다 큰 자산을 구매할 수 있다. 하지만 레버리지를 이용하는 만큼 부동산 가격의 하락이나 이자를 감당하지 못하면 큰 손해를 볼 수 있다. 본인의 상황에 맞는 최적의 대출 상품을 찾고 대출을 활용하자.

청약·분양권 자금 흐름 :
중도금 → 잔금 한방에 정리

부동산에 큰 관심이 없었더라도 청약통장의 중요성은 알음알음 들었을 것이다. 좋은 입지의 주택을 비교적 합리적인 가격에 분양받을 수 있고, 한때 무순위 청약은 '로또'에 비견될 만큼 관심이 컸다. 다만 막

청약 당첨 후 자금 흐름 예시

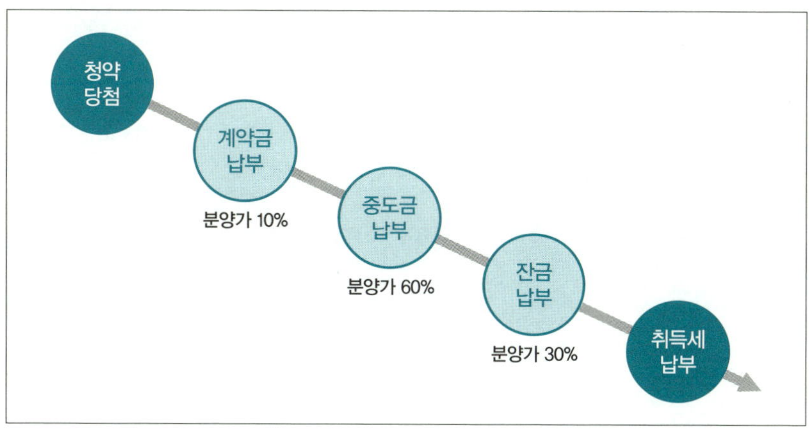

상 분양을 준비하면 수억 원대 분양가가 먼저 눈에 들어오고, "내 돈이 절반은 필요하지 않을까" 하는 걱정이 앞선다. 그런데 중도금대출과 잔금대출의 구조 그리고 규제의 '적용 시점'을 정확히 이해하면, 계약금 10%만으로도 자금 흐름을 설계할 여지가 생긴다. 청약 당첨 이후의 자금 흐름과 10·15 대책 이후 달라진 규제 적용 기준을 정리해보자.

청약 당첨 후 자금 흐름

청약 당첨 이후 과정은 크게 계약금, 중도금, 잔금으로 나뉜다. 시작은 계약금이다. 청약에 당첨되면 발표일 기준 1개월 내 분양가의 10%를 계약금으로 내야 한다. 계약금은 별도 대출 상품이 없어 오롯이 내 돈으로 해결해야 한다. 이때 신용대출을 받는 사람도 있지만 스트레스 DSR 도입 이후에는 신용대출이 잔금대출의 한도를 잠식해 가급적 피하는 것이 안전하다.

다음은 중도금이다. 계약 후 24~36개월 동안 분양가의 60%를 내야 한다. 보통 6회로 분할 납부하며, 시행사와 연계된 은행에서 집단대출을 받는 경우가 많다. 이 구간부터는 '내 단지가 강화 규정 대상인지, 종전 규정 대상인지'가 자금 계획을 좌우한다.

마지막은 잔금이다. 입주 지정 기간 2~3개월 동안 중도금대출을 상환하고 주택담보대출로 전환하는 시기다. 이때 규제 적용 여부, 전환 방식(증액 여부), 입주 시점의 금융사별 감정평가금액에 따라 잔금 대출의 한도가 변할 수 있다.

내 대출을 가르는 핵심

현장에서 가장 많이 나오는 질문은 "제가 이 규제에 해당하나요?"다. 규제는 '기준일'에 따라 적용 여부가 갈리니, 먼저 본인의 유형부터 정리해야 한다. 자신이 2025년 6·27 규제나 10·15 규제의 적용 대상인지 판단하는 기준은 '행정 기준일'에 달려 있다. 같은 단지라도 '청약 당첨자'와 '전매 매수자'는 기준일이 달라질 수 있고, 이 차이가 잔금대출 한도를 가른다. 아래의 도표를 보며 자신이 어떤 것에 해당하는지 알아보자.

유형별·기준일별 규정 적용

유형	기준일	의미
일반 분양자	입주자 모집 공고일	청약 접수일·당첨일이 아니라 "공고가 난 날"이 기준
원조합원	관리처분 인가일	사업장 기준일이 규제 시행일 이전이면 종전 규정 적용 가능성
매수자(전매)	전매(계약)일 또는 거래신고 기준일	"언제 들어왔는지"가 핵심. 늦게 매수하면 강화 규정 적용 가능성

① 6·27 규제 이후 : '최대 6억 원'이라는 절대 상한

본인의 기준일이 2025년 6월 27일 이후라면 1차 규제 대상이다. 이때부터 수도권 잔금대출에는 최대 6억 원 상한이 걸려 내 소득이 아무리 많더라도 많은 돈을 빌리기 어렵다. 집값이 높아질수록 필요한 자기자본이 급증하는 이유가 여기서 시작된다.

기준일이 2025년 10월 15일 이후라면 6억 상한에 더해 구간별 상한이 적용된다. 특히 주의할 점은 기준이 분양가가 아니라 입주 시점의 '시세'라는 것이다. 분양가가 15억 원 미만이었더라도 입주 시점에 평가액이 15억 원을 넘으면 한도가 줄어들 수 있다. '집값이 올라서 기쁜데, 대출은 줄어드는' 역설이 여기서 나온다.

계약 시점별 대출한도 비교

구분	6·27 규제 이전	6·27, 10·15 규제 이후
일반 분양자	제한 없음	구간별 6/4/2억
원조합원	제한 없음	구간별 6/4/2억
매수자(전매)	제한 없음	구간별 6/4/2억

10·15 규제지역 지정 이후 : '공고일'과 '전매'가 갈린다

규제지역으로 지정되면 LTV가 크게 줄어들 수 있다. 그렇다고 모든 사람이 즉시 동일한 규정을 적용받는 것은 아니다. 집단대출은 '사업장 기준일'에 따라 경과조치가 붙는다. 원칙적으로는 규제지역 효력 발생일 전까지 입주자 모집 공고가 난 사업장은 종전 규정 적용 가능성이 있다. 또한 공고일이 전일 이전이어도, 전매로 매수한 경우는 강화 규정 적용 대상이 될 수 있다. 그리고 재건축·재개발은 공고 대신 관리처분인가 등 사업장 기준일이 적용될 수 있다. 즉, "공고가 언제였는지"와 "내가 언제 들어왔는지"를 같이 확인해야 한다. 공고일만 보고 안심했다가 전매 시점 때문에 규제를 맞는 경우가 실제로 발생한다. 가장 치명적인 두 가지 사례를 통해 자세히 알아보자.

첫 번째는 '중도금으로 60%를 대출받았는데, 잔금에서 40%로 줄어든 경우'다. 이때는 앞에서 받은 돈을 반납해야 할까? 이 질문의 핵심은 '증액 여부'다. 중도금대출이 증액 없이 잔금대출로 전환된다면, 중도금을 취급할 때의 LTV 기준을 적용받을 여지가 있다. 반대로 전환 과정에서 증액이 발생하면 신규로 볼 여지가 늘어나, 그 순간부터 강화된 규정의 영향을 크게 받을 수 있다.

또 하나의 변수는 잔금대출이 분양가가 아니라 KB부동산의 시세나 감정가를 기준으로 나온다는 점이다. 과거에는 감정가가 분양가보다 높아 '대출로 분양대금을 대부분 해결하는' 사례도 있었지만, 지금은 규제지역 LTV 축소와 고액 주택의 상한이 겹쳐 대출 여력이 급감할 수 있다. 이때 중도금대출 상환 자체가 막히며 입주 자금을 구하기 힘든 상황이 생길 수 있다.

다른 하나는 '이자를 아끼기 위해 자진납부(이하 자납)했더니, 팔 때 막히는' 경우다. 자금의 여유가 있어 중도금을 자납한 분양권은 언뜻 유리해 보인다. 하지만 규제 강화 이후 매수자의 대출 문턱이 높아지면 초기 인수 자금이 큰 '자납 분양권'은 유동성이 부족할 수 있다. 중도금대출은 단순한 빚이 아니라, 매도 시 매수자의 자금 부담을 낮추는 도구로 볼 수 있다는 점을 함께 고려해야 한다.

결국 청약·분양에서 가장 위험한 구간은 '당첨이 아니라 잔금 전환의 순간'이다 '타이밍에 따른 규제 적용 여부'를 얼마나 정확히 계산하느냐에 따라 청약과 분양권의 성패가 나뉘기 때문이다. 특히 10월 15일과 같은 기준일을 중심으로, 내가 종전 규정 대상인지 강화 규정 대상인지 먼저 확정해야 한다. 그 위에 정책상 상한, LTV, DSR을 순서대로 대입해 잔금일까지의 현금 흐름을 완성해야 한다. 대출은 모르는 만큼 내 현금이 들어간다.

5장

예비 1주택자의 담보대출(실전편) :
규제장에서도 통하는 실전 시나리오

지역·상태별로 답이 다르다 :
매수 시나리오로 결론 내기

　과거에는 집값에 LTV를 곱하는 것(집값 × LTV)만으로도 잔금대출의 윤곽이 잡혔다. 그러나 최근 가계부채 관리 기조가 강화되며 수도권을 중심으로 '대출 절대 상한'과 '스트레스 DSR'이 결합되어 잔금 설계가 훨씬 보수적으로 바뀌었다. 수도권 주택 구입 목적 주택담보대출은 최대 6억 원 상한과 대출 후 전입 의무 같은 장치도 함께 작동한다.

　하지만 우리가 알아야 할 것은 단순하다. 0주택자가 1주택을 살 때 최종 잔금대출 한도는 '상한-LTV-DSR' 중 최솟값으로 결정된다는 점이다. 집값이 아무리 높아도, LTV가 아무리 높아도 소득(DSR)이 받쳐주지 않으면 마지막 문턱에서 무너지게 된다.

① 수도권·규제지역 × 생애최초(세대 기준)

　수도권·규제지역에서 생애최초로 매수할 때는 집값 × LTV로 끝나지 않는다. 주택가격 구간에 따른 절대 상한이 먼저 걸리고, 그 안에서 다시 LTV와 스트레스 DSR로 깎인다. 예컨대 수도권에서는 기본적으로 주택 구입 목적 주택담보대출에 상한이 작동하고, 고가 구간에서는 한도가 더 줄어든다. 따라서 생애최초의 공식은 다음처럼 이해하는 편이 안전하다.

- 집값 × LTV로 1차 계산 (수도권·규제지역은 생애최초 LTV 70% + 6개월 전입 의무)
- 가격 구간 상한으로 2차 제한
- 스트레스 DSR로 3차 조정(최종 한도 확정)

또한 수도권의 주택구입 목적 주택담보대출도 전입 의무가 더해지며 '돈'뿐 아니라 '거주 요건'까지 포함한 문제로 바뀌었다.

② 수도권·규제지역 × 비생애최초(0주택이지만 과거 소유 이력 존재)

같은 0주택자라도 과거 주택 소유 이력이 있으면, 제도상 '생애최초' 정책상품을 사용할 수 없다. 이 경우에는 기본 LTV가 보수적으로 잡히는 상태에서, 수도권 상한과 스트레스 DSR이 겹쳐 한도가 '연쇄적으로' 낮아지는 그림이 자주 나온다.

그래서 수도권에서는 계산 순서를 더 단순화해야 한다. 상한이 먼저 한도를 자르고 그 안에서 LTV가 비율로 한 번 더 자르고 마지막은 DSR이 '되는 만큼만' 남긴다.

③ 비규제지역 × 생애최초 – 'LTV 80%'를 쓸지, 버릴지

비규제지역에서 생애최초를 노릴 때 가장 헷갈리는 지점은 LTV 80% 특례다. 이 특례는 강력하지만 과거 정책 설계에서 대출 최대 6억 원 상한이 함께 제시된 바 있다. 즉 80%를 적용하는 순간 '상한'이 따라오는 구조가 될 수 있다. 그래서 실무적으로는 집값이 두 구간으로 갈린다.

- 집값이 7.5억 원 이하라면 : 80%를 적용해도 상한(6억)에 걸리기 전이라 체감 효과가 크다.
- 집값이 7.5억 원을 넘는다면 : 80%는 상한 때문에 막히고, 오히려 일반 LTV(예 : 70%)로 가서 DSR 한도까지 끌어올리는 편이 유리해질 수 있다.

여기에 한 가지 변수가 더 있다. LTV를 '끝까지' 채우려면 소액임차보증금 차감(방공제) 문제를 피해야 하는데, 이를 보완하는 MCI/MCG(모기지신용보험) 취급 여부는 은행·지점·시점에 따라 달라질 수 있다. 따라서 해당 시점에 내가 거래하려는 은행에서 LTV 산정 시 방공제(소액임차보증금 차감)를 MCI/MCG로 보완해주는지 사전 확인해야 한다. 만약 MCI/MCG 적용이 가능하면 LTV를 더 '꽉' 채울 수 있고, 반대로 적용이 어렵다면 '집값의 일정 비율'로 계산하더라도 실제 실행액이 방공제만큼 줄어들 수 있어 잔금 계획에 여유자금을 추가로 반영해야 한다.

④ 비규제지역 × 비생애최초(0주택)

비규제지역에서는 수도권처럼 '가격 구간 상한'이 먼저 천장을 만들기보다, LTV로 1차 윤곽을 잡고 DSR로 최종 확정되는 흐름이 더 자주 나온다. 결론적으로 비규제지역은 '규정'보다 개인 소득(DSR)과 은행 내규가 결과를 크게 갈라놓는다.

생애최초 주택 구입 자금 조달 비교표

구분	수도권·규제지역 (투기과열지구 등)	비규제지역
대출 한도 상한 (Cap)	강력한 절대 상한 적용 • 시세 15억 이하 : **최대 6억 원** • 15억~25억 : **최대 4억 원** • 25억 초과 : **최대 2억 원**	선택에 따라 다름 • LTV 80% 적용 시 : **최대 6억 원** (상한 있음) • LTV 70% 적용 시 : **상한 없음** (한도 무제한*) (단, 은행 내규 및 DSR 범위 내)
적용 LTV 비율	최대 70%	선택 가능 (80% or 70%) • 80% : 서민/중산층 유리 • 70% : 고가 주택/고소득자 유리
DSR 요건	강화된 스트레스 DSR 적용 (스트레스 금리 하한 3% 적용으로 한도 축소)	DSR 소득요건 적용 (소득이 높다면 한도 제한 없이 대출 가능)
한도 산출 공식	세 가지 중 최솟값 ①구간별 상한(6/4/2억), ②LTV 70% ③스트레스 DSR – 셋 중 가장 낮은 금액이 최종 한도	A. LTV 80% 선택 시 : 다음 중 최솟값 [**6억 원**, LTV 80%, DSR] B. LTV 70% 선택 시 : 다음 중 최솟값 [**무제한**, LTV 70%, DSR]
최적의 매수 전략	KB시세 약 8.57억 원 내외 • 6억 상한을 LTV 70%로 꽉 채우는 구간 • (6억 ÷ 70% ≒ 8.57억)	A. 집값 7.5억 원 이하 : LTV 80% 유리 (최대 6억 한도 내에서 비율 극대화) B. 집값 7.5억 원 초과 : LTV 70% 유리 (6억 천장을 뚫고 고액 대출 가능)
필수 의무/ 주의사항	• **실거주(전입) 의무** (통상 6개월 내) • **생애최초 요건** : 세대원 전원 무주택 필수	• **방공제(MCI/MCG) 이슈** : 최근 은행권 가입 중단 시, LTV 80%를 받아도 실제 수령액은 줄어들 수 있음 (확인 필수)

한눈에 보는 대출족보 :
주택담보대출의 모든 것 예습하기

이제부터는 예비 1주택자의 담보대출 실전편이다. 앞에서 대출에 대해 많은 것을 배웠지만, 6·27, 10·15 대출 규제가 적용된 이후 부동산의 지역 분류 및 보유 주택 수, LTV 비율, 시세에 따른 대출액 상한까지 다양한 변수가 복잡할 것이다. 그렇기에 다양한 조건을 미리 정리해 표와 그래프로 설명하려 한다. 다음 표와 그래프를 이해가 될 때까지 살펴보고 5장을 시작하자.

먼저 지역과 주택 수에 따라 모든 요건을 정리했다. 이 도표로 생각의 기틀을 잡으면 앞으로 벌어질 다양한 대출 케이스를 이해하고 자신에게 맞는 정보를 스스로 활용할 수 있을 것이다. 다만 모든 조건을 암기할 필요는 없다. 부동산 대출은 명확한 공식이 있다. 우선 3가지의 지역 분류(투기과열지역, 수도권 비규제지역, 수도권 외 비규제지역)와 주택을 매수할 때 매수자의 상황(생애최초, 1주택자, 다주택자)에 따라서 겹치는 조건들을 살펴본 뒤, 시세에 따른 실제 대출 금액은 뒤에 나오는 그래프

지역·상황별 대출 조건

(단위 : 원)

매수자의 상황 \ 지역 분류	투기과열지역 (서울 전역 + 경기 12개 구)	수도권 비규제지역 (투기과열지역 외 경인 권역)	수도권 외 비규제지역
생애최초	LTV 70% : 15억 : 최대한도 6억 15~25억 : 최대한도 4억 25억이상 : 최대한도 2억 * 그래프2에 해당	LTV 70% : 15억 : 최대한도 6억 15~25억 : 최대한도 4억 25억 이상 : 최대한도 2억 * 그래프2에 해당	LTV 80%. DSR 충족 시 대출 최대한도 6억 * 그래프3에 해당
비생애최초 (0주택 → 1주택 매수자)	LTV 40% : 15억 : 최대한도 6억 15~25억 : 최대한도 4억 25억 이상 : 최대한도 2억 * 그래프1에 해당	LTV 70% : 15억 : 최대한도 6억 15~25억 : 최대한도 4억 25억 이상 : 최대한도 2억 * 그래프2에 해당	LTV 70%. DSR 충족 시 대출 최대한도 제한 없음 * 그래프3에 해당
비생애최초 (1주택 → 1주택 갈아타기 6개월 이내 매도자)	LTV 40% : 15억 : 최대한도 6억 15~25억 : 최대한도 4억 25억 이상 : 최대한도 2억 * 기존 주택담보대출 DSR 포함 * 6개월 이내 전입 조건 * 그래프1에 해당	LTV 70% : 15억 : 최대한도 6억 15~25억 : 최대한도 4억 25억 이상 : 최대한도 2억 * 기존 주택담보대출 DSR 포함 * 6개월 이내 전입 조건 * 그래프2에 해당	LTV 70%. DSR 충족 시 대출 최대한도 제한 없음 * 기존 주택담보대출 DSR 포함 * 그래프3에 해당
2주택 이상 다주택 매수자 (신규 매수 지역 기준)	LTV 0%	LTV 0%	LTV 60%, DSR 충족 시 대출 최대한도 제한 없음
생활안정자금 (1주택자)	LTV 40% 이내 : 최대 1억	LTV 70% 이내 : 최대 1억	LTV 70%, DSR 충족 시 대출 최대한도 제한 없음
생활안정자금 (다주택자) (대출 목적 부동산 지역 기준)	LTV 0%	LTV 0%	LTV 60%, DSR 충족 시 대출 최대한도 제한 없음

들을 살펴보면 쉽게 이해할 수 있다.

① 부동산 지역의 3가지 분류

우선 이렇게 분류(투기과열지역, 수도권 비규제지역, 수도권 외 비규제지역)한 이유는, 6·27 규제와 10·15 규제의 규제지역 선정이 다르기 때문이다. 우선 6·27 규제는 수도권(서울, 경기, 인천) 부동산의 대출 상한을 6억 원으로 억제했다. 그리고 10·15 규제는 투기과열지역(서울 전역 + 경기 12개 구) 15억 원 이하 부동산의 대출 상한을 6억 원으로, 15억 원 초과 25억 원 이하 부동산의 대출 상한은 4억 원, 25억 원을 초과하는 부동산의 대출 상한을 2억 원으로 규제했다.

여기서 우리가 헛갈리는 이유는 바로 수도권 비규제지역(투기과열지역 외 경기, 인천 지역)때문이다. 수도권이어서 6·27 규제에 포함되지만, 투기과열지구는 아니기에 10·15 규제를 적용받지 않는다. 따라서 새로운 규제나 발표가 있기 전까지는(2026년 2월 기준) 부동산을 3가지로 분류하는 것이 가장 정확하다.

② 매수자의 상황(보유 주택 수 기준)

다음으로는 부동산 매수자의 상황이다. 우선 살면서 처음으로 주거형 부동산을 취득하는 '생애최초' 그리고 과거 주거용 부동산이 있었지만 지금은 0주택에서 1주택자가 되려는 '비생애최초 1주택 매수자'. 그리고 한 채를 가지고 있지만 6개월 내 처분조건을 활용해 '갈아타려는 사람' 그리고 2주택 이상을 보유한 '다주택자'가 있다.

1주택자와 다주택자를 어떻게 나눠야 할지 모르겠다면, '매수자의 최종상태가 무엇인지'를 생각하는 것이 좋다. 다주택자는 이미 2주택

이상을 보유한 사람이다. 따라서 주택을 사고판 최종 시점에 그 사람의 주택이 한 채인지 두 채 이상인지 파악하면 쉽게 구분할 수 있다. 예를 들어 매매 잔금대출을 받을 때 현재 무주택자는 1주택자가 되고, 현재 1주택자는 다주택자(2주택 이상)가 되는 것이다.

③ 주택 수 × 대출받는 부동산의 지역에 따른 판단

이제 지역을 왜 분류하는지, 최종 매수자가 1주택자인지 다주택자인지 판단할 수 있을 것이다. 현직 대출 상담사들도 1주택자/다주택자/지역별 대출 조건을 헷갈리는 경우가 많은데, 이를 해결할 수 있도록 대출받을 때 어떻게 조건을 적용해야 하는지 알아보자.

기준은 '대출을 실행하는 부동산이 어느 지역에 있는지'다. 예를 들어 대출을 받는 최종 시점에 몇 주택자인지(무주택, 1주택, 다주택) 판단한다. 그리고 매매잔금대출은 사려는 부동산이 3종류의 지역(투기과열지역, 수도권 비규제지역, 수도권 외 비규제지역) 중 어디에 속하는지를 보면 되고, 전세퇴거자금대출은 그 대출을 받으려는 부동산이 3가지 지역 중 어디에 속하는지 보면 된다. 결국, 우리는 대출 시점의 조건과 더불어 대출을 받는 최종 상황에서 매수자의 최종상태(몇 주택자인지)와 대출받으려는 부동산이 어느 지역(3가지 지역)에 있는지만 생각하면 쉽게 모든 조건을 이해할 수 있다.

그래프1은 LTV 40%의 대출 상한과 부동산 시세 구간별 6억/4억/2억 원 구간을 나타내고 있다. 이 경우는 투기과열지역에서 1주택을 취득할 때다. 이 그래프를 적용할 수 있는 경우는 과거 주택을 산 경험이 있는 비생애최초 무주택자의 1주택 매수, 마찬가지로 비생애최초 1주택자의 갈아타기(1주택→1주택)일 때다. 앞에서 설명한 판단 기준(지역, 최종 시점, 주

[그래프1] 수도권 × 규제지역 : 생애최초(세대 기준) 대출 상한

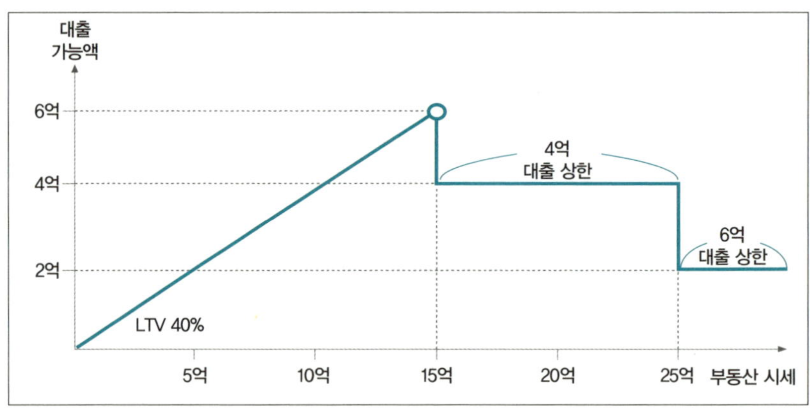

* DSR 소득조건 충족 상태로 가정

택 수)으로 생각해보면 결과적으로 두 예시 모두 1주택자가 되고, 잔금대출을 받는 부동산이 투기과열지역에 있어 같은 조건을 적용할 수 있다.

따라서 여러분이 이런 사례에 해당한다면 LTV 40%로 부동산 시세 15억까지는 비례적으로 대출액이 늘어나다 15억 원을 초과하거나 25억 원을 초과하는 순간 4억 원과 2억 원이라는 계단식으로 줄어든 상한을 적용받게 된다.

그래프2는 LTV 70%에 대출 상한, 부동산 시세 구간별 6억/4억/2억 원 구간을 나타내고 있다. 이 경우는 보통 수도권 비규제지역에서 1주택을 취득하는 경우이다. 수도권 비규제지역의 경우 LTV 70%를 적용받고, 수도권이기 때문에 대출 상한액을 적용 받기 때문이다. 거기에 투기과열지역 생애최초의 경우도 동일한 조건이 적용되는데, 일반 LTV 80%에서 10% 완화된 70% 요건으로 대출 상한액을 적용받는다.

따라서 LTV 70%로 부동산 시세 약 8억 5,700만 원까지(6억÷70%=8억 5,714만 원)는 대출 상한이 늘어나며, 그 이상부터 15억 원까지의 부동

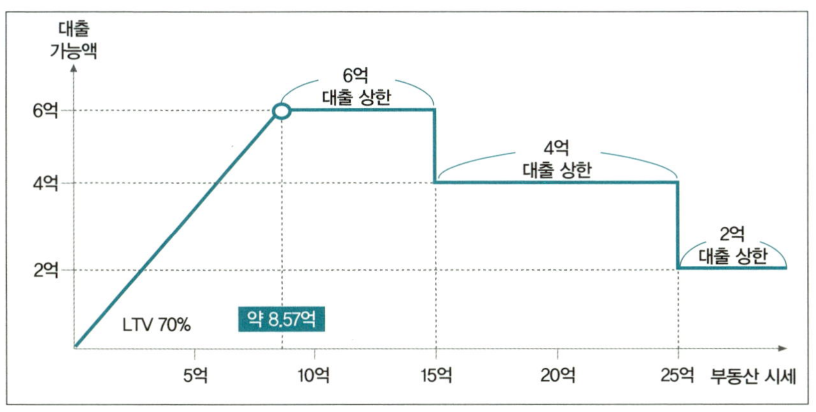

* DSR 소득조건 충족 상태로 가정

산에는 6억 원의 상한을 그리고 15억 원부터 25억 원 미만의 부동산은 4억 원의 상한을, 25억 원을 초과한 부동산은 2억 원의 상한을 적용받는다.

그래프3은 2가지 그래프가 섞여 있다. 수도권 외 비규제지역의 생애최초(LTV 80%)와, 같은 지역의 1주택 매매자(LTV 70%)에 적용할 수 있다. 우선 수도권 외 비규제지역 생애최초는 부동산 시세 대비 대출을 가장 많이 활용할 수 있으나 금액 자체에 6억 원이라는 상한이 있다. 과거 주택을 산 경험이 있는 비생애최초 무주택자가 이 지역의 주택을 매수하거나, 비생애최초 1주택자가 갈아탈 때도 마찬가지다. 앞서 이야기한 판단 기준을 바탕으로 생각해보면 결과적으로 두 예시 모두 1주택자가 되고, 또한 매매잔금대출을 받는 부동산의 지역이 비규제지역이기에 두 예시에 모두 같은 조건을 적용할 수 있다.

따라서 두 그래프 중 비규제지역 생애최초는 LTV 80%으로 부동산 시세 7.5억까지(6억÷80%=7억 5,000만 원)는 가장 가파르게 대출액이 늘

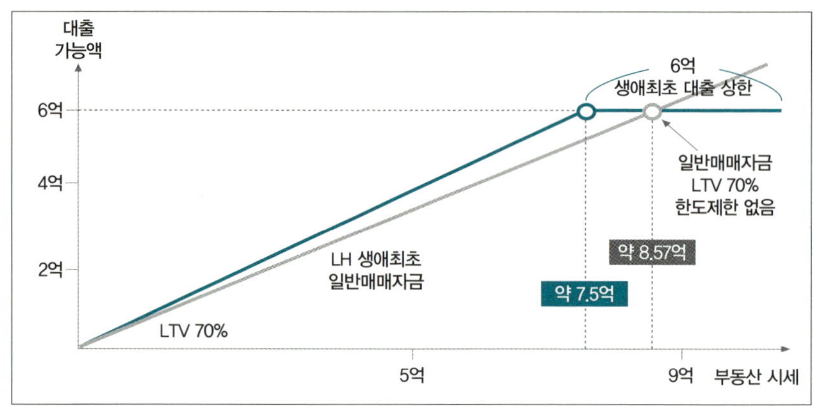

* DSR 소득조건 충족 상태로 가정

어나다 부동산 시세가 7억 5,000만 원 이상이 되는 시점부터 6억 원으로 대출 상한이 고정된다. 반면 비규제지역 비생애최초 1주택 취득의 경우, LTV 70% 요건과 함께 DSR 요건만 만족하면 부동산 시세에 비례해 대출한도의 제약이 없는 대출이 가능하다.

그래프3에서 한가지 특별한 케이스가 있는데, 비규제지역 생애최초 매수자가 대출을 최대한 활용하기 위해 생애최초 조건(LTV 80%)을 포기하고, 비규제지역 비생애최초 일반 1주택 취득 조건을 선택하는 경우다. 매수하려는 부동산 시세가 약 8억 5,700만 원이 넘는다면 생애최초로 받는 금액(LTV 80%, 대출 상한 6억)보다 더 고가의 주택(8.57억 이상)을 살 여력(DSR 요건 충족)이 있다면, 비규제지역의 비생애최초 1주택 구매자처럼 6억 원 이상 대출을 받을 수 있기 때문이다.

규제 한파 속 '1주택자 되는' 4가지 시나리오

우리는 흔히 "무주택자면 대출이 잘 나온다"라고 생각한다. 하지만 제도는 단순하지 않다. 자신이 무주택자라도 구성원 중 집을 매매한 기록이 있는지(생애최초)와, 어느 지역의 집을 살 것인지(규제/비규제)에 따라 4가지 시나리오를 준비해야 한다.

앞서 생애최초로 집을 사는 사람을 위한 정보만 정리했다면, 이번에는 과거에 주택을 보유했다가 처분하고 현재 무주택자가 된 경우(비생애최초)까지 정리한다. 이들은 생애최초 특례를 기대하기 어렵기 때문에, 숫자보다 구조를 먼저 세워야 한다. 또 서울 전역은 규제지역, 수도권 일부 지역 이외만이 비규제지역이다. 같은 무주택자라도 이 조합에 따라 LTV, 정책상 상한, 스트레스 DSR이 겹치는 순서가 달라지고 최종 한도가 달라진다.

① 생애최초 무주택자 × 서울(규제지역)

생애최초 무주택자는 서울을 비롯한 수도권 규제지역에서도 LTV 70%를 적용받으며 출발할 수 있다. 그러나 이전처럼 '집값 × 70%(LTV)'로 쉽게 끝나지 않는다. 서울에서는 가격 구간별 절대 상한(6억·4억·2억)이 먼저 걸리고, 그 상한 안에서 LTV 70%가 적용된 뒤, 마지막으로 스트레스 DSR이 소득 기준으로 최종 실행액을 확정한다.

따라서 생애최초로 서울에서 집을 살때의 공식은 '집값 × 70% → (6/4/2억 상한 적용) → 스트레스 DSR로 최종 조정'이 된다. 이 구조를 이해하지 못하면 70%라는 숫자만 믿고 계약했다가, 잔금 단계에서 소득 요건으로 한도가 깎이는 상황이 발생할 수 있다. 또한 서울의 실수요 대출은 전입 요건이 함께 붙는 경우가 많아, '얼마까지'보다 '언제 전입 가능한지'까지 잔금 달력에 같이 올려야 한다.

실전적으로는 상한 6억과 LTV 70%라는 조건을 '가장 효율적으로' 쓰는 매물대가 있다. 소득이 충분하다는 전제에서 6억을 70%로 채우면 집값은 대략 8.5억 전후가 될 것이다. 실제로는 DSR과 금융사 내부 심사에 따라 달라질 수 있으니 사전심사로 확인해야겠지만. 이 구간의 집을 살 때 대출 효율이 가장 좋다.

② 생애최초 무주택자 × 수도권 이외(비규제지역)

비규제지역에서는 서울처럼 6/4/2억 상한이 작동하지 않는다. 따라서 생애최초 무주택자가 수도권 이외의 비규제지역에서 집을 사는 것에는 두 가지 선택지가 있다. 먼저 생애최초 LTV 80% 특례를 쓰는 경우다. 표면적으로는 80%가 유리해 보이지만, 상품 구조에 따라 대출금에 별도의 상한(예 : 6억)이 붙는 경우가 있어, 집값이 커질수록 80%의 실익이 줄어들 수 있다. 이 경우 '80%'가 아니라 '상한이 먼저 천장'이 된다. 실무에서는 6억 상한이 있다면 집값 7.5억 이하 구간에서만 80%가 '그대로' 작동하는 구조가 된다.

다음은 일반 LTV 70%로 가는 경우다. 비규제지역에서는 일반 LTV 70%로 진행할 때 정책상 절대 상한이 덜 개입하고, 실제 한도는 DSR(소득요건)이 결정하는 형태가 된다. 소득이 충분하다면 80% 특례(상한 포함)보다 오히려 70% 일반이 총 대출액을 더 키우는 경우가 있기에 미리 확인이 필요하다.

결론은 단순하다. 비규제지역 생애최초는 '80%냐 70%냐'가 아니라 '80%를 쓰는 순간 상한이 붙는 구조인지'를 먼저 확인하고, 그 다음 DSR로 가능한 한도를 역산해 결정해야 한다. 또한 소액임차보증금(방공제) 차감 여부가 MCI/MCG 같은 보험 취급 여부와 맞물리는 경우가 있어, 같은 80%라도 실수령액이 달라질 수 있다는 점에도 유의하자.

③ 비생애최초 무주택자 × 서울(규제지역)

과거 주택 소유 이력이 있는 무주택자가 서울로 재진입하는 케이스다. 여기서는 LTV 40%가 기본 출발선이 되고, 가격 구간 상한(6억·4억·2억)이 함께 작동하면서 최종 한도가 크게 눌린다. 간단하게 정리하면 다음과 같다.

- 시세 12억 : LTV 40%는 4.8억. 상한 6억보다 작으므로 최종 4.8억.

- 시세 18억 : LTV 40%는 7.2억이지만, 해당 구간 상한이 4억이면 최종 4억.

- 시세 26억 : LTV 40%로는 10억 이상이 계산돼도, 상한 2억이면 최종 2억.

여기에 스트레스 DSR이 마지막으로 한도를 더 조정할 것이다. 특히 갈아타기 과정에서 전세대출이 남아 있으면 전세대출 이자가 DSR에 반영되어 잔금대출 한도가 줄어든다. 그래서 이 케이스는 '대출을 더 받는 방법'보다 '내가 감당 가능한 집값의 눈금을 어디까지 낮춰야 하는가'가 먼저이고, 전세 퇴거-상환-잔금 실행을 같은 달력 위에서 맞추는 것이 중요하다.

④ 비생애최초 무주택자 × 수도권 이외(비규제지역)

비규제지역에서는 비생애최초라도 LTV 70%를 적용받을 수 있다. 다만 여기서도 결론은 똑같다. LTV 70%는 '이론상 고점'일 뿐이고, 실제 실행액은 DSR이 결정한다. 따라서 이 구간의 전략은 단순히 'LTV가 70%니까 된다'가 아니라, 소득 대비 DSR 40%에서 얼마까지 가능한지 먼저 계산해야 한다. 그리고 금융사별 심사 차이를 고려해 최소 2곳 이상의 금융사에서 사전심사를 확인하는 것이 안전하다. 금리 유형(변동/혼합/고정), 만기, 상환방식에 따라 스트레스 DSR 계산에 영향을 주기 때문에, 표면금리만 비교하면 한도에서 손해를 볼 수 있다.

지금도 1억 신용대출 가능?
가능/불가능의 분기점

이전에야 쉽게 생각할 수 있지만, 현 부동산 시장에서 신용대출 1억 원은 단순한 숫자가 아니다. 경우에 따라 주택 매수 계획을 1년간 좌절시키는 기준선이 된다. 2025년 10월 15일 발표된 대출 규제 강화 대책은 "신용대출 및 마이너스통장 약정액이 1억 원을 초과하는 차주는, 해당 대출일로부터 1년간 규제지역 내 주택을 취득할 수 없다"고 못 박았다. 이 한 문장으로 '마통을 크게 열어두고 필요하면 쓰고, 곧바로 갚으면 된다'는 방식이 무너졌다.

이 규제에서 헷갈리기 쉬운 지점은 기준이 잔액이 아니라 약정액(한도)이라는 점이다. 마이너스통장 한도가 1억 2,000만 원인데 실제 사용액이 1,000만 원에 불과하더라도, 약정액이 1억 원을 초과하면 규제 대상이 된다. 잔액이 0원이어도 마찬가지다. 한도를 1억 원 초과로 약정한 기록이 있다면, 단 하루만 대출을 쓰고 바로 갚더라도 그 시점부터 1년간 규제지역 내 주택 취득이 막힌다. 반대로 예전에 1억 2,000만 원을 빌렸더라도 이미 1년이 지났다면 규정상 주택 취득 제한은 풀린다. 그래서 신용대출을 설계할 때는 금리뿐 아니라 계약일과 1년 경과일을 함께 적어두고 관리해야 한다.(단, 10·15일 이전 신용대출 케이스는 해석이 다를 수 있음)

이제 규제지역에서 주택을 매수하려면 신용대출의 규모 자체를 먼저 기준선 아래로 내려놓아야 한다. 약정액이 1억 원을 넘는 순간 1년 제한이 시작될 수 있으니, 한도는 미리 9,900만 원 이하로 맞춰두는 것을 추천한다. 다만 은행 앱에서 자동 증액 옵션을 승인했다가 9,900만 원이 1억 100만 원으로 넘어가는 순간 본인도 모르는 사이에 1년 제한이 시작될 수 있다는 점에 주의하자.

이런 답답한 상태에서 벗어날 방법으로 '개인 단위 기준을 이용한 분할'이 있다. 맞벌이 부부를 예로 들면, 남편 단독으로 1억 2,000만 원을 약정하면 남편은 1년간 규제지역 주택을 취득할 수 없다. 반면 남편 7,000만 원과 부인 8,000만 원처럼 개인별 약정액을 1억 원 미만으로 나누면, 대출을 사용하면서도 '약정액 1억 초과'라는 직접 규제 대상은 피할 수 있다.

다만 부부가 신용대출을 나눠 받았다고 해서 주택담보대출 한도가 늘어나는 것은 아니다. 남편의 신용대출 원리금은 남편 DSR에, 아내의 신용대출 원리금은 아내 DSR에 그대로 반영된다. 규제지역에서 공동명의로 주택담보대출을 받는 경우 두 사람 각각의 DSR이 주택담보대출 한도를 깎을 수 있으니, 신용대출 규모를 최소화해야 한다.

정리하면, 신용대출 1억 원 초과 규제는 '취득 제한'에 관한 것이고, 주택담보대출 한도를 깎는 것은 DSR이다. 스트레스 DSR 환경에서는 신용대출이 주택담보대출 한도를 크게 줄이는 요인이 될 수 있다. 규제지역에서 1년 안에 매수 계획이 있다면 신용대출·마이너스통장 약정액이 1억 원을 넘지 않게 설계하는 것이 기본이며, "나는 0원만 쓰고 있다"는 말보다 약정 한도 자체를 먼저 확인해야 한다. 비규제지역이라면 취득 제한의 초점은 덜하지만, 신용을 크게 열어두면 DSR/스트레스 DSR로 주택담보대출 실행액이 줄어드는 구조는 그대로 남는다.

실무에서 사고를 줄이기 위한 체크포인트도 단순하다. 먼저 매수 대상이 규제지역인지부터 확정한다. 자동 한도 증액 알림(마통·신용)은 꺼두는 편이 안전하며, 약정액이 1억 원을 넘는 순간 제한이 시작될 수 있다는 점을 염두하자. 잔금이 임박한 시점에 신용대출을 갑자기 받으면 그 대출 실행일이 기준점이 될 수 있고, DSR 소득요건에 신용대출이 포함되어 매매잔금대출에 영향을 줄 수 있다. 잔금 지불 2~3개월 전에는 신용을 새로 만들기보다 먼저 고정해두고 계획을 정리하자. 그리고 '1억을 넘겼는지'는 잔액이 아니라 약정액부터 확인하자. 마이너스통장은 0원 사용 중이어도 한도 자체가 핵심이다.

현시점의 갭투자 방법 :
갭투자는 비규제지역만!

"서울에서 갭투자 생각 1도 하지 마세요."

10·15 대책 발표 이후 현장에서 가장 자주 들리는 말이다. 이제 서울 전역과 분당·과천을 비롯한 경기 핵심 12개 지역은 조정대상지역 및 투기과열지구인 동시에 토지거래허가구역이다. 이 세 가지가 겹치면 우리가 알던 의미의 갭투자는 구조적으로 설 자리를 잃는다.

핵심은 단순하다. 규제지역에서 집을 사려면 허가를 받아야 하고, 허가를 받으려면 2년간 직접 살아야 한다. 10·15 대책 이후 서울 전역과 경기 12곳에서 주택을 매수하려면 구청의 토지거래허가가 필요하며, 허가 조건으로 2년 실거주 의무가 붙는다. 매수 직후 임대를 주거나 기존 세입자를 유지한 채 전세를 끼고 사는 방식은 허가 요건과 충돌한다. 실거주 의무를 위반하면 과태료 수준에서 끝나지 않고, 허가 취소와 이행강제금으로 이어질 수 있으며 심한 경우 형사처벌까지 거론된다. 제도는 결국 '전세를 끼고 사지 말고 들어가서 살아라'는 방향으로 작동한다.

여기에 더해 전세대출의 판도도 달라졌다. 주요 시중은행들은 소유권 이전을 조건으로 한 전세대출, 보유 주택 처분 조건이 붙은 전세대출을 전면 중단하거나 강하게 제한하기 시작했다. 새로 매수하는 집에 들어올 세입자가 '집이 팔리면 전세대출을 받겠다'는 방식으로 자금을 마련하는 길이 좁아진다는 뜻이다. 10·15 규제 이후 정비된 정부 가이드라인도 규제지역에서 전세대출을 활용한 갭투자를 차단하는 흐름으로 정리된다. 예전에는 무주택자가 상급지 아파트를 전세를 끼고 매수한 뒤 몇 년 후 입주하는 방식이 단계별 내 집 마련 전략처럼 활용되었지만, 지금은 허가와 실거주 요건 그리고 세입자의 전세대출 활용 제약이 한꺼번에 걸리며 규제지역에서는 구조 자체가 성립하기 어렵다.

그렇다면 비규제지역은 어떨까? 토지거래허가구역이 아니면 구청 허가가 필요하지 않고, 실거주 의무도 규제지역처럼 허가 조건으로 강제되지는 않는다. 비규제지역은 6/4/2억이라는 가격 구간 상한이 완화되거나 적용되지 않는 경우도 많아, 금융기관 내부 LTV·DSR·총액 한도 범위 안에서는 담보대출의 여지가 상대적으로 넓게 남아 있다. 세입자 입장에서도 소유권 이전 조건부 전세대출 금지의 직접 타깃이 규제지역에 맞춰져 있어, 비규제지역에서는 은행별 내부 방침에 따라 전세대출이 열려있을 때가 있다. 이런 조건이 겹치면 이론상 임차인의 전세대출과 투자자의 담보대출·신용대출 조합으로 제한적인 갭투자가 가능하다.

다만 '제도상 가능'과 '현장에서 통과'는 별개의 문제다. 비규제지역이라도 전세대출 심사가 전국적으로 강화되는 흐름 속에서 근저당이 많은 집, 소유권 이전·처분 조건이 붙은 계약, 임대인이 다주택자라면 대출이 거절되는 사례가 늘고 있다. 또 비규제지역도 동일한 스트레스 DSR 체계를 쓰는 만큼 전세대출 이자, 담보대출 원리금, 신용대출 상환이 소득 위에 겹치면 DSR 한도에서 레버리지 확대가 멈춘다. 여기에 비규제지역으로 수요가 쏠리는 풍선 효과를 정책 당국이 인지하고 있다는 점을 함께 고려하면, 추가 지정이나 전세대출·DSR 기준 강화 같은 방식으로 대응이 나올 수 있다.

정리하면, 현시점에서 규제지역 갭투자는 제도적으로 거의 불가능에 가깝다. 토지거래허가구역 지정과 2년 실거주 의무가 전제되고, 단계별로 6억/4억/2억이라는 LTV 상한, 스트레스 DSR, 전세대출 이자 DSR 편입이 겹쳐 작동하기 때문이다. 반면 비규제지역은 특정 조건을 만족하면 거래가 성사될 가능성이 있지만, 전세대출 심사 강화와 DSR의 전면 적용 그리고 규제 확장 가능성까지 함께 고려해야 해 '까다롭고 가성비가 안 나올 수도' 있다. 이제 우리가 고려할 것은 단순하다. 규제지역에서는 갭투자를 고민할 필요조차 없고, 비규제지역을 보더라도 핵심 질문은 '어디가 덜 규제되었나'가 아니라 '내 소득과 자본으로 감당 가능한 구조인가'로 옮겨간다.

부족한 한도를 만드는
대출의 마법, 동시대환

매매잔금을 치를 때는 DSR을 정확히 이해하고 있어야 한다. 다른 조건을 만족해도 DSR을 간과해 대출에 실패하는 경우가 있고, 스트레스 DSR이라는 새로운 규제까지 더해지면서 내가 가진 모든 부채를 합산해 대출 한도가 정해지기 때문이다.

우선 DSR은 부채의 '규모'만이 아니라 '성질'에 따라 값이 크게 달라진다. 같은 1억 원이라도 주택담보대출과 신용대출이 미치는 영향은 다르다. 주택담보대출은 대출 기간을 최저 10년에서 최장 50년까지 설정할 수 있어 DSR이 낮게 평가되는 반면, 신용대출은 대출 기간이 최대 10년에 불과해 같은 금액이라도 DSR이 훨씬 높게 잡힌다.

게다가 신용대출을 10년 만기로 받는 것 자체가 쉽지 않다. 소득, 신용등급, 부채 내역, 부동산 소유 여부 등 여러 조건을 모두 만족해야 10년 만기 상품에 접근할 수 있다. 결과적으로 신용대출은 같은 금액이라도 금리와 조건에 따라 주택담보대출 대비 DSR을 4배에서 6배까지 크게 차지할 수 있다. 마이너스통장도 실사용 금액이 적거나 없더라도 한도 전체가 DSR로 잡히므로, 마이너스통장을 없애거나 한도를 줄이는 것이 DSR 요건에 도움이 된다.

이미 신용대출이나 주택담보대출이 많아 DSR이 금융사의 조건(1금융 DSR 40%, 2금융 DSR 50% 요건)을 초과하는 상황이라면 원하는 금액의 주택담보대출을 받을 수 없다. 매매잔금을 치러야 하는데 추가 대출이 어려운 이런 상황에서는 신용대출 동시대환을 고려할 수 있다. 신용대출이 DSR을 크게 차지하고 있다면, 기존 신용대출을 상환해 DSR을 낮추고 그 여유로 추가 한도를 만드는 방식이다.

현재 DSR 값이 60%고 1억 원의 신용대출이 있다고 가정하자. 이미 DSR이 50%가 넘어 제1금융권과 제2금융권 모두 대출이 불가능하다. 1억 원을 미리 보유한 돈으로 갚을 수 있다면 DSR이 40%까지 줄어들겠지만, 현실적으로 1억 원의 현금을 가지고 있을 확률도 희박하다. 매매잔금을 위해 추가 대출을 받는 것이기 때문이다. 바로 이럴 때 신용대출 동시대환을 사용하는 것이다.

기존의 신용대출이 사라진다고 가정하면 DSR에 여유가 생기고, 여유가 생긴 DSR을 이용해 1억 5,000만 원을 대출받는 것이다. 여기서 1억 원은 신용대출을 동시대환해야 하지만, 고금리의 기존 대출 1억 원을 갚으면서 차익 부분인 5,000만 원을 사용할 수 있다. 정리하면 1억 5,000만 원을 대출받으며 1억 원은 신용대출을 상환하고, 동시에 DSR이 낮아진 만큼 5,000만 원의 가용자금을 만들 수 있다.

다만, 신용대출 동시대환은 모든 상황에서 사용할 수 있는 마법은 아니다. 다주택자의 경우 현시점 대출을 받는 주택이 투기지역(서울전역 + 경기 12개구)에 존재한다면, 일반 주택담보대출 생활안정자금(LTV 0%)을 아예 받을 수 없다. 또한, 기존주택에 주택담보대출이 있고 연소득이 1억 원인 다주택자가 수도권 외 비규제지역에 두 번째 주택을 담보로 동시대환을 받을 수 있을까? 이 경우 추가 주택담보대출은 나오지 않을 가능성이 크다. 각기 다른 주택에 주택담보대출이 있다면 새로 받으려는 주택담보대출의 DSR에 다중담보로 가중치를 부여하기(대출기간을 15년으로 계산) 때문이다. 따라서 다주택자가 각각의 부동산에서 추가 주택담보대출을 받으려해도. 그 한도는 기대에 못 미칠 것이다. 따라서 다주택자라면 주택담보대출을 진행할 때 DSR 다중담보 가중치를 사전에 파악하고 DSR 소득요건을 충족하는지 미리미리 준비하는 것이 중요하다.

최근 신용대출의 금리가 크게 올랐다. 또 현금서비스를 사용했다면 아마 10% 이상의 금리를 감당하고 있을 것이다. 주택담보대출을 받아서 대환하고 싶었으나, DSR 소득요건에 걸려 주택담보대출이 불가능하다면 신용대출 동시대환이 가능한 금융사를 찾아보자. 신용대출 동시대환을 이용해 더 낮은 금리의 주택담보대출로 높은 금리의 기존 대출을 갈아타며 여유자금도 만들어 볼 수 있다.

6장

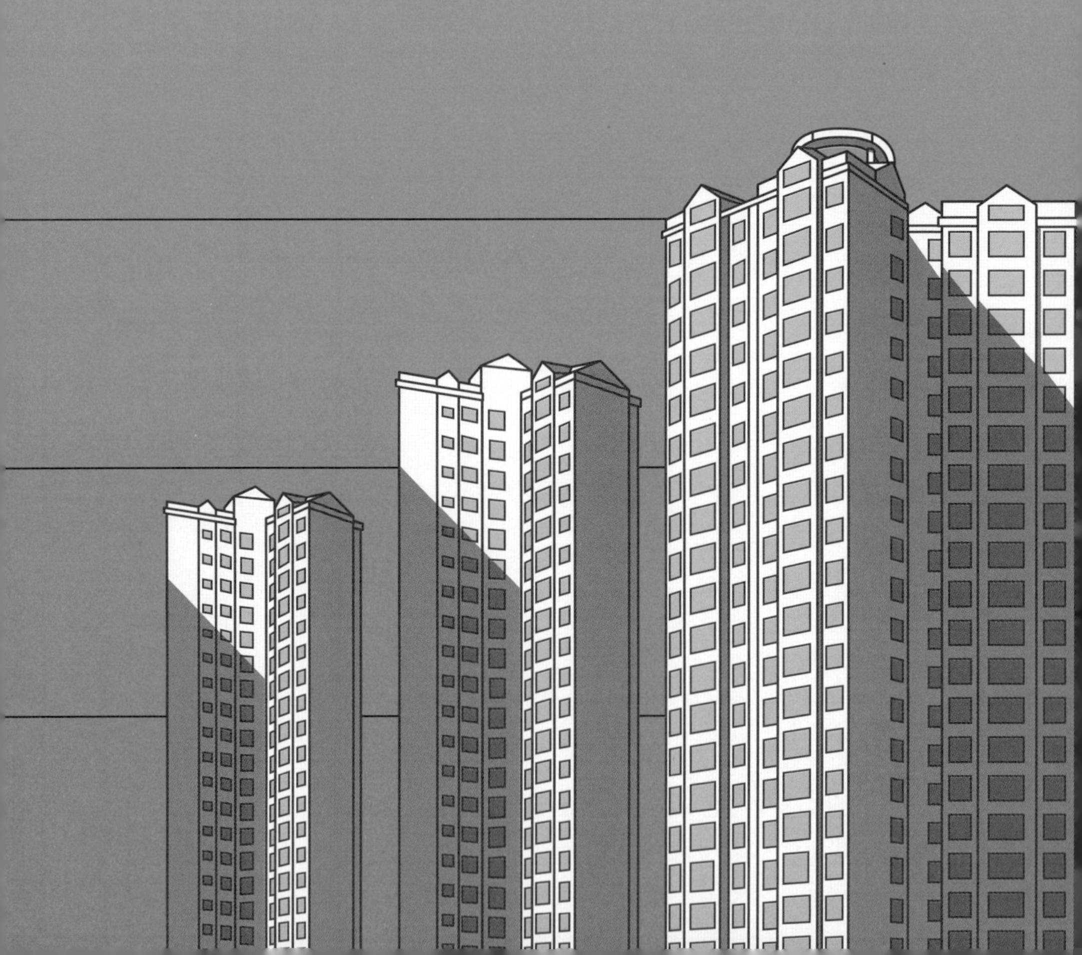

1주택자의 실전 레버리지 :

상급지 입성의 사다리

부자로 가는 추월차선:
레버리지의 본질

우리는 유튜브나 서점에서 수많은 '투자 슈퍼스타'를 쉽게 만난다. 나도 할 수 있을 것 같고, 그들의 이야기를 듣다 보면 나만 뒤처지는 것 같은 기분이 든다. 그런데 그럴 때마다 누군가는 '영끌 투자의 리스크'를 꼬집는다. 둘 다 틀린 말은 아니라서 더 헷갈린다.

하지만 투자에서 빚은 막연히 두려워할 대상이 아니다. 잘 이해하고 이용해야 하는 도구다. 정교하게 계산한 대출로 투자의 수익을 극대화할 때 비로소 레버리지라고 부를 수 있다. 남들도 하니까 하는 식의 이해 없는 레버리지는 투기일 뿐이다. 이를 이해한 부자는 레버리지를 사랑하고, 이해하지 못한 사람은 레버리지를 악처럼 두려워한다. 레버리지는 두려운 악마일까, 아니면 내 수익을 끌어올려 주는 고마운 천사일까. 다음 이야기를 읽고 한번 생각해보길 바란다.

레버리지라는 단어조차 모르던 신입사원 시절, 사업관리실의 모 부장님이 점심을 사며 해준 말이 아직도 기억난다.

"야 집이 없다면, 대출을 최대한 받아서 우선 빨리 집부터 마련해라! 나는 왜 네 나이 때 이런 말을 해준 사람이 없었을까. 정말 아쉽다."

그때의 나는 이 말을 달갑잖게 들었다. '주식 수익률이 훨씬 높은데 왜 집을 사지?'라는 생각이 머릿속을 가득 채웠다. 결국 나는 집을 포기하고 주식을 샀다. 마침 그때의 주식 시장은 활황이었고, 4,000만 ~5,000만 원의 자금으로 한 달에 1,000만 원 가까이 버는 날도 있었다. 그런 날이 쌓이자 무서움 없이 투자했다. 막연히 '주식이 잘되는데 왜 기껏해야 10% 오르는 부동산을 빚까지 내서 사?'라고 생각했던 것이다. 지금 돌이켜보면 큰 핵심을 놓치고 있었다. 결국 문제는 수익률이 아니었다. 절대적인 '금액'이 더 중요했다.

주식과 부동산 투자의 시세차익

	제약회사 주식	서울 아파트
현찰	5,000만 원	5,000만 원
차입	불가능	5억5,000만 원
투자금액	5,000만 원	6억 원
5년 뒤 가격 상승률	200% (5,000만 원 → 1억5,000만 원)	100% (6억 원 → 12억 원)
시세차익	1억 원 (1억5,000만 원 – 5,000만 원)	6억 원 (12억 원 – 6억 원)

내가 신입사원 시절에 사려고 한 주식은 신약 개발이라는 호재와 함께 200%라는 높은 수익률을 기록했다. 같은 기간 서울의 집값은 2배 정도 올랐으니 수익률은 100%다. 수익률만 보면 주식이 더 높다. 다만

부동산, 특히 집은 안전한 실물자산으로 여겨지고, 그 덕분에 초기자본이 부족해도 은행에서 구매대금을 대출받아 더 높은 가치의 집을 살 수 있다. 이 또한 일종의 레버리지다.

5,000만 원의 자기자본에 주택담보대출이나 갭투자를 더해 서울에 6억 원짜리 집을 샀다고 생각해보자. 반대로 주식은 부동산처럼 비교적 안전하게 레버리지를 끌어올릴 방법이 적다. 개인의 신용을 담보로 추가 자금을 수혈할 수는 있지만, 이를 모두 주식에 투자하는 것은 굉장히 위험한 행위이기에 추천하지 않는다. 부동산처럼 저금리의 다양한 정책상품도 기대하기 어렵다.

결국 두 투자방식은 출발선부터 다르다. 주식은 5,000만 원이라는 내 자본을 그대로 투자하지만, 부동산은 5,000만 원이라는 내 자본을 바탕으로 6억 원이라는 더 큰 투자금액을 만들 수 있다. 그리고 이 출발선의 차이는 '수익률'이 아니라 '수익금'에서 명확하게 드러난다. 주식의 수익률이 200%이고 부동산의 수익률이 100%여도, 최종 수익금은 주식 1억 원, 부동산 6억 원으로 차이가 난다. 문제는 수익률이 아니라 수익금이다!

규제로 막힌 생활안정자금 :
"왜 안 되는지"부터 뚫자

초판에서 중요하게 다뤘던 내용은 생활안정자금 대출이었다. 이 대출은 주택을 담보로 받는 대출 중 가장 유연하게 쓸 수 있었기 때문이다. 집을 팔지 않고도 병원비, 자녀 교육비, 사업 운영자금처럼 목돈이 필요한 순간에 자금을 융통할 수 있었고, 전세보증금 반환이나 갈아타기, 추가 투자 종잣돈 마련까지 한 번에 해결하는 대출로 활용되었다.

'집을 사기 위한 대출'이 아니라 이미 보유한 주택을 담보로 생활비·교육비·의료비·채무정리 등 주택 구입 외 목적의 자금을 조달하는 대출인 만큼, 금융사에서도 소유권 이전(등기) 이후 3개월이 지났다면 생활안정자금으로 분류하고 비교적 쉽게 내어줬다. 그래서 '주택담보대출'의 대표로 여겨졌고, 매매잔금대출과는 별개로 시세 10억 원짜리 집을 담보로 2억, 3억 원씩 생활자금을 마련하는 사례도 흔했다.

하지만 이 흐름은 2025년 6월 27일 첫 규제에서 무너졌다. 정부의 발표자료 중 수도권(LTV 70%)과 규제지역(LTV 40%)에서 생활안정자금 목적의 주택담보대출은 목적과 무관하게 최대 1억 원까지만 허용된다는 한 구절 때문이었다. 규제 이전과 똑같은 집과 경제 상황임에도 '생활안정자금'으로 분류되는 순간 한도는 1억 원에서 멈추게 되었다. 또한, 다주택자는 수도권과 규제지역 부동산을 담보로 생활안정자금 목적 주택담보대출을 받는 것 자체가 전면 금지당했다.

규제지역 1주택자의 생활안정자금 규정에서 눈에 띄는 지점은 세 가지다. 첫째, LTV 40%에 여유가 있어도 무관하게 1억 원이 상한으로 작동한다. 시세 15억 원 주택에 담보대출이 전혀 없어도 생활안정자금 명목으로는 1억 원이 최대 한도다. 둘째, 주택 구입 목적이 아닌 자금은 폭넓게 생활안정자금으로 해석될 수 있어 생활비·교육비·의료비·채무 상환 등 다양한 목적이 규정의 적용 범위에 들어간다. 셋째, 1주택자의 자금 계획이 바뀐다. 과거처럼 집값 상승분을 활용해 큰 폭의 유동성을 확보하는 방식이 1억 원 제한으로 제한한다는 취지다.

반면 비규제지역에서는 규제의 초점이 다르다. 수도권 규제지역에 집중된 규정이므로, 수도권 밖 비규제지역의 담보대출은 기존 LTV 체계의 영향을 받는다. 수도권 외 비규제지역 1주택자는 LTV 70% 범위와 DSR 요건을 충족하면 1억 원을 넘는 생활안정자금 대출도 가능하지만, 심사 기준이 보수화되고 스트레스 DSR이 적용된다는 점이 단점이다.

정리하면 생활안정자금 목적 주택담보대출은 규제지역 여부와 주택 수에 따라 갈린다. 수도권 규제지역의 1주택자는 생활안정자금대출이 1억 원 한도로 제한되고, 수도권 규제지역의 다주택자는 생활안정자금을 포함한 주택 구입 외 목적의 주택담보대출이 전면 금지된다. 비규제 지역은 1억 원 상한이 적용되지 않지만 1주택자는 LTV 70% 범위에서, 다주택자는 LTV 60% 안팎의 은행 내부 규정과 DSR 한도 내에서 가

능하다. 다만 비규제지역의 구체 한도는 금융사 자율 영역으로 이해하
는 것이 안전하며 전국 어디서나 통용된다고 보기는 어렵다.

지역별 다주택자 여부에 따른 생활안정자금대출 조건

차주 요건(주택수)	담보의 위치	대출 가능 여부와 한도
1주택자	수도권 (규제/비규제 포함)	• 제한적 가능 • 한도 : 연간 1억 원 이내 • LTV : 규제 40% / 비규제 70%, 단 1억 원 상한 우선
1주택자	비규제지역	• 가능 • 한도 : 제한 없음 • LTV : 70% 내에서 DSR 충족 시 전액 가능
다주택자	규제지역	불가
다주택자 (규제+비규제 지역)	규제지역	불가
다주택자 (규제+비규제 지역)	비규제지역	• 가능 • 한도 : 제한 없음 • LTV : 60% 내에서 DSR 충족 시 가능

비규제지역의 함정 :
금융기관이 말하지 않는 룰

앞서 설명한 것처럼 현재 서울 전역과 경기 일부 지역은 규제지역이며 그 이외의 지역은 비규제지역이다. 또 이런 비규제지역의 대출한도는 1주택자가 LTV의 70%, 다주택자는 LTV의 60%까지 생활안정자금대출을 받을 수 있다고 설명했다. 하지만 비규제지역이라고 무조건 이 한도를 꽉 채워 대출받을 수 있다고 생각해선 안 된다. 거래가 활발한 서울이나 경기권 이외에는 금융사에 따라 대출 인수 제한 지역으로 지정한 곳도 있기 때문이다.

누누이 말하지만 대출은 꼼꼼히 공부할수록 실수를 줄이고 원하는 금액을 빠르게 대출받을 수 있다. 대출을 많이 안다고 해도 꾸준히 공부하지 않으면 100% 정답이라고 말하기 힘들다. 이 내용을 보면서 인터넷에 돌아다니는 단순한 자료만 믿고 있다가 낭패를 보지 말고, 전문 실무자와 상담하며 안전하게 거래를 마치자. 사족이 길어졌지만 금융사들이 인수를 제한 또는 완화하는 지역과 이유를 알아보자.

인수 제한 강화

구분	대상 지역		제한 사항
인수 금지 지역	인천	1.5억 원 미만 주택	대출 불가 (인구 10만 미만 등)
	강원	동해, 삼척, 속초, 태백	
	충남	공주, 계룡, 보령	
	전북	김제, 남원	
	경북	문경, 상주, 영주, 영천	
	경남	거제, 통영, 밀양	
	기타	인구 10만 미만 군 72개 지역 (신도시 제외)	

＊ 단, KB부동산 시세 미등록 분양잔금의 대출은 LTV 65%로 제한

인수 제한 완화

구분	대상 지역		제한 사항
신도시 지정 지역	경북	예천군	기준 LTV : 70%
	충남	홍성군	기준 LTV : 60%
		예산군	
	전남	무안군	기준 LTV : 55%
인구 20만 이상 지역	대구	달성군	기준 LTV : 60%
	울산	울주군	기준 LTV : 70%
인구 10만 이상 20만 미만 지역	경기	양평군	기준 LTV : 65%
	경북	칠곡군	
	부산	기장군	
	전북	완주군	

금융기관은 특정 지역의 주택 경매 매각가율이 75% 미만으로 낮거나, 미분양 관리 지역 인구가 20만 명을 밑도는 지역을 인수 제한 지역으로 구분한다. 이렇게 인수 제한 지역이 되면 LTV의 한도를 5%에서

최대 15%까지 차감한다. 더 심하게는 1억 5,000만 원 미만의 주택, 도외 지역, 인구 10만 명 미만의 군지역일 때 인수 금지 지역으로 지정되기도 하며, 이 지역의 주택을 담보로 대출을 시도해도 금융사에 따라 대출을 거부하기도 한다.

반대로 매각가율이 올라가거나 미분양 관리지역에서 해제되는 경우 LTV 한도가 늘어난다. 만약 사는 지역이 신도시로 지정됐다면 거의 확실한 완화의 신호라고 볼 수 있다. 하지만 개인이 비교적 쉽게 변화를 알 수 있는 인구수나 신도시 지정과 다르게, 경매 매각가율의 상승이나 미분양 관리 지역 여부는 자료를 찾기 힘들 것이다. 그리고 완화조건을 달성했더라도 금융기관이 실제로 인수 제한을 완화했을지 확인이 필요하다. 따라서 대출을 준비하며 전문가와의 상담을 통해 정확한 정보를 알아보자.

결론은 내 보유 주택의 수나 LTV 한도 등 일차적인 수치에 매몰되어 대출과 여유자금을 계획하는 것을 지양하자는 것이다. 내가 사는 곳이나 투자를 계획한 지역이 인수 제한 지역에 해당해 LTV가 차감되거나, 아예 대출이 불가할 수도 있다. 물론 반대로 이런 정보를 민감하게 찾는다면 인수제한이 완화되는 곳에 투자해 기회를 잡을 수도 있을 것이다. 부동산 투자는 시기와 주변 환경에 따라 유동적으로 변화한다는 것을 생각하며, 사전에 금융사별 평가 기준 변화와 상황을 파악하자. 건강한 대출의 시작일 수 있다.

우리 집은 아파트가 아니다 :
비아파트 대출 생존 가이드

앞에서 다룬 대출은 담보가 아파트인 경우가 대부분이었다. 아파트는 대표적인 주거 형태이자 투자처로도 많이 선택되고, 정책상품도 다양해 설명할 내용이 많다. 그러나 실제 주거 형태는 빌라, 다가구주택, 다세대주택, 단독주택 등으로 훨씬 넓고, 그만큼 대출의 기준과 주의사항도 달라진다. 비아파트 주택을 담보로 대출을 받을 때는 위치가 가장 큰 변수지만, 경우에 따라서는 주택 형태 자체가 대출 가능 여부를 가르기도 한다. 또한 아파트와 달리 KB부동산에 시세가 있어도 주택담보대출 한도는 감정평가법인의 감정평가금액을 기준으로 정해지는 경우가 많다. 이 장에서는 비아파트 담보대출에 대해 알아보자.

다세대주택은 여러 가구가 독립적으로 거주하도록 설계된 주택으로 호실별 개별 등기가 가능하다. 임차인 입장에서는 전세보증금 보호 측면에서 유리할 수 있지만, 임대인이 대출을 받을 때는 호실별 감정평가금액에 지역별 LTV와 방공제가 적용되면서 한도가 낮아질 수 있다. 주거용으로 활용되는 비중이 큰 만큼 금융기관의 취급 기준에 따라 대출 조건이 달라질 수 있다는 점도 함께 봐야 한다.

다가구주택은 한 건물 안에 여러 가구가 거주하더라도 등기가 하나로 관리되는 경우가 많다. 담보대출은 개별 호실이 아니라 건물 전체 가치에 대한 감정평가를 바탕으로 한도가 정해지며, 이 과정에서 임대수익 같은 요소가 판단에 포함될 수 있다. 다가구주택 형태 중 통빌라는 방이 층별로 나뉘어 있어도 등기가 건물 단위로 하나이기 때문에, 전체 건물 감정평가와 호실별 임차 현황을 함께 고려해 한도가 산정된다. 방 수와 해당 지역의 방공제 금액을 반영해 계산한 값들 중 최소 금액이 최종 한도로 잡히는 구조다.

단독주택은 한 가구가 사용하는 독립 주택으로, 위치·크기·상태가 감정평가와 한도에 큰 영향을 미친다. 개별 감정평가를 통해 가치를 산정하고, 내부 방 개수에 따른 방공제를 계산해야 한다. 여기에 금융사별로 형태 요건이 붙어 대출이 제한되는 경우도 있다. 예를 들어 2층 이하 주택이거나 외부에서 2층 이상으로 출입할 수 있는 외부 계단이 있는 경우 대출이 불가능할 때가 있고, 내부에 취사 시설이 반드시 있어야 하는 등 부가 조건이 붙기도 한다. 또한 군·읍·면·리 등 지역에 위치한 단독주택은 인수 제한으로 대출이 어려운 경우가 많아, 조건을 허용하는 금융사를 찾아 비교하는 과정이 중요하다.

일반적으로 비아파트 주택은 대출 시 가산금리가 아파트보다 높게 적용될 수 있어 금리가 높고, 금융사별로 대출상품의 조건이나 감정평가액이 달라지는 경우도 많다. 아파트 담보대출에서는 고려하지 않았던 형태별 조건과 심사 기준이 붙는 만큼, 실제 실행 가능 여부와 한도를 여러 금융사에서 확인해야 한다. 이런 주택을 담보로 최적의 대출을 받으려면 상담을 통해 각 금융기관의 취급 기준과 감정평가 방식, 적용 조건을 함께 점검해보는 것이 도움이 된다.

보유 주택 수 제외 조건

① 2018년 9월 13일 이전에 주택을 매수하고 주택임대사업자등록증(구청 등 지자체가 발급)에 등록되었다면 보유 주택에서 제외된다. 단 임대 등록은 위의 날짜 이후에 등록하여도 가능하다.

② 상가 주택을 보유했을 때 건물의 총면적 중 주택의 면적이 50% 이내라면 보유 주택에서 제외된다.

DTI·DSR에 걸려도 끝이 아니다 :
소득요건 돌파 전략

DSR이 80%이거나 100%에 가까운 수준이라면 앞에서 다룬 신용대출 동시대환을 포함해 어떤 방법을 동원하더라도 추가 대출이 어렵다. 하지만 완전히 불가능한 것은 아니다. 대출은 크게 가계대출과 사업자 대출로 나뉘며, 지금까지는 가계 대출에서 답을 찾았다. 이제는 사업자 대출에서 답을 찾아보자.

사업자 대출은 차주를 사업자로 삼기 때문에 가계 대출과 구조 자체가 다르다. 담보 부동산의 가치를 중점적으로 보며, 가계 대출처럼 DSR 같은 소득 요건 규제를 적용받지 않는다. 따라서 가계 대출의 한도가 없어도 담보의 가치에 따라 추가 자금을 마련할 수 있다. 규제지역이라도 대출 사유가 사업 운영이라면 LTV 80% 전후의 대출이 가능한 것도 장점이다.

다만 조건도 분명하다. 사업자 대출로 1억 원 이상을 융통하면 반드시 그 용도를 증명해야 한다. 또, 일반사업자로 인정 받기 위해 실제 매출이나 3개월 이상의 연속 사업자라는 것을 확인하곤 한다. 결국, 필요한 시점에 이런 요건을 맞추지 못했다면 대출을 받기 어려울 수 있다.

물론 사업자 등록을 진행 중이거나 사업자등록증이 없는 사업자, 또는 1개월 미만의 신규 사업자를 대상으로 대출을 진행하는 금융사도 있으니 급한 상황에서는 이런 상품을 이용하는 것도 검토하자.

사업자 대출로 숨통을 틔운 사례를 알아보자. 사업 운영과 생활비를 위해 주택담보대출부터 신용대출까지 동시에 여러 대출 상품을 이용하고 있었다. 그 영향으로 DSR이 70%를 넘겨 주택담보대출의 소득 요건에 걸렸고, 추가 담보대출이 어려웠다. 이때 사업자 대출은 일반 주택담보대출과 달리 LTV 한도가 최대 90%까지 잡히며, DSR 소득 요건이 필수가 아니란 점을 활용했다.

사업자 대출로 방향으로 돌리자 가지고 있던 부동산의 담보 한도 내에서 추가 대출을 진행할 수 있었고, 자금 사용 목적도 사업 운영에 필요한 것이었기에 용도 증빙도 무사히 처리하였다.

※ 6·27 및 10·15 이후 '주거용 부동산에 대한 사업자 대출 전수조사 강화'로 인해 단순 투자 목적으로 사업자 대출을 활용할 경우 범정부 합동 점검 대상이 될 수 있다. 따라서 사업자 대출의 사용은 사업 운영 자금으로만 사용해야 한다.

사업자대출이 필요한 상황

① LTV 최대한도가 필요한 경우 : 사업자대출을 이용하면 담보의 KB부동산 시세 80% 전후, 최대 90%까지 최대한도를 받을 수 있다.

② DSR 소득요건에 걸린 경우 : 사업자 대출은 DSR 요건이 필수가 아니어서 자유롭다.

③ 저축은행이나 캐피탈 등에 10% 전후의 고금리 기존 대출이 있는 경우 : 보험사의 일반 사업자 대출이나 새마을금고, 농협, 신협 등의 상호금융의 상품으로 대환하면 금리 부분에서 이득을 볼 수 있다.

추가약정서 :
주택담보대출의 '숨은 독'

주택담보대출은 시점에 따라 두 갈래로 나뉜다. 매매잔금을 치르고 3개월 이내에 받는 주택구입자금대출 그리고 그 이후에 받는 생활안정자금대출이다. 다만 2018년 9월 13일 이후 적용된 강도 높은 부동산·대출 규제 때문에, 이 두 경우 모두 대출 과정에서 '추가약정서'를 작성하게 되는 점을 먼저 염두에 둬야 한다.

생활안정자금은 목적에 따라 세 가지로 구분할 수 있다. 첫째, 자기담보대출이다. 보유 주택을 담보로 생활자금을 마련하는 방식으로, LTV 한도가 적용되며 1주택당 연 1억 원 한도 내에서 대출받을 수 있다. 둘째, 전세퇴거자금대출이다. 세입자 보증금 반환을 위한 대출로써 LTV 한도 안에서 보증금 규모만큼만 대출할 수 있다는 제약이 있다. 셋째, 대환대출이다. 기존 대출을 다른 금융사의 낮은 금리 상품으로 갈아타는 목적이며, LTV 한도가 남아 있다면 1억 원까지 증액해 대환이 가능하다.

이 세 가지 생활안정자금대출에서 작성해야 하는 추가약정서의 핵심은 두 가지다. 첫째, 실행된 대출금을 추가 주택(분양권 및 조합원 입주권, 조합원 지분 등 포함) 매수 목적으로 사용할 수 없다는 점이다. 둘째, 생활안정자금대출을 받은 날부터 차주의 등본에 올라와 있는 모든 사람은 대출이 유지되는 동안 추가로 주택을 구매하지 않겠다고 약정해야 한다. 즉, 대출 실행 이후 어떤 방식으로든 세대원 전체의 보유 주택 수가 증가하면 안 된다. 금융기관은 규정에 따라 대출 이후 6개월 단위로 추가 주택 보유 여부를 확인하므로 주의가 필요하다. 관련 예시는 아래 도표에서 확인할 수 있다.

추가약정서의 예시

동 약관은 관련 법령 및 내부통제 절차에 따라 작성되었으며 대출계약 체결 시 필수적으로 고객님에게 제공됩니다.

추가약정서

(생활안정자금 주택담보대출 추가약정용)

주식회사 ▨▨▨ 앞   20 년 월 일

채 무 자 :   (인)

주   소 :

채무자는 주식회사 ▨▨▨(이하 "은행"이라 합니다.)과 약정한 20 년 월 일자 대출거래약정서(가계용)에 추가하여 다음과 같이 약정합니다.

제 1조 (목적) 이 약정서는 **주택구입 목적이 아닌 의료비, 교육비 등 생활안정자금 목적**으로 대출거래를 하기 위한 약정입니다.

제 2조 (기 보유 주택) 채무자가 속한 세대[주1]의 세대주 또는 세대원이 **현재 보유하고 있는 주택**(분양권 및 조합원 입주권 등 포함)은 다음과 같습니다.

주1) "세대"라 함은 세대주 및 세대원으로 구성되며, 세대원은 세대별 주민등록표(「출입국관리법」에 따른 외국인 및 「재외동포의 출입국과 법적 지위에 관한 법률」에 따른 외국국적동포는 가족관계증명서 등을 포함)상에 배우자, 직계존속(배우자의 직계존속 포함), 직계비속 및 그 배우자를 말하며, 세대분리된 배우자 및 그 배우자와 동일세대를 이루고 있는 직계비속 및 그 배우자를 포함합니다.

① 담보로 제공하는 주택

종류	소유자	주소

② 보유 중인 주택 등

종류	소유자	주소

제 3조 (주택 등의 추가 구입 금지의무 등)

① 채무자가 속한 세대의 세대주 또는 세대원은 본 대출 실행일부터 전액 상환 전까지 제 2조 제2항에 명시된 주택 등 외에 **추가로 주택 등을 구입[주2]하지 않습니다.**

주2) 매매, 증여, 신축 등에 따른 소유권 취득. 다만 상속에 의한 취득은 제외, 이하 같음

② 채무자는 본 대출 전액 상환 전까지 **세대주 또는 세대원에 변경이 생긴 때에는 지체없이** 그 변경내용을 **은행에 신고하여야 합니다.**

제 4조 (기한전의 채무변제의무) 다음 각 호의 사유가 발생한 경우 은행여신거래기본약관(가계용) 제 7조 제 4항 제 2호에 의하여 본 대출의 **기한의 이익은 상실**하게 되고, 그에 따라 **본 대출을 즉시 변제할 의무**를 집니다.

1. 채무자가 속한 세대의 세대주 또는 세대원이 본 대출 실행일로부터 **전액 상환전**까지 제 2조 제2항에 명시된 주택 등 외에 **추가로 주택**(분양권 및 조합원 입주권 등 포함)을 **구입**한 경우

2. 채무자가 속한 세대의 세대주 또는 세대원이 대출실행일 기준으로 **제 2조에 명시되지 않은 주택**(분양권 및 조합원 입주권 등 포함)**을 보유[주3]**하고 있는 경우

주3) 다만 대출신청일 이후 상속에 의한 취득은 제외

제 5조 (여신거래 약정위반) 다음 각 호의 사유가 발생한 경우 **본 대출 완제여부에 관계없이 신용정보 집중기관에 채무자의 약정 위반사실이 제공되며, 제공일로부터 향후 3년간 금융기관[주4]의 주택 관련 대출[주5]이 제한**됩니다.

주4) 신용정보의 이용 및 보호에 관한 법률 제25조 제2항 제 1호의 대통령령으로 정하는 금융기관
주5) 「은행업감독규정」 〈별표6〉 제1호에 따른 주택담보대출 및 전세자금대출 등

1. 채무자가 속한 세대의 세대주 또는 세대원이 본 대출 실행일로부터 **전액 상환 전**에 제 2조 제2항에 명시된 주택 등 외에 **추가로 주택**(분양권 및 조합원 입주권 등 포함)을 **구입한 경우**

780034

다음은 주택구입자금대출에서의 추가약정서다. 주택담보대출로 규제

지역 주택을 구매하는 1주택자와 2주택자는 대출 실행 시 추가약정서를 작성한다. 1주택자는 기존 주택을 6개월 내 처분하고, 구매 주택에 6개월 내 입주해야 한다. 2주택자는 1주택을 즉시 처분하고, 나머지 1주택은 6개월 내 처분하며, 구매 주택에 6개월 내 입주해야 한다. 2주택을 초과하는 다주택자는 주택담보대출이 불가능하므로 여기서는 다루지 않는다. 이때 '6개월'의 기한은 주택담보대출 실행일을 기준으로 계산하며, 보통 잔금일에 대출이 실행되므로 실행일을 잔금일로 보아도 무방하다. 예를 들어 6월 9일이 대출 실행일(잔금일)이라면, 6월 9일부터 6개월 이내에 처분과 입주를 완료해야 한다.

만약 추가약정서를 위반했다면 그 즉시 제약이 발생한다. 먼저 대출을 진행한 은행에서 약정 위반 통보를 받고, 기한이익 상실로 대출금 전액을 즉시 상환해야 한다. 또한 향후 3년간 주택 관련 대출을 받을 수 없는 패널티가 부여된다. 또, 상환 여부와 관계없이 신용정보 집중기관에 약정 위반 사실이 제공된다.

'대출받은 돈으로 주택을 구매할 수 없다면 대출의 이유가 없는 것 아닌가'라는 의문이 생길 수 있다. 추가로 주택을 매수하기를 원하면 추가로 구매하는 주택을 담보로 주택 구입 자금을 대출받아 매수해야 한다는 것을 잊지 말자. 하지만 이를 잊었을 때의 리스크가 너무 크니, 자신이 생활안정자금 대출을 받았다면 추가약정서의 작성 여부를 반드시 기억해두자. 그리고 추가로 주택을 매수할 때 그 약정을 위반하는 것은 아닌지 미리 확인하길 바란다.

대환대출 대혼란 정리 :
규제 이후 최신판 총정리

2025년 10월, 주택담보대출 대환대출을 둘러싸고 큰 혼란이 생겼다. 집값 안정을 위한 대출 규제가 이자 부담을 줄이려는 실수요자의 대환대출까지 막았기 때문이다. 핵심은 대환대출에 적용되는 LTV 기준이었다. 10·15 규제로 서울 전역과 경기 12개 지역이 규제지역으로 묶이며 LTV 한도가 70%에서 40%로 급격히 축소됐다.

이때 시장에서 가장 큰 혼란을 만든 해석이 "주택담보대출 대환대출도 신규대출로 본다"라는 내용이었다. 규제지역 LTV가 70%에서 40%로 강화되며 금리를 낮추기 위해 대환하는 사람에게도 40%라는 한도가 적용된 것이다. 예를 들어 시세 10억 원 아파트를 살 때 7억 원(LTV 70%)을 대출받은 1주택자가 있다. 이 사람이 이자를 아끼기 위해 다른 은행으로 대출을 옮길 때 강화된 LTV 40%가 적용돼 4억 원까지만 대출이 나온다. 그러면 나머지 3억 원을 현금으로 상환해야만 대환이 가능했다. 은은행만 바꾸는 데 신규 주택을 구매하는 것과 같은 규제를 적용받자 실수요자들의 불만이 커졌다.

여론이 악화되자 금융위원회는 2025년 10월 24일 "증액 없는 대환대출에는 종전 LTV 규정을 적용한다"는 유권해석을 내놓고 2025년 10월 27일부터 현장에 적용하기로 했다. 대환대출이 새로운 주택 구매에 활용되지 않고, 차주의 상환 부담을 완화하는 성격이 있다는 점을 인정한 것이다. 이에 따라 10월 27일부터 규제지역 내 주택담보대출이라도 대출 금액을 늘리지 않고 단순히 갈아타기만 하는 경우, 처음 대출을 받았을 때의 LTV(최대 70%)를 그대로 적용받을 수 있게 됐다.

정리하면 원칙은 10·15 대책 이후 신규 주택 구입 대출에 LTV 40%가 적용된다는 것이고, 예외는 기존 대출 잔액 범위 내에서 은행을 옮기는 대환대출에는 종전 규정(LTV 70%)이 유지된다는 것이다. 다만 이 예외는 대출 증액이 없는 경우에만 해당한다.

이번 사례는 행정적 용어와 적용 방식의 차이로 현장에서 문제가 생길 수 있음을 보여준다. 대출 규제가 바뀔 때는 원칙만이 아니라 예외 조항까지 함께 확인해야 한다.

10·15 대체 혼선·정정 사례

	혼선 내용	정정 내용
대환대출	LTV 40%	기존 70% 유지
전세퇴거자금대출	LTV 40%	6월 27일까지 맺은 계약은 기존 70% 유지
비주택 담보대출	상가·오피스텔 LTV 40%	기존 70% 유지

3년이 지났다면 리셋 :
대환이 답

앞에서 현상을 짚었다면 이제 대환대출을 받아야 하는 이유와 방법을 알아보자. 성공적으로 주택담보대출을 받았다면 내 집 마련이라는 뿌듯함과 함께 원리금을 갚고 있을 것이다. 주택담보대출은 보통 30~40년 전후로 기간을 잡는다. 바꿔 말하면, 집을 팔지 않는 한 은행과 약속한 금리를 긴 시간 지켜야 한다는 뜻이다.

하지만 대출받을 때 최선의 조건으로 계약했더라도, 시간이 지나면 그 조건이 계속 최선인지 다시 점검해야 한다. 내 고객 중에도 십여 년 넘게 원금을 성실히 갚아온 분이 있었다. 주거래은행이면 알아서 최적의 조건으로 맞춰주리라 믿었기 때문이다. 그러나 금리 상승기가 아니라면, 대출 후 3년이 지났을 때 반드시 한번은 대환을 검토할 필요가 있다.

주택담보대출을 조기상환하면 현재 기준 0.6%선의 중도상환수수료가 붙는다. 다만 대부분의 금융사는 매일 일 할 계산된 비율로 중도상환수수료를 줄여 3년째에 0%로 사라지는 슬라이딩 차감 방식을 사용한다. 그래서 대출 후 3년이 지났다면 대환의 추가 비용 부담이 크지 않을 때가 온다. 이때 여러 금융사의 금리와 조건을 비교해 더 이득이 되는 상품으로 갈아타는 것이 핵심이다.

또 일반 주택담보대출 중에는 거치기간을 1년~5년 사이로 설정할 수 있는 상품도 있다. 미리 거치기간을 잡아두면 원리금 부담을 낮추고 이후 상황에 맞춰 편하게 대환을 검토할 수 있다. 원리금 상환이 부담스럽다면 이런 식으로 거치기간을 활용해보자.

대출이자 줄이는 방법

① **대출금리 감면조건 꼼꼼히 확인하기**

시중은행들은 신용·체크카드 전월 대비 실적, 자동이체 건수, 급여 이체 등의 조건을 만족하면 금리를 우대해준다. 기존의 주거래은행보다 더 좋은 조건을 찾았다면 빠르게 갈아타자.

② **금리 인하 요구권 활용하기**

대출 이후 승진이나 연봉 상승, 신용점수가 개선되면 금리 인하를 요구할 수 있다.

③ **정부의 대환대출 플랫폼 이용하기**

정부 대환대출 플랫폼, 원스톱 갈아타기

2023년 5월 31일 정부의 대환대출 플랫폼과 온라인·원스톱 대환대출 서비스가 등장했다. 이 서비스는 은행 방문 없이도 이용 중인 신용대출을 확인하고, 더 유리한 조건의 상품으로 대환할 기회를 찾을 수 있도록 돕는다. 정부 발표에 따르면, 2024년 1월 26일까지 118,773명, 2조 7,064억 원 규모의 대출이 더 낮은 금리로 이동했다. 2024년 1월 9일부터는 주택담보대출, 2024년 1월 31일부터는 전세대출 갈아타기 서비스도 시작해 저금리 대환 범위를 넓혔다. 아파트뿐 아니라 오피스텔, 빌라, 단독주택 등 다양한 주거 형태의 보증부 전세자금대출도 갈아탈 수 있고, 전세 임차 계약을 갱신할 때도 활용할 수 있다.

대출 성격별 비교 플랫폼의 차이

아파트 주택담보대출	대출비교 플랫폼 (7개)	네이버페이, 카카오페이, 토스, 핀다, 뱅크샐러드, 핀크, 에이피더핀
	금융회사 자체 앱 (16개)	은행 : 신한, 국민, 우리, 하나, 농협, 기업, 제일, 대구, 부산, 광주, 전북, 경남, 제주, 케이, 카카오 보험 : 삼성생명
전세대출	대출비교 플랫폼 (4개)	네이버페이, 카카오페이, 토스, 핀다
	금융회사 자체 앱 (13개)	신한, 우리, 하나, 농협, 기업, 대구, 부산, 광주, 전북, 경남, 케이, 카카오, 수협

출처 : 금융위원회

대출을 비교하는 플랫폼과 실제로 대환을 실행할 창구는 대출의 성격에 따라 갈린다. 아파트 주택담보대출은 7곳의 조건을 비교할 수 있고, 전세대출은 4곳의 조건을 비교할 수 있다. 또한 아파트 주택담보대출은 금융회사 자체 앱 16곳, 전세대출은 금융회사 자체 앱 13곳에서 기존 대출과 갈아탈 대출의 조건을 확인할 수 있다. 간단하게는 대출비교 플랫폼에서 먼저 조건을 해보고 갈아탈 상품을 정하는 흐름이 된다.

2024년 1월 9일 기준으로 53개의 금융회사가 참여 중이며, 금융회

대출 성격별 참여 금융기관

아파트 주택담보 대출	은행 (18곳)	농협, 신한, 우리, 제일, 기업, 국민, 하나, 대구, 부산, 광주, 전북, 경남, 제주, 케이, 카카오, 수협, 산업, 씨티
	보험사 (10곳)	삼성생명, 한화생명, 교보생명, 농협생명, 흥국생명, 푸본현대생명, 삼성화재, KB손보, 농협손보, 현대해상
	제2금융 (4곳)	저축은행(SBI, JT친애, OK), 현대캐피탈
전세대출	은행 (18곳)	농협, 신한, 우리, 제일, 기업, 국민, 하나, 대구, 부산, 광주, 전북, 경남, 제주, 케이, 카카오, 수협, 토스, 씨티
	보험사 (3곳)	삼성생명, 삼성화재, 롯데손보

* 색상 글씨 표시 기관 : 신규대출 상품 가입도 가능한 기관   출처 : 금융위원회

사별 모바일 앱을 통해 대환대출 서비스를 이용할 수 있다.

또한 추가 참여가 예정되어 있어 서비스 범위가 확대될 수 있다. 온라인 원스톱 대환대출 서비스는 이용 횟수 제한은 없지만, 은행 영업시간(영업일 오전 9시부터 오후 4시까지)에만 이용할 수 있다. 스마트폰 사용이 익숙하지 않다면 은행 영업점을 방문해 이용할 수 있다.

대환대출 플랫폼 이용 방법

서비스 절차는 앱 설치 후 대출 내역과 금리, 잔액 등의 정보를 조회하고, 소득과 자산, 직장 정보를 입력해 더 유리한 조건의 상품을 고르는 흐름으로 설명되어 있다. 상품을 정했다면 해당 금융사의 앱이나 영업점에서 대출 심사를 신청한다. 서류는 대면과 비대면 제출이 모두 가능하며, 비대면이 더 쉽고 빠른 편이다. 증빙서류 대부분은 금융회사가

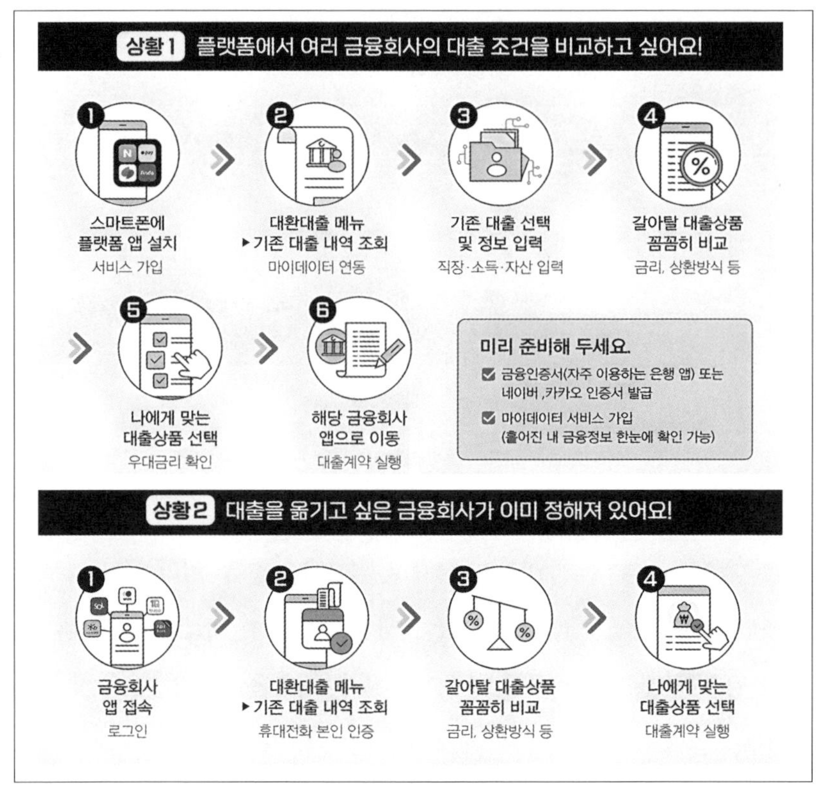

출처 : 금융위원회

공공마이데이터로 확인할 수 있어, 주택매매계약서나 등기필증, 전세임대차계약서 등만 촬영해 제출하면 된다. 심사는 2일에서 7일 정도 소요되며 결과는 문자로 통보받는다.

다만 누구나 더 좋은 조건으로 대환할 수 있는 것은 아니다. 개인의 신용점수나 소득에 따라 가능한 옵션이 달라질 수 있으며, 플랫폼은 정보를 제공하고 선택의 폭을 넓히는 도구일 뿐 유리한 조건을 보장하지는 않는다. 또한 지나치게 잦은 이동을 막기 위해 전세대출은 기존 대출을 받은 뒤 3개월이 지나야 신청할 수 있고, 계약기간의 50%가 지나기 전에만 신청할 수 있다는 기한 제약이 있다.

정부가 50% 이상 계약기간이 지났어도 전세대출을 갈아탈 수 있도록 검토를 이어가고 있으나, 아직 적용되지 않았다. 대출은 기존 대출의 LTV 여유분만큼만 허용되며, 전세 계약 갱신으로 보증금이 늘어났을 때는 보증기관별 보증 한도 내에서 증액된 보증금만큼 한도를 늘릴 수 있다. 또 같은 보증기관의 상품으로만 갈아탈 수 있다. 주택도시보증공사가 보증하는 상품을 이용 중이라면 똑같이 주택도시보증공사의 상품만 이용할 수 있다는 뜻이다.

이런 제약에도 불구하고 대환대출 플랫폼은 금융시장의 경쟁을 촉진해 대출상품 금리를 실제로 낮출 수 있었다. 특히 주택담보대출이나 전세대출처럼 고액 대출을 이용 중인 소비자에게 저금리 상품으로 갈아탈 기회를 준다는 점은 분명한 장점이다.

아이가 생겼다면 혜택을 :
신생아 특례 대환

"결혼해서 집을 사라." 2024년 4월 4일 윤석열 대통령이 민생토론회 후속 조치 점검 회의에서 한 발언이다. 그런데 과거에는 대출 조건이 현실과 맞지 않아 사실혼 관계임에도 혼인신고를 미루는 신혼부부가 적지 않았다. 정책상품을 설명할 때 나온 '신혼부부전용 전세자금대출' 처럼, 정부의 정책상품 상당수는 신혼부부를 혼인신고일로부터 만 7년 이내이거나 3개월 이내 혼인신고 예정자로 규정한다. 이 기간 안에 집을 마련하지 못하면 혜택을 잃게 되니, 법이 개정되고 혜택을 받을 수 있을 때까지 버틴 것이다.

이 흐름을 만든 대표적인 이유는 바로 소득 요건이다. 기존 기준은 매매 시 부부 합산 연소득 1억 3,000만 원 이하, 전세대출 시 연소득 7,500만 원이었다. 지금의 주택 시장에는 너무 낮은 수치다. 그리고 정부는 이 소득요건을 완화하며 혼인신고와 결혼을 장려하기 시작했다. 2024년 4월 4일부터 신생아 특례대출의 지원 대상 소득 요건을 연소득 1억 3,000만 원 이하에서 연소득 2억 원 이하(부부 개별 소득이 1.3억 원 이하)까지 확대했다(2023년 1월 1일 이후 신생아 출생 한정). 신혼부부 버팀목 전세자금대출도 연소득 7,500만 원 미만에서 연소득 1억 원 이하로 조건을 완화했다.

이런 정책이 처음 발표되고 지금까지 정말 많은 예비부부나 출산가정이 혜택을 누렸다. 특히 신생아 특례 중 신생아 주택자금 대출은 기존 주택담보대출을 언제든 대환할 수 있다는 점이 강력했다. 5억 원을 대출받고 30년 만기, 원리금균등상환방식으로 상환한다고 가정했을 때 일반 주택담보대출과 신생아 특례의 차이를 숫자로 보면 체감이 더 분명해진다.

신생아 특례와 일반 주택담보대출의 비교

	대출 금액	만기	상환방식	금리(가정)	월 원리금	월 원금	월 이자
일반 주택담보대출	5억 원	30년	원리금 균등상환	4.5%	약 253만 원	65만 원	184만 원
신생아 특례	5억 원	30년	원리금 균등상환	2%	약 188만 원	101만 원	83만 원

일반 주택담보대출로 5억 원, 30년 만기, 원리금균등상환, 금리 4.5%를 가정하면 매달 갚아야 할 원리금은 253만 원 정도다. 이 돈을 매달 감당하려면 부담이 클 수밖에 없다. 반면 신생아 특례로 금리만 2%로 낮아지면 원리금은 184만 원 수준으로 내려간다. 구성도 원금 101만 원에 대출이자 83만 원이어서 원금 상환을 더 빠르게 마칠 수 있다. 1년만 놓고 계산해도 원리금은 840만 원, 상환한 원금은 430만 원 정도로 차

이가 벌어진다.

　다만 대환 시 주의할 점이 있다. 기존 주택담보대출이 주택 구매 용도일 때만 이런 방식으로 대환할 수 있다는 점이다.

　앞에서 살펴본 것처럼 소유권이 바뀌고 3개월이 지난 시점에 받은 대출은 주택 구입 자금이 아니라 생활안정자금이기 때문에 대환이 막힌다. 주택을 구매하기 위해 대출을 받았다가 저금리 상품으로 갈아타는 과정에서, 혹은 생활비가 필요해 생활안정자금으로 대출 성격이 바뀌어버린 경우도 같은 이유로 신생아 특례 대환이 불가능하다. 신생아 특례 혜택을 누리려면 기존 대출을 매매잔금 형태로 유지한 상태에서 대환을 진행하는 흐름이 중요하다.

　받을 수만 있다면 정부가 권하는 신생아 특례대출의 혜택을 최대한 활용하자. 이자 부담을 줄일 뿐만 아니라 앞으로도 더 유리한 조건에서 좋은 상품으로 갈아탈 수 있다는 뜻이기도 하다. 만약 혼인신고를 하지 않은 부부라도 신생아를 출산했다면 신생아 특례대출을 적용받을 수 있으니 세부 조건까지 꼭 확인하자.

상급지 '환승' 기술 :
규제를 뚫고 입지를 바꾸는 비법

갈아타기를 고민하는 1주택자라면 결국 같은 질문 앞에 선다. 지금 집을 팔고 나서 사야 할지, 아니면 먼저 좋은 집을 잡아놓고 나중에 팔아야 할지다. 규제가 강해질수록 이 선택은 더 어려워진다. 먼저 사면 잠깐이라도 2주택자가 되고, 그 순간 대출 한도가 불리해지거나 은행에서 갈아타는 실수요자가 아니라 투기 목적의 다주택자로 간주될 수 있기 때문이다.

이렇게 답답할 때 속시원하게 해결해주는 것이 '6개월 내 기존 주택 처분조건부 주택담보대출'이다. 핵심은 '대출 조건의 유리함'이 아니라 '대출 심사의 기준'이 바뀐다는 데 있다. 기존 주택을 일정 기간 안에 처분하겠다는 약정만 걸면 나는 '2주택 매수자'가 아니라 '1주택자로 돌아가는 갈아타기 실수요자'가 되기 때문이다. 처분조건부가 없으면 대출이 막히거나 LTV가 급격히 불리해지지만, 처분조건부가 붙으면 갈아타기라는 전제가 성립하면서 심사 자체가 달라진다.

실전에서 처분조건부를 활용할 때 가장 많이 실수하는 지점은 6개월의 기준 시점이다. 처분 기한은 새로 매수한 주택의 '소유권이전등기일로부터 6개월 이내'이며, 처분은 단순히 매도 계약을 쓴 상태가 아니라 대금 수령과 기존 주택의 소유권 이전까지 끝난 '매각 완료 시점'으로 보는 경우가 많다.

이 계산이 어긋나면 갈아타기 전략에 실패하며 대출 회수까지 이어질 수 있다. 그래서 금융사에서는 대출 실행 단계에서 매도 계약서나 계약금 입금 내역 등을 요구하기도 한다. 만약 이때 갈아갈 주택의 매매계약서나 계약금 납입 증빙까지 준비해두면 진행이 훨씬 매끄럽다. 다만 어떤 서류를 언제까지 요구하는지는 금융사별로 차이가 있을 수 있으니 처음부터 필요한 서류를 한 번에 갖추고 들어가는 편이 안전하다.

처분조건부로 갈아타기 1주택자 취급을 받았다고 모든 문제가 끝나는 것은 아니다. 남아 있는 가장 큰 걸림돌은 기존 주택에 남아 있는 주택담보대출, 즉 '기대출'이다. 갈아타기 과정에서 대출이 겹치는 기간이 생기면(갈아타기 주택 매매자금 이후, 보유했던 주택을 매도한다면) 기존 주택담보대출의 원리금 상환액이 DSR 소득요건 산정에 포함된다. 그래서 LTV는 열려도 DSR에서 막혀 대출이 거절될 수 있다.

반대로 보유했던 주택의 매도 잔금을 완료하고 이후로 갈아타기 주택의 매매잔금대출을 실행하면 매도 잔금과 함께 기존 주택 대출을 전액 상환하면서 기대출이 사라지기 때문에 DSR 부담이 가벼워진다. DSR이 빡빡한 차주라면 대출이 겹치는 기간을 없애는 일정 설계가 더 중요해진다.

처분조건부를 걸고 갈아타기에 들어가면, 실무적으로는 '이전 주거용 주택 매수 경험이 있는 비생애최초 1주택 매수자'와 같은 위치에 서게 된다. 이때 새로 매수하는 주택이 규제지역인지, 비규제지역인지에 따라 조건이 갈린다. 규제지역(서울전역 + 경기 12개구)에서 매수한다면 LTV는 40%, 대출 상한은 6억 원 한도 안에서 매수가 가능하다. 한도 자체가 낮아지므로 자금 계획을 더 보수적으로 세워야 한다.

반면 비규제지역에서 매수한다면 LTV는 70%, 대출 상한 한도 없이 매수가 가능하다. 비규제지역으로의 갈아타기가 예정되어 있다면 레버리지를 활용할 수 있는 여지가 커진다. 다만 비규제지역에서 수도권 규제지역으로 상급지 갈아타기를 하는 경우에는 결국 LTV 40% 조건을 전제로 자금을 맞춰야 한다는 점을 알고 있어야 한다.

살펴본 것처럼 '처분조건부'는 갈아타기 실수요자를 위해 마련된 합법적인 우회로다. 다만 '6개월 안에 기존 집을 반드시 팔아야 하는' 의무 계약이기도 하다. 매도가 늦어지면 대출 회수는 물론 신용상 불이익으로 이어질 수 있으니, 감으로 움직이기보다 매도 스케줄과 DSR 계산을 먼저 깔고 들어가야 한다.

더 강력한 규제가 나오기 전 갈아타기를 고민하고 있다면 제도가 열려 있는 바로 지금, 감당할 수 있는 범위 안에서 일정과 조건을 맞춰 실행하는 쪽이 현실적인 최선이 된다.

7장

전문투자자의 대출의 정석 :

주거용 부동산 '규제장 생존 매뉴얼'

다주택 잔금대출 :
4가지 시나리오로 원샷 정리

1주택자가 집을 한 채 더 사려고 마음먹는 순간, 대출의 핵심은 '얼마까지 되나요?'에서 '지금 사는 집과 새로 살 집은 어디인가요?'로 바뀐다. 사과 소득도, 신용이 똑같아도 보유 주택과 신규 매수 주택의 위치에 따라 시나리오는 크게 네 방향으로 나눠진다. 이 시나리오들에서 가장 먼저 작동하는 기준은 '신규 매수 주택의 지역'이다. 신규 매수 주택이 수도권·규제지역이면 대출이 전면 금지되어 LTV 0%로 막히고, 비규제지역이면 다주택자 기준으로 LTV 60% 안에서 DSR을 충족할 때 매매잔금대출이 가능한 구조로 갈린다.

첫 번째 시나리오는 비규제지역 1주택 보유자가 비규제지역에 2주택을 추가 매수하는 경우다. 네 가지 중 상대적으로 숨통이 트인 구간으로, 신규 주택에 대한 주택담보대출 자체가 가능하다는 전제에서 출발한다. 금융기관마다 다르지만 비규제지역 매매잔금 LTV 70% 수준에서 다주택자라는 이유로 LTV 10%p가 줄어들어 LTV 60%를 기대할 수

보유 주택-추가매수 지역별 시나리오

	추가 매수 : 비규제지역	추가 매수 : 규제지역
보유 1주택 : 비규제지역	가능. LTV 60% 내에서 DSR 충족 시 가능	불가. 처분 약정 없이 추가 매수 목적이면 LTV 0%로 전면 차단. 예외로 6개월 내 기존 주택 처분 + 신규 주택 전입 약정 기반의 일시적 2주택 갈아타기만 남음
보유 1주택 : 규제지역	가능. 신규 담보가 비규제지역이면 LTV 60% 내에서 DSR 충족 시 가능. 다만 기존 부채가 DSR에 반영되어 실행액이 줄어들 수 있음	불가. 규제지역에서 규제지역으로 2주택 추가 매수는 LTV 0%로 전면 금지. 갈아타기(기존 주택 처분 + 신규 주택 전입)만 가능

있다.

다만 여기서부터는 DSR이 실질 한도를 결정한다. 기존의 주택담보대출이나 신용대출, 전세대출 이자까지 모두 연간 원리금으로 환산되어 은행권 기준 DSR 40% 안쪽에 들어와야 하고, 한도가 부족하면 보험사나 상호금융 등 DSR 50% 채널을 함께 비교하게 된다.

두 번째 시나리오는 비규제지역 1주택 보유자가 수도권·규제지역에 2주택을 추가 매수하는 경우다. 이 조합은 추가 매수하려는 주택이 규제지역인 순간부터 판이 바뀐다. 처분 약정 없이 '추가 매수' 목적이라면 신규 주택담보대출은 원칙적으로 금지되어 LTV 0%가 적용된다. LTV나 DSR 계산을 해보는 것은 그 다음 문제이고, 구조 자체가 먼저 막힌다. 다만 제도는 6개월 내 기존 주택 처분과 신규 주택 전입 약정을 전제로 한 '일시적 2주택 갈아타기'라는 좁은 빈틈을 남겨 두었다. 하지만 갈아타기가 목적이 아니라면 사실상 길이 닫혀 있는 시나리오다.

세 번째 시나리오는 수도권·규제지역 1주택 보유자가 비규제지역에 2주택을 추가 매수하는 경우다. 보유 주택이 규제지역에 있어도 신규로 대출을 실행하는 주택이 비규제지역이면 주택담보대출 자체는 허용된다는 전제에서 출발한다. 이때도 다주택자 감산이 붙어 LTV 60%로 형성되고, 기존 규제지역 1주택에 걸려 있는 주택담보대출 등 모든 부채가 DSR 계산에 그대로 반영된다.

특히 기존 주택담보대출이 크면 DSR 여유가 부족해 이론상 LTV 60%를 채우지 못하고 실행액이 줄어들 수 있다. 그렇다고 해서 이 시나리오가 '절대 불가'로 꽉 막히는 것은 아니고, 가능한 범위 안에서 한도가 줄어든다는 점이 핵심이다. 한도를 더 끌어올리고 싶다면 제1금융권 외에 제2금융권(보험사나 상호금융)의 소득요건을 활용해보자.

네 번째 시나리오는 수도권·규제지역 1주택 보유자가 같은 지역에 2주택을 추가 매수하는 경우다. 보유 주택도 규제지역, 새로 살 집도 규제지역이면 신규 주택담보대출은 제도 차원에서 전면 금지되어 LTV 0%로 막힌다. 여기서 허용되는 방향은 두 번째 시나리오와 같은 '1대 1 갈아타기'뿐이다. 두 채를 유지하면서 잔금을 주택담보대출로 해결하겠다는 계획은 시작부터 성립하지 않는다.

여기에 한 가지 규칙이 더 붙는다. 10·15 규제 이후 규제지역에서 구입목적 주택담보대출 LTV 및 한도(6/4/2억)는 무주택자(처분조건부 1주택자 포함) 기준으로 적용된다는 문장이 함께 따라붙는다. 결국 2주택 전략에서 가장 먼저 확인할 것은 숫자가 아니라 지도다. 추가 매수 주택이 규제지역이면 LTV 0%로 막히고, 비규제지역이면 LTV 60% 안에서 DSR 충족 여부가 승부처가 된다.

4가지 시나리오 요약

시나리오	결론	핵심조건
1주택(비규제) → 2주택(비규제)	가능	LTV 60% 내에서 DSR 충족 시 가능
1주택(비규제) → 2주택(규제)	불가	처분 없이 2주택이면 LTV 0%
1주택(규제) → 2주택(비규제)	가능	LTV 60% 내에서 DSR 충족 시 가능
1주택(규제) → 2주택(규제)	불가	처분 없이 2주택이면 LTV 0%

전세퇴거자금대출 :
규제 속에서도 살아남는 정석

전세 세입자의 보증금을 돌려줘야 하는데 손에 쥔 현금이 없고, 은행은 이미 꽉 막혀 있다. 이때 집주인이 마지막으로 기대볼 수 있는 합법적인 통로가 '전세퇴거자금대출'이다. 2025년 6월 27일 이후 수도권 생활안정자금 대출이 '1억 시대'에 들어가며 대부분의 용도별 레버리지 창구는 좁아졌지만, 전세퇴거자금대출은 조건만 갖추면 1억을 넘어갈 수 있는 틈으로 남아 있다. 다만 이 틈은 아무 데서나 열리지 않는다. 집이 규제지역인지 비규제지역인지 그리고 세입자와 전세계약을 맺은 날짜가 언제인지가 대출의 운명을 좌우한다.

전세퇴거자금대출은 이름 그대로 '퇴거'가 전부다. 세입자의 전세보증금 반환이라는 목적이 분명해야 하고, 돈의 흐름도 분명해야 한다. 대출 실행액이 임대인의 계좌를 거쳐 세입자 계좌로 흘러가거나 금융기관에서 세입자에게 직접 이체되며, 대출약정서·자금사용확인서·이체내역·영수 확인서 등으로 '임대인에서 기존 세입자'로 이어지는 흐름이 남는다. 분류상으로는 주택담보대출의 한 종류이며 생활안정자금으로 묶이지만, 생활비·운영비처럼 폭넓은 명목의 생활안정자금과는 달리 보증금 반환이라는 목적이 고정되어 있다.

2025년 6월 27일 이후 빈틈을 만들 조건기준은 '전세계약 체결일'이다. 수도권(서울·경기·인천)에서 생활안정자금 목적의 주택담보대출 한도가 최대 1억 원으로 제한되며, 전세퇴거자금대출도 원칙적으로는 같은 방향의 규제 환경에 들어갔다. 그러나 전세보증금 반환이라는 목적에 따라서도 전세계약 체결일에 따라 상한이 다르다. 그래서 같은 집이라도 세입자와 계약한 날짜가 6월 27일 이전인지 이후인지가 더 중요해졌다.

6·27 이전 종전 규정 LTV(규제/비규제, 1주택/다주택)

	1주택자 LTV	다주택자 LTV
규제지역	50%	40%
비규제지역	70%	60%

* 도표의 구분은 6·27 규제 이전 규제지역에 해당한다. (서울 강남, 서초, 송파, 용산)

6·27 규제 이전의 규제지역은 서울 강남, 서초, 송파, 용산 4개구 뿐이었다. 그리고 이곳들의 전세퇴거자금대출 LTV는 1주택자 50%, 다주택자 40%였다. 하지만 6·27 규제 이후 수도권에서 전세퇴거자금대출을 받는 것은 극히 까다롭다.

하지만 전세퇴거자금대출을 받을 수 있는 길은 아직 남아있다. 6·27 규제 이전에 맺은 전세계약의 퇴거라면 1억 상한이 풀리며, LTV·DSR

이 허용하는 범위 안에서 보증금 반환 설계를 넓힐 수 있다. 반대로 6·27 규제 발표 이후에 맺은 전세계약의 퇴거는 전세퇴거자금대출이라는 이름을 달고 있어도 생활안정자금과 같은 1억 원 상한의 영향권으로 들어간다.

비규제지역은 여전히 LTV·DSR·금융사의 재량이 한도를 좌우한다. 지방 광역시, 비수도권 도시 등 비규제지역 아파트는 전통적으로 위의 요소에 따라 대출 한도가 크게 바뀌기 때문이다. 7억 원 비규제 아파트에 LTV 70%를 적용하면 4억 9,000만 원이 이론상 한도이며, 다주택자라면 금융사 정책에 따라 LTV 60% 선(4억 2,000만 원)으로 내려온다. 이 구간에서는 '수도권 생활안정자금 1억'처럼 정책이 막은 대출길을 예외로 뚫는 방식보다, LTV·DSR과 금융사 내부 기준이 먼저 작동한 결과에 따라 줄거나 늘어난다.

규제지역이든 비규제지역이든 전세퇴거자금대출은 공통 요건이 엄격하다. 전세계약이 실재해야 하고, 계약일·만기일·보증금·세입자 인적사항이 임대차계약서에 분명해야 한다. 6·27 규제 이전 계약인지 이후 계약인지가 문서로 구분되어야 하며, 확정일자·임대차신고필증·보증보험 가입 여부 같은 근거도 심사에서 중요한 축이 된다. 또한 반환해야 할 보증금 잔액이 실제로 남아 있어야 하고, 일부 정산이 있었다면 남은 잔액을 기준으로 산정이 이어진다. 마지막으로 대출금이 세입자에게 향했다는 사실이 입증되어야 한다. 금융기관이 실행과 동시에 세입자 계좌로 직접 집행하는 방식이 가장 깔끔하고, 임대인 계좌를 거치더라도 즉시 세입자에게 전액 송금되었음을 보여주는 이체 내역과 영수확인서가 따라붙는다.

이 모든 내용을 통과했다면 LTV와 DSR이 마지막으로 한도를 조율

한다. 최종 한도는 지역별 LTV 상한, 차주의 DSR 한도, 6·27 정책 캡 (또는 계약일 예외 여부) 중 가장 보수적인 값으로 결정되는 흐름으로 전개된다.

하지만 전세퇴거자금대출을 고민할 때 첫 질문은 단순하다. 이 집이 규제지역인지 비규제지역인지부터 확정하면 충분하다. 두 번째 질문은 더 단순하다. 세입자와 전세계약을 맺은 날짜가 6·27 규제 이전인지 이후인지만 확인하면 된다. 이 두 질문만 정확히 잡아도 내 대출금이 1억에서 멈추는지 LTV·DSR 범위까지 열리는지의 윤곽을 가늠할 수 있다.

6·27 이전/이후 계약 조건 비교(규제지역 기준)

	6·27 규제 이전 전세계약 퇴거	6·27 규제 이후 전세계약 퇴거
생활안정자금 1억 상한 영향	계약일 조건을 충족하면 1억 상한이 풀리는 구조로 전개	생활안정자금과 동일하게 1억 상한 영향권으로 전개
한도 결정 축	LTV·DSR 범위 안에서 보증금 반환 목적에 맞춰 설계	1억 상한, LTV, DSR 중 더 보수적인 값으로 제한
공통 요건	임대차계약서(계약일·보증금·만기), 미반환 잔액, 세입자 계좌로의 자금 흐름 입증	임대차계약서(계약일·보증금·만기), 미반환 잔액, 세입자 계좌로의 자금 흐름 입증

'똘똘한 한 채' 환승 :
다주택자 상급지 갈아타기 전략

갈아타기든 추가 매수든 '기존 주택 처분조건부'가 붙는 순간 대출 방법이 달라진다. 처분조건부는 일시적으로 2주택이 되더라도 최종적으로 1주택으로 귀결된다는 약정을 전제로, 심사에서 다주택자가 아니라 갈아타는 실수요자 트랙으로 취급받게 만드는 장치다. 이 조건이 없을 때는 규제지역 진입이 LTV 0%로 막히는 조합이 생기지만, 처분조건부가 붙으면 그 조합이 '가능'으로 전환될 여지가 생긴다.

다만 출발점부터 분명히 해야 한다. 처분조건부의 기한이 3개월로 적용되는지, 6개월로 적용되는지는 반드시 확인해야 한다. 기한을 착각하면 리스크가 대출 한도보다 더 커진다. 처분을 약속한 기한 안에 기존 주택을 정리하지 못하면 대출 회수 같은 강한 제재로 이어질 수 있고, 신용상 불이익까지 겹친다. 그래서 이 대출은 '될 수도 있다'가 아니라 '반드시 팔아야 한다'는 의무 계약으로 이해하는 편이 정확하다.

처분의 의미도 가볍지 않다. 단순히 매도 계약서를 쓰는 수준에서 끝나지 않고 잔금 수령과 소유권 이전까지 마무리되어야 한다. 금융사는 약정 이행 가능성을 확인하기 위해 대출 실행 단계에서 매도 계약서, 계약금 입금 내역 같은 증빙을 요구하거나 매수 계약서나 계약금 납입 증빙까지 함께 요구하는 곳도 있어 준비 서류가 복잡하다. 1주택자일 때는 6개월 내 처분조건부가 가능하되 계약서가 들어와야 인정하는 곳이 많고, 2주택 이상인 경우에는 '당일 동시처분'처럼 더 강한 조건을 요구하는 흐름도 있으며, 이 또한 금융사별로 갈린다.

처분조건부가 붙을 때 4가지 잔금 케이스는 다음처럼 바뀐다. 핵심은 '추가로 사는 집이 규제지역이냐'가 여전히 가장 큰 분기점이지만, 처분조건부가 그 분기점에서 LTV 0%의 벽을 깨는 역할을 한다는 점이다.

처분조건부 적용에 따른 변화

	처분조건부 없음	처분조건부 적용 시
주택(비규제) → 2주택(비규제)	LTV 60% 내 가능	LTV 70% 내(DSR 충족 시 가능), LTV가 10%p 상향될 수 있음
1주택(비규제) → 2주택(규제)	LTV 0% 불가	LTV 40% 내(DSR 충족 시 가능), 대출 불가에서 가능으로 전환
1주택(규제) → 2주택(비규제)	LTV 60% 내 가능	LTV 70% 내(DSR 충족 시 가능), LTV가 10%p 상향될 수 있음
1주택(규제) → 2주택(규제)	LTV 0% 불가	LTV 40% 내(DSR 충족 시 가능), 대출 불가에서 가능으로 전환

여기서 LTV 40%와 50%는 같은 '규제지역' 안에서도 강도의 차이를 드러낸다. LTV 40%는 현재 규제가 가장 엄격한 투기과열지구(서울 전역 + 경기 12개 구) 기준으로 잡히는 값이며, 일시적 2주택자라도 처분조

건부라면 투기과열지구(서울 전역 + 경기 12개구)로 갈아탈 때 LTV 40%를 적용받을 수 있다. 그리고 최종 한도는 LTV만으로 끝나지 않는다. 6억·4억·2억 원 상한선과 DSR 한도까지 모두 충족해야 한다는 조건이 함께 붙는다.

처분조건부는 특히 '규제지역 상급지로의 이동'을 고민하는 다주택자에게 사실상 마지막 샛길이다. 처분조건이 아닌 다주택자의 추가주택 매수시에는 투기과열지구(서울 전역 + 경기 12개 구)와 수도권(경기, 인천 전체)의 주택을 매수한다면, 신규 주택 매수를 위해 주택담보대출을 받는 구조는 현재 원칙적으로 막혀 있다. 결국 다주택자라는 상태를 유지한 채로는 문이 열리지 않는다. 그래서 처분조건부의 본질은 단순한 갈아타기가 아니라 '자산의 구조조정'에 가깝다. 여러 채를 유지하는 전략이 아니라, 결과적으로 1주택 세대로 정리하겠다는 약속을 전제로 대출 심사의 성격을 바꾸는 것이다.

그렇다고 LTV가 열렸다는 이유로 모든 장벽이 사라지지는 않는다. 현실적으로 가장 큰 변수는 DSR이다. 처분이 완료되기 전까지는 기존 주택의 담보대출 원리금과 새로 받을 주택담보대출 원리금이 한 사람의 소득 위에 겹쳐 계산될 수 있다. 이 구간에서 DSR이 초과되면 LTV가 허용되는 구조라도 한도가 깎이거나 거절될 수 있다. 그래서 순서가 중요해진다. 기존 주택 매도 일정과 대출 상환 계획이 먼저 자리를 잡아야 하고, 그 위에 신규 주택 대출 실행이 올라간다. 대출이 먼저 나오면 팔겠다는 방식으로 접근하면, 심사 단계에서 요구하는 증빙과 DSR 구조가 동시에 발목을 잡을 수 있다.

용도도 혼동하면 위험하다. 신규 주택을 사기 위해서는 신규 주택을 담보로 하는 주택구입자금대출로 신청해야 하고, 그 과정에서 처분조

건부 약정이 들어가는 흐름으로 연결된다. 보유 주택을 담보로 생활안
정자금대출을 받았다면 대출의 전제조건으로 추가주택 구매금지 약정
서가 있기에 이 돈으로 신규 주택을 구매할 수 없다. 만약 이를 어긴다
면 대출받은 돈은 전액 상환해야 하며, 이후 3년간 주택담보대출이 불
가한 패널티를 받을 수 있다. 때문에 갈아탈 때도 기존 대출의 용도를
잊지 않는 것이 중요하다.

퇴거 한도 계산 끝장 :
깔끔한 퇴거를 만드는 공식

주택담보대출 생활안정자금 vs 전세퇴거자금대출 비교

구분	일반 주택담보대출(생활안정자금)	전세퇴거자금대출
목적	생활 자금(범용)	세입자 보증금 반환 전용
조건	별도 조건 없음	세입자의 실제 퇴거
한도	담보가치×LTV−선순위 채권(보증금)등	세입자 보증금 범위 내
자금 흐름	대출자(집주인) 계좌로 입금	세입자 계좌로 입금

부동산 호황기에는 전세 계약이 만료되면 다음 세입자를 빠르게 구하거나 보증금을 올려 계약을 연장하는 일이 상대적으로 수월했다. 그러나 시장 분위기가 바뀌면서 역전세난과 가격 하락이 맞물렸고, 다음 세입자를 구하는 것 자체가 난관이 되었다. 고금리로 전세자금대출 부담이 커지자 월세 선호가 강해졌고, 전세 사기 이슈까지 겹치며 전세에

대한 불안감도 커졌다.

이럴 때 집주인에게 현실적인 선택지가 되는 상품이 '전세퇴거자금 대출(임차보증금 반환 대출)'이다. 부족한 전세보증금을 메우거나 전세가를 낮춰 재계약할 때 생기는 차액을 마련하는 데 쓰인다. 시장이 복잡할수록 현재 상황에 어떤 규정이 적용되는지부터 정확히 잡아두어야, 급한 불을 끄겠다며 고금리 신용대출로 밀려나는 일을 줄일 수 있다.

종전 규정 적용 시 규제 · 비규제에 따른 보유 주택별 최대한도

지역 구분	주택수	최대한도
규제지역	1주택자	LTV 50%
	다주택자	LTV 40%
비규제지역	1주택자	LTV 70%
	다주택자	LTV 60%

① 전세퇴거자금대출의 기본 구조와 한도

전세퇴거자금대출은 2023년 3월 규제 완화를 기점으로 체감이 크게 달라졌다. 강남·서초·송파·용산을 제외한 서울 전 지역이 비규제지역으로 풀리면서 담보인정비율(LTV) 한도가 넓어졌기 때문이다. 비규제지역에서는 1주택자 LTV 70%, 다주택자 LTV 60%까지 가능하고, 규제지역은 1주택자 50%, 다주택자 40%가 기본 프레임으로 잡힌다.

또한 9억 원 초과 고가주택 보유자에게 적용되던 '필수 전입 의무(3개월 내 전입)'가 폐지되며 실거주 요건 때문에 자금 운용이 막히던 구간도 한층 유연해졌다.

예를 들어 비규제지역에 시세 10억 원짜리 아파트를 보유한 1주택자를 가정해보자. 기존 전세보증금이 6억 원이었는데 시세 하락으로 신규 전세 시세가 4억 원으로 내려갔다. 기존 세입자가 퇴거를 요구하고 다음 세입자를 구하지 못했다면, LTV 70%를 적용해 최대 7억 원까지 대출 여지가 생긴다. 전세보증금 6억 원을 반환하는 설계가 가능해지는 이유다.

다만 여기서 흔히 생기는 착각이 있다. "LTV 70%면 7억 원까지 가능하니 전세금 6억 원을 내어주고 남는 1억 원을 생활안정자금으로 더 받을 수 있지 않을까?"라는 생각인데, 이런 식으로 한도를 분리해 잡을 수는 없다. 생활안정자금 역시 주택담보대출의 범주에 들어가므로, 전세퇴거자금과 합산해 LTV 한도 총량을 넘길 수 없다. 전세금 반환 용도로 이미 한도를 대부분 써버리면 추가 대출 여지는 급격히 줄어든다.

② 반드시 확인해야 할 기준, DSR(총부채원리금상환비율)

LTV가 넓어졌다고 해서 승인까지 자동으로 따라오지는 않는다. 소득 요건인 DSR 규제는 그대로 적용되기 때문이다. LTV 한도가 넉넉해도 소득 대비 부채 상환액이 많으면 대출액은 줄어든다.

빠르게 감을 잡는 방식으로 기대출이 없을 때 제1금융권은 통상 연소득의 약 7배, 제2금융권(보험사 등)은 약 8배 수준까지 대출이 가능하다. 연 소득 5,000만 원인 차주가 4억 원의 전세보증금을 반환해야 한다면, 제1금융권 한도(약 3.5억 원)만으로는 부족할 수 있고, 부족분은 현금으로 보완하거나 한도가 더 나오는 방법을 함께 검토해야 한다.

가계부채 관리가 강화되면서 전세퇴거자금대출은 6·27, 10·15 같은 규제일 전후로 체감 한도가 크게 달라질 수 있다. 이 구간에서 가장 먼저 정리해야 할 질문은 하나다. 종전 규정(경과조치) 적용 대상 여부다. 강화된 규제 이후에는 수도권·규제지역에서 전세퇴거자금대출이 제한되거나 한도가 축소되는 흐름이 생겼다. 다만 1억 원을 초과하는 설계를 비롯해 이전 규정을 적용받으려면 다음 두 가지를 함께 충족하는 방식으로 정리된다.

- 6월 27일 이전에 해당 주택의 보유(등기 완료)가 이루어졌을 것
- 6월 27일 이전에 전세계약이 체결되었을 것

이 두 조건을 충족하면, 대출 실행 시점의 강화된 규정 대신 계약 시점의 기준으로 LTV를 계산하게 된다. 이때도 LTV만으로 끝나는 것이 아니라, DSR(스트레스 DSR 포함) 같은 소득 심사는 별도로 통과해야 한다는 흐름이 함께 붙는다.

③ 규제지역 판단 시점 : '대출 심사일'이 아니라 '임대차 계약 체결일'

가장 혼란스러운 장면은 이런 경우다. 계약 당시에는 비규제지역이었는데, 이후 대책으로 규제지역으로 묶인 경우 LTV를 어디에 맞추느냐는 문제다. 전세퇴거자금대출의 경과조치 구간에서는, 규제지역 지정 여부도 임대차 계약 체결일 당시의 상태를 기준으로 잡는 방식으로 정리된다.

서울 A구가 계약 당시에는 비규제지역이었지만 현재는 규제지역으로 지정되었다고 가정해보자. 6·27 규제 이전 보유와 6·27 규제 이전 계약 요건을 충족한다면, 심사에서 이 물건은 계약 당시의 상태를 기준으로 판단되어 비규제지역 LTV(1주택자 70%, 다주택자 60%) 트랙으로 계산

되는 구조가 가능해진다. 계약 당시 규제지역이 강남·서초·송파·용산에 한정되었다면 그 밖의 지역은 이후 규제지역으로 묶이더라도 종전 비규제 혜택을 적용받을 수 있다.

종전 규정(경과) 적용 판단 기준 정리

	판단 기준
적용 계산식	6·27 이전 전세계약 + 6·27 이전 주택 보유 요건 충족 시 종전 LTV로 계산
적용 LTV	종전 기준의 일반 프레임(규제 50/40, 비규제 70/60)을 바탕으로 산정
규제지역 판단 시점	대출 심사일이 아니라 임대차 계약 체결일 당시의 지정 상태를 기준으로 정리
소득 심사	LTV와 별개로 DSR(스트레스 DSR 포함) 심사는 통과가 필요

정리하면 전세퇴거자금대출의 승부처는 '얼마까지 나오느냐'가 아니라, 어떤 트랙으로 계산하느냐를 먼저 확정하는 데 있다. 집이 규제지역인지 비규제지역인지, 보유와 계약이 6·27 규제 이전인지, 계약 당시 지도에서 규제지역으로 분류되던 곳인지가 먼저 정리되면 그 다음에야 LTV와 DSR로 실제 한도가 좁혀진다. 전세금을 돌려주는 일은 의무이고, 그 의무를 어떤 구조로 이행할지 결정하는 것은 결국 준비의 문제다.

중도상환 '족쇄 해제' :
수수료 반값 시대 활용법

족쇄 풀린 대출 상환, '수수료 반값' 시대의 도래

2025년 1월 13일, 대출 시장에서 오랫동안 당연하게 받아들여졌던 비용 구조가 크게 바뀌었다. '금융위원회' 주도로 중도상환수수료 체계가 손질되면서, 은행이 실제로 부담하는 행정비용(실비용) 범위 안에서만 수수료를 받도록 방향이 잡힌 것이다. 이 변화는 단순히 몇십만 원을 아끼는 문제를 넘어, 원금 상환과 갈아타기(대환대출) 의사결정의 셈법 자체를 바꿔 놓는다. 제1금융권의 낮아진 수수료 체계를 바탕으로 원금 상환, 중도 해지 그리고 대환대출의 구체적인 시나리오를 분석해보자.

5대 시중은행 가계대출상품 중도상환수수료율 비교   (단위 : %)

구분	주택담보대출 등 담보대출				기타담보대출 (보증서·전세대출 등)				신용대출			
은행	고정		변동		고정		변동		고정		변동	
	기존	개선	기존	개선	기존	개선	기존	개선	기존	개선	기존	개선
국민	1.40	0.58	1.20	0.58	0.70	0.79	0.60	0.59	0.70	0.02	0.60	0.02
농협	1.40	0.65	1.20	0.65	0.70	0.53	0.60	0.53	0.70	0.01	0.60	0.01
신한	1.40	0.61	1.20	0.60	0.80	0.76	0.70	0.72	0.80	0.03	0.70	0.03
우리	1.40	0.74	1.20	0.74	0.70	0.52	0.60	0.37	0.70	0.04	0.60	0.04
하나	1.40	0.66	1.20	0.66	0.70	0.61	0.70	0.61	0.70	0.04	0.70	0.04

① 무엇이 얼마나 바뀌었나

　개편 이전 은행권은 주택담보대출 고정금리에 약 1.4%, 변동금리에 약 1.2% 수준의 중도상환수수료를 관행적으로 적용해왔다. 개편 이후에는 신규 대출부터 실비용 기반으로 재산정된 수수료율이 적용된다. 주요 시중은행('KB국민은행', '신한은행', '하나은행', '우리은행', 'NH농협은행')의 변화를 모으면 어떻게 바뀌었는지 직관적으로 이해할 수 있다.

> 주택담보대출(고정) : 1.4% → 0.6% 내외
>
> 주택담보대출(변동) : 1.2% → 0.6% 내외
>
> 신용대출 : 0.6~0.8% → 0.03~0.2% 내외

특히 신용대출은 담보 설정 비용이 들지 않는 구조라 수수료 명분이 약했고, 이번 개편으로 사실상 '거의 없는 수준'까지 내려가는 구간이 생겼다.

② 시나리오별 실전 분석

수수료율이 내려가면 가장 먼저 달라지는 것은 '결정의 타이밍'이다. 예전에는 여유자금이 생겨도 "수수료가 아까워서" 상환을 미루는 장면이 많았다. 이제는 같은 상황에서도 원금 상환 쪽으로 기울어지는 구간이 넓어진다. 아래는 한 은행의 조건을 가정해 세 가지 장면을 그려본 것이다.

은행의 조건 예시와 그 차이 (단위 : 원)

구분		변경 전(1.4%)	변경 후(0.6%)	차액
주택담보대출	고정	1,398,082	609,164	788,918
	변동	1,398,082	609,164	788,918

* 조건 : 주택담보대출, 30년 만기 분할상환, 이용기간 1년, 상환금액 1억 5,000만 원

시나리오 1 : 주택담보대출 원금 상환

30년 만기 주택담보대출을 받은 지 1년이 지난 시점에서 여유자금 1억 5,000만 원이 생겨 원금을 상환하는 상황을 떠올려보자. 개편 전에는 고정금리 차주라면 수수료가 약 140만 원 수준으로 잡히곤 했지만, 개편 이후에는 약 61만 원 수준으로 내려갈 수 있다. 변동금리도 비슷하게 절반에 가까운 비용 구조로 바뀌며 수수료 때문에

상환을 고민하지 않아도 된다.

시나리오 2 : 전세대출 중도 상환

이번 변화의 핵심은 단순 인하가 아니라 비용의 현실화다. 따라서 상품에 따라서는 체감이 다르게 나타날 수 있다. 전세대출이 대표적이다. 같은 상환이라도 은행과 상품 구조에 따라 수수료 변화 폭이 작거나, 일부 구간에서는 체감이 거의 없을 수 있다. 전세대출을 상환하거나 갈아탈 때는 "이번에 다 내려갔다"는 감각 대신, 은행별 수수료를 그대로 확인하는 것이 안전하다.

시나리오 3 : 신용대출 상환

신용대출 상환은 사실상 '거의 무료'에 가까워져 이번 정책의 수혜를 가장 크게 체감할 수 있다. 예전에는 5,000만 원을 갚아도 수수료가 17~20만 원 수준으로 잡히는 경우가 있었지만, 개편 이후에는 몇 천 원~몇 만 원 단위로 내려가는 구간이 생긴다. 여유자금이 생겼을 때 '즉시 상환'이 훨씬 가벼운 선택이 된다.

③ 대환대출 시장의 변화

중도상환수수료가 낮아지면, 더 낮은 금리로 옮기는 '갈아타기'가 빨라진다. 기존에는 대환하려는 대출의 금리가 0.5%p 낮더라도 중도상환수수료 부담이 커서(1.5% 전후) 대환을 포기하는 일이 흔했다. 하지만 이제는 중도상환 수수료가 0.6% 수준으로 낮아졌기에 갈아타기에 필요한 대환 시점을 훨씬 앞당길 수 있다. 소비자가 쉽게 움직일 수 있는 시장이 되면 은행들은 금리 경쟁을 더 강하게 벌이게 되고, '신한은행'

이나 'SC제일은행'처럼 가산금리 인하나 우대조건 완화로 대응하는 흐름도 자연스럽게 따라온다.

④ 이제는 '금리'만 보지 말고 '수수료'까지 함께 셈해야 한다

대출은 금리로 시작하지만, 총 비용은 금리만으로 결정되지 않는다. 특히 단기간 상환 계획이 있는 전세퇴거자금대출은 중도상환수수료가 결과를 바꿀 수 있다. 반대로 장기 대출이라면 수수료 영향이 희미해지고 금리의 힘이 커진다. 결국 중요한 것은 한 가지다. 이 대출이 '얼마나 오래 쓸 돈인지'를 먼저 정하고, 그 기간에 맞춰 금리와 수수료를 동시에 계산하는 것이다.

06

주택마다 대출 2개 이상?
복수대출 리스크/해결 로드맵

앞에서는 전세퇴거자금대출의 정의와 이용 방법, 중도상환수수료를 다뤘다. 이번에는 전세퇴거자금대출을 한 단계 더 깊게 활용하는 방법을 살펴보자. 전세퇴거자금대출을 주로 활용하는 층은 다주택자이므로, 일반적인 대출상품보다 규정이 복잡하고 익숙하지 않은 규제가 등장한다. 대표적인 것이 주택담보대출의 다중담보 규제다.

기존 대출이 없는 상태에서 DSR 한도를 빠르게 가늠할 때 제1금융권은 연소득의 약 6배, 제2금융권과 보험사는 연소득의 약 7배 수준으로 계산할 수 있다. 그러나 다주택자는 이 계산을 그대로 적용되기 어렵다. 다주택자가 보유 주택을 하나씩 담보로 잡아 주택담보대출을 추가로 진행하면 다중담보 규제가 발동하면서 한도가 줄어들 수 있기 때문이다.

핵심은 추가로 받는 주택담보대출의 상환기간이 DSR 산정에서 짧게 잡힌다는 점이다. 서류상으로는 상환기간을 40년으로 설정하더라도 DSR을 계산할 때는 이를 15년으로 간주하는 방식이 적용될 수 있다.

상환기간이 짧아지면 월 상환액이 커진 것으로 계산되므로, 기존 주택담보대출에 대한 부담이 더 크게 반영되고 DSR 값이 급격히 상승한다. 그 결과 남는 DSR 여력이 줄어들어 추가 대출 한도가 기대보다 줄어들 수 있다.

이 내용이 중요한 이유는 투자 목적으로 두 번째 주택을 고려할 때, 이미 기존 대출이 존재할 가능성이 높기 때문이다. 보통 A주택은 더 좋은 입지에서 거주하기 위해 주택담보대출을 받아 입주하고, B주택은 임차인을 받아 운용하는 구조가 많다. 그런데 B주택의 임차인이 퇴거하면서 전세보증금을 반환해야 할 때 대출을 알아보면, 생각보다 남아 있는 DSR 한도가 적다는 사실을 그때서야 확인하는 경우가 많다.

금융기관이 다주택자에게 더 엄격하게 적용하는 이유도 여기에 있다. 금융기관은 다주택자의 대출 심사에서 추가로 받으려는 대출의 만기를 15년으로 고정해 산정함으로써, 대출자가 부담해야 할 월별 부채 상환액을 보수적으로 평가한다. 실제 대출만기가 15년보다 길더라도, 더 짧은 만기를 기준으로 월 상환액을 계산해 '최악의 상황'에서도 원리금 상환이 가능한지를 확인하는 방식이다. 다주택자의 경우 부동산 시장 변동성과 누적된 부채 부담을 함께 고려해야 하므로, 심사 기준이 더욱 보수적으로 책정되는 경향이 있다.

다음의 그림처럼 다주택자의 주택담보대출 심사 과정에서는 기존 대출의 상환 부담을 반영해 추가 대출의 조건과 한도를 결정한다. 한순간의 규제 완화나 표면적인 LTV만 보고 판단하기보다, 다중담보 규제로 인해 DSR 산정이 어떻게 달라질 수 있는지까지 미리 이해하고 준비하는 것이 중요하다.

금융기관의 다주택자 평가자료

구분		내용		비고
		DTI	DSR	
대외 금리 정보	예금은행 가중평균 가계대출금리 (매월 업데이트)	3.01%		
	스트레스금리 ('21년 1월 기준)	1.10%		
당사 신청중 대출	대출금액(원)	350,000,000		
	투기지역이면서 아파트 대출입니까?	N		
	처분조건부 대출 입니까?	N		
	다중담보확인 • 담보물건 기준입니다. • 신청중 대출 포함해야 합니다. • 처분조건 대상대출도 포함해야 합니다.	1개		
	상환방법(원금균등 1, 원금균등 2)	2		
	대출기간(10~35년, 5년 단위)	15		
	거치기간(0~5년, 1년 단위)	0		
	원금균등 상환비율(%)	100%		
	적용금리(%)	4.00%		
	연간원이금상환액(원)	일반DTI / 31,066,893	스트레스DTI 33,432,530	DSR 31,066,893
기타대출(당사 및 타사)	DTI : 기타대출 대출금액 / DSR : 기타대출 원리금상환액(주택담보대출 제외, 대환대상 대출 제외)			
		일반DTI	스트레스DTI	DSR
	주택담보대출 원리금(대환대상 대출 제외, 당사 타사 구분없이 포함)			
	처분대상 대출 (원)리금(당사 신청대출이 아닌 기간내에 처분할 주택 대출)			
	적용금리(%)	4.01%	4.11%	–
	연간이자상환(원)	일반DTI	스트레스DTI	–
		0	0	0
연소득(원)		건강보험료		자동 계산
		50,000,000		
산출결과		일반DTI	스트레스DTI	DSR
		62.13%	66.87%	62.13%

* 본자료는 대출 상담시 참고자료로, 하이톤의 산출 DTI는 본 자료의 결과값보다 다소 높을 수 있습니다.(오차범위 1% 내외)

출처 : H보험사

임차권등기 & 전세퇴거자금 해결
(임대인 편)

　1주택자를 위한 파트에서는 임차인을 위한 임차권등기를 알아보았다. 하지만 동전의 앞뒷면처럼 누군가가 이득을 보았다면 누군가는 손해를 보게 된다. 분명 임차권등기는 임대차계약이 만료된 후 보증금을 돌려받지 못했을 때, 임차인이 자신의 권리를 위해 사용할 중요한 법적 장치다. 이는 임차인에게는 보증금 반환을 보장하는 안전장치다. 반면 임대인에게는 상당한 불이익을 초래할 수 있다. 특히 부동산 시장이 침체기일수록 새로운 세입자를 찾기 어려워 전세금 반환 문제는 더욱 복잡해진다.

　한번 임차권등기가 설정되면 그 주택을 대상으로 전세대출을 받기 어려워져 새로운 세입자 유치에 큰 장애로 남게 된다. 새로운 세입자를 구하기 힘들다는 것은 전세보증금 반환 지연은 물론이고 임대인과 임차인 양측 모두에게 불리한 상황이 유예될 뿐이다. 이러한 문제를 해결하기 위해서는 임대인과 임차인 간의 상호 이해와 협력이 필수이며, 갈

등 해결을 위한 실질적인 접근 방식이 요구된다.

임차권등기를 해제하는 방법은 크게 두 가지 방식이 있다. 첫 번째는 임차인이 직접 법원에 임차권등기 해제 신청을 하는 것이다. 이 방법은 비교적 간단하고 직접적인 접근 방식으로, 임차인이 적극적으로 해제를 원할 때 유용하다. 반면, 임대인이 임차권등기 취소를 원한다면 과정은 훨씬 복잡해진다. 임대인은 보증금을 전액 반환했다는 사실을 증명해야 하며 그 이상으로 임차권등기 취소의 정당한 이유를 상세히 제시해야 한다. 엄청난 시간과 노력이 필요하며 이 과정 중 신문 기일이 지정되면 법원에 출석해야 할 수도 있다.

이렇게 극단적으로 치닫기 전 협상을 통해 임대인과 임차인 모두 수용할 수 있는 합의점을 찾아야 한다. 예를 들어, 임차인이 임차권등기 해제 신청을 하도록 이사비용 또는 위로금을 제공하는 것이다. 비록 단기적인 비용이 발생하더라도 장기적으로는 빠르게 다음 세입자와 보증금을 구해 임대수익의 안정성을 확보할 수 있다.

임차권등기 문제를 해결할 때 적절한 법적 조언을 구하는 것도 좋다. 변호사의 도움과 법적 권위, 수많은 판례를 통해 임대인과 임차인 모두

변호사를 통한 임차권등기 문제 해결 방법

① 임차권등기를 먼저 말소하면서 손해배상을 청구하는 방법

② 임차권등기 해지와 동시에 보증금을 반환받을 수 있도록 공증을 이용하
  는 방법

③ 임차인의 임차권등기 해제 위험을 상쇄할 임대인의 다른 담보를 제공하
  는 합의

복잡한 법적 절차를 이해하고 적절한 합의안을 마련할 수 있다. 변호사가 제공할 수 있는 법적 해결방안은 다음과 같으며 이외에도 다양한 해결책이 있을 수 있다.

큰돈이 걸려있는 만큼 임차권등기 해제와 관련된 합의는 매우 예민하고 당사자 간의 신뢰와 협력이 필요하다. 이를 위해서 투명한 의사소통과 상호 존중이 필요하지만, 이미 서로의 신뢰가 깨졌고 법적 분쟁에 돌입했다면 끊임없는 악순환이 계속될 것이다.

따라서 임대인에게 가장 좋은 방법은 임차권등기 설정 전 미리 세입자의 보증금을 반환할 수 있도록 다음 세입자를 구하거나 역전세 발생시 빠르게 차액을 구할 방법을 찾는 것이다. 만약 세입자를 구하지 못하는 상황이라면 전세퇴거자금대출 같은 대안을 알고 있어야 한다. 이 책을 꾸준히 읽어왔다면 전세퇴거자금대출의 최대한도 수령 방법, 다른 부동산을 통해서 추가 자금을 만드는 방법, 완화된 전세퇴거자금대출 소득요건을 활용하는 방법, 담보대출과 신용대출을 동시에 받아 최대한도를 만드는 방법 등 다양한 대출의 기술을 알고 있을 것이다.

하지만 본인이 임대인으로서 전세를 놓은 집이 만료를 앞두고 있다면 '자동으로 연장하겠지'라며 마음을 놓을 것이 아니라, 만료일 2개월~3개월 전부터 임차인의 의사를 미리 확인하자. 임차인이 갑자기 임대차계약의 연장을 취소하고 퇴거한다거나, 역전세에 대한 차액 반환을 요구하더라도 문제없이 보증금을 반환할 수 있도록 대출전문가를 통해 미리 상담받고 가능한 대출방안을 모색해놓는 것이 복잡한 법률 싸움을 피하고 가장 이득이 되는 방향일 것이다.

8장

전문투자자 대출의 정석 :

상업용 부동산 '확장판'

오피스텔 대출 :
규제·한도·전략 한 번에

가장 먼저 알아볼 상업용 부동산은 오피스텔이다. 오피스텔은 이미 오래전부터 소형 주택의 수요를 대체하고 있다. 통계청의 2022년 자료에서 청년들의 오피스텔 거주 비율은 32.4%를 차지했다. 아파트보다 가격이 저렴하고 주로 업무지역 근처에 지어지기에 젊은 직장인들의 주거시설로 널리 이용되고 있다. 또, 청약규제, 분양권 전매제한 등 주택과 관련된 각종 제한조치 적용 시 비주택으로 분류, 주택 수에도 포함되지 않으며 전매제한의 영향도 받지 않는다.

하지만 이렇게 많은 이점에도 불구하고 법적으로는 주택이 아니기 때문에 생기는 불이익도 남아있다. 업무용·상업용 오피스텔뿐만 아니라 처음부터 주거 목적으로 설계·시공된 주거용 오피스텔이라고 하더라도 주택법에 따라 준주택으로 분류되기 때문이다. 주택법에 따라 주택으로 인정되는 주택은 아파트·연립·다세대주택과 단독주택뿐이며, 오피스텔은 준주택의 범위 안에서 그동안 엄격한 대출 규제를 적용받았다.

오피스텔 담보대출 심사 과정에서 차주의 DSR을 산정할 때 실제 상환방식, 대출 만기와는 상관없이 무조건 만기를 8년으로 간주하고 DSR을 계산해 온 것이 대표적이다. 이에 따라 오피스텔을 담보로 대출받는 차주는 본인의 실제 상환능력보다 적은 금액을 주택 담보보다 낮은 한도로 빌려야했다.

오피스텔 담보대출의 DSR 산정방식 개선

⚫ 금융위원회	**보도자료**		⚫ 금융감독원

보도 일시	2023. 4. 7.(금) 석간	배포 일시	2023. 4. 6.(목) 15:00
담당 부서	금융정책국 금융정책과 거시금융팀	책임자 담당자	팀 장 사무관
	금융감독원 은행감독국	책임자 담당자	국 장 팀 장

「은행업감독업무시행세칙」 등 5개 시행세칙 개정 예고

– 오피스텔 담보대출의 DSR 산정방식 개선 (4.24일잠정 시행 예정) –

주요 내용

□ **오피스텔 담보대출**의 **DSR 산정방식**을 합리적으로 **개선**

　○ **전액 분할상환 대출**은 **실제 원리금상환액**을 반영

　○ **일부 분할상환 대출**은 실제 원리금상환액을 반영하되,
　주택담보대출과 **동일**하게 **거치기간 제한**(1년)

　○ **만기일시상환 대출**은 **현행 기준**(8년) **유지**

출처 : 금융위원회

하지만 이제는 오피스텔에 대한 불합리한 규제가 완화되었다. 금융위원회와 금융감독원이 기존 오피스텔 담보대출의 DSR 산정방식이 불합

리하다는 지적을 받아들여 2023년 4월부터 오피스텔 담보대출의 DSR을 계산할 때도 주택담보대출과 유사한 방식으로 계산하도록 규정을 변경했기 때문이다. 이제는 오피스텔 담보대출도 주택담보대출과 비슷한 방식으로 DSR을 산정해 대출 한도가 높아지는 것이 주요 골자다.

이제 오피스텔 담보대출 DSR 산정방식이 구체적으로 어떻게 달라졌는지, 어떤 오피스텔과 대출 유형에 개편된 산정방식이 적용되는지 이렇게 늘어난 오피스텔의 담보대출한도로 어떻게 투자의 기회를 잡을 수 있는지 알아보자.

오피스텔 담보대출 DSR 개편의 이점

오피스텔 담보대출의 DSR 산정방식 개편은 8년이라는 만기를 없앤 것 이외에도 다양한 이점이 있다. 주거용 오피스텔뿐 아니라 업무용·상업용 오피스텔에도 동일하게 적용한다는 점이다. '주거용 오피스텔'이라는 개념 자체가 법적으로 명확하게 정의된 개념이 아닌 데다 행정적으

개선된 DSR 산정방식에 따른 상환방식의 변화

기존		현행
	전액 분할상환	분할상환 개시 후 실제 상환액
•대출기간, 상환방식 무관 •대출총액 ÷ 8년	일부 분할상환	분할상환 개시 후 실제 상환액 + [만기상환액 ÷ (대출기간 − 거치기간)] (거치기간이 1년을 넘어서면 만기일시상환 대출로 간주)
	만기 일시상환	대출총액 ÷ 8년

로도 주거용 오피스텔과 업무용·상업용 오피스텔을 뚜렷하게 나눌 수 있는 기준이 없다. 따라서 모든 오피스텔에 변경된 DSR 산정방식이 적용된다.

또한 기존의 DSR 산정방식은 상환방식을 고려하지 않았다. 하지만 이제는 전액 분할상환, 일부 분할상환, 만기 일시상환 등 개인의 재량에 따라 다양한 선택지가 주어졌다는 것도 매력적이다. 그렇다면 이처럼 달라진 DSR 산정방식에 따라 오피스텔 담보대출에 적용되는 한도는 얼마나 늘어날까? 연소득이 5,000만 원인 차주가 금리 연 5%, 30년 만기 원리금 분할상환 대출로 오피스텔 담보대출을 받았다고 가정해보자.

기존 방식이었다면 8년의 대출 상환기간과 함께 40%의 DSR을 적용받아(제1금융권 대출 조건) 내 소득과 관계없이 최대 1억 3,000만 원만 받았을 것이다. 보험사 등 제2금융권을 이용하더라도 최대 50%의 DSR이 한계다. 하지만 이번의 오피스텔 담보대출 규제 완화로 최대 35년까지 상환 기간이 연장되어 같은 조건에서 최대 3억 3,000만 원의 대출을 받을 수 있다.

오피스텔의 '진짜' 대출과 투자 전략

오피스텔 투자의 대출 전략은 주거용 부동산과 크게 다르지 않다. 공식적으로 대출의 한도가 늘어난 것은 고무적이지만, 이미 주택담보대출이나 신용대출 같은 기존 대출이 있다면 최대 한도의 대출을 받기는 힘들다. 또한 오피스텔을 구매한 뒤 추가로 거주용 주택담보대출을 받으면 오피스텔의 담보대출이 DSR의 한도를 과도하게 차지하게 된다. 따라서 오피스텔에 투자할 때는 주로 사업자 대출을 활용해 '임대'를 하게 될 것이다.

이때, 사업자의 구문은 크게는 해당 물건을 직접 사용하는 일반사업자와 임대를 목적으로 하는 임대사업자로 나뉜다. 일반사업자의 대출 한도는 최대 LTV 80%에 방공제한 금액이라고 볼 수 있다. 단, 일반사업자는 직접 사용하기 때문에 월세를 측정할 수 없고, 임대사업자와 다르게 수익성과 상환 가능성을 확인하지 않는다.

반면 임대사업자는 일반사업자와는 다르게 RTI(Rent To Interest)라는 임대업이자상환비율을 반드시 확인해야 한다. 이는 임대수익으로 어느 정도까지 이자를 상환할 수 있는지 산정하는 지표다. 일반적으로 오피스텔이나 상가 같은 수익형 부동산의 RTI는 규정상 120%, 가능하면 150% 이상을 충족해야 한다. 임대사업자가 대출을 신청했을 때 최소한 이 정도의 수익을 내는 부동산을 담보로 삼아야 통과된다는 이야기다.

예시를 통해 쉽게 이해해보자. 오피스텔을 사기 위해 금리 5%에 2억 원을 대출받으면 연이자는 1,000만 원이다. 이제 이 이자에 RTI를 곱하면 우리가 필요한 연간 임대료를 알 수 있다. 최소한의 RTI를 통과하려면 1,000만 원의 120%인 1,200만 원을, 무리 없이 RTI를 통과하려면 150%를 곱한 1,500만 원 이상의 임대수익이 필요하다. 이 조건을 만족하기 어렵다면 제2금융권을 이용, 임대소득에 기타개인소득을 더해 RTI 비율을 120%로 낮추어 대출받을 수도 있다. 비록 제1금융권보다 금리는 조금 더 높더라도 제1금융권보다 더 많은 한도를 만들 수 있다.

이렇게까지 준비해도 방공제나 다른 이유로 원하는 한도를 받지 못했다면 상호금융(농협·신협·새마을)을 통한 신탁대출을 고려하자. 방공

RTI 계산 방법과 대출기준

$$RTI = \frac{연간임대소득}{(해당임대업대출의\ 연간이자비용+해당임대업건물\ 기존대출의\ 연간이자비용)}$$

〈기준〉	주택	비주택
RTI	1.25배 이상	1.5배 이상

* 기준 이상인 건에 대한 대출 취급 시 활용
* 기준 미달 시 금융사가 사전 설정한 한도 내에서 대출 취급 가능

제 없이 최대 LTV 80%까지 대출받을 수 있다. 하지만 장점만 있는 것은 아니다. 앞에서 꾸준히 지적했지만, 신탁회사를 통해 대출받으면 '신탁등기'가 추가된다는 것을 명심하자. 상환하기 전까지 소유권이 내 명의로 등기되었다가 다시 신탁회사의 명의로 넘어가며, 신탁등기 비용이나 담보 신탁 관리 보수 비용 등이 추가로 발생할 수 있다. 또 상호금융에서도 신탁대출을 적극적으로 취급하는 지점만 다루기 때문에 잔금 일정에 맞추려면 사전에 모든 준비를 마쳐야 한다. 어렵고 복잡하며 당장 소유권이 내게 없다는 것은 두려울 수 있다. 하지만 방공제가 없으며 레버리지를 극대화할 수 있다는 것은 분명한 장점이다.

이런 투자의 위험을 줄이고 싶다면 매물이 위치한 지역에 주목하는 것도 좋다. 오피스텔의 LTV 한도는 아파트처럼 규제지역, 비규제지역에 따라 몇 %라고 정해진 것이 아니며 그 오피스텔이 위치한 지역의 경매 낙찰가율을 기준으로 LTV가 산정되기 때문이다. 만약 오피스텔 투자를 원하지만, 가계자금대출의 한도가 부족하다면 지방 거점 도시나 서울 외곽의 오피스텔을 고려해보자. 낮은 경매 낙찰가율이 형성된 만큼

적은 한도로도 수월하게 투자할 수 있다.

또 사업자를 내지 않은 일반 투자자는 MCI·MCG의 보증보험도 해결책이 될 수 있다. 주택과 마찬가지로 오피스텔 또한 LTV 한도에서 방공제를 뺀 금액이 대출의 한도가 된다. 하지만 보증보험에 가입하면 방공제를 무시하고 최대한도의 대출을 받을 수 있다. 다만, 요즘처럼 오피스텔의 가격 변동이 큰 시기에는 안정성을 위해 MCI·MCG의 보증보험 가입을 꺼리는 금융사가 있어 미리 알아두는 것이 중요하다.

상가·꼬마빌딩 대출 :
돈 되는 구조로 설계하기

상가는 대표적인 수익형 부동산이다. 직접 운영하며 사업소득을 노리거나 임대를 통해 임대수익도 만들 수 있다. 하지만 가장 매력적인 점은 임차인만 잘 구한다면 '월세로 대출이자를 갚음하면서 추가적인 현금흐름'까지 기대할 수 있다는 점이다. 경매 등을 이용해 저렴한 매물을 찾으면 리모델링이나 분할 임대 같은 방법으로 수익률을 더 높일 수도 있다. 이렇게 수익률을 높여두면 다른 사람들에게도 매력적으로 보일 것이고 매각을 통해 더 큰 수익을 노릴 수 있다.

하지만 그 수익은 쉽지 않다. 좋은 매물을 저렴하게 구했더라도 공실에 대한 두려움을 이겨야 하고 좋은 매물과 임차인을 찾기 위해 노력해야 한다. 매일 같이 임대인들에게 터져 나오는 불만이나 수리 요청을 처리할 체력도 있어야 한다. 시중의 경매 재테크 도서들은 이런 내용을 비교적 충실하게 설명할 것이다. 또 모두가 싸게 낙찰받는 법은 꼼꼼히 공부한다.

그러나 만일 좋은 임차인을 구하지 못했거나 매물이 많이 나와서 인근의 월세가 낮아지면 어떻게 버틸 수 있을까? 싼 매물을 구했더라도 내가 낼 이자가 과도하다면? 결국 정답에 가까운 것은 더 좋은 대출 상품을 찾는 것이다. 낙찰이 운동 기구라면 대출은 기초 체력이다. 좋은 대출을 받을수록 내가 투자할 수 있는 여력을 남길 수 있다. 이제 상가를 위한 대출 전략을 꼼꼼하게 확인하고 내가 투자해야 하는 자본금과 이자를 최대한 줄여보자.

상가의 종류와 한도 확인

상가는 크게 근생과 구분상가, 통상가로 나눠진다. 그리고 그 성격에 따라 가격책정부터 대출까지 다르게 접근해야 한다. 구분상가는 다세대주택이나 아파트와 비슷한 개념이다. 호실이 개별적으로 분리되어 있어 개별적으로 분양과 매매를 할 수 있다. 등기상에서도 호수와 소유자가 나뉘어 있다. 근생과 통상가는 다가구주택에 가깝다. 층별로 임차인이 다르더라도 등기상으로 구분되지 않으며, 꼬마빌딩이나 통건물처럼 토지와 건물이 하나의 등기부와 한 명의 소유자나 법인인 경우가 많다.

하지만 상가 투자의 가장 큰 문제는 아파트의 'KB시세'처럼 쉽게 시세를 찾을 수 없다는 것이다. 단지나 로얄층, 재개발처럼 큰 줄기로 시세를 평가할 수 있는 아파트와 다르게 상가는 하나하나의 입지와 특성이 다르기 때문이다. 배후지의 규모나 인근 상가의 시세부터 들어올 임차인의 업종까지 수많은 요소를 파악해야 한다. 그래서 상가는 아파트와 다르게 대출받기 전 감정평가를 거치게 된다.

먼저 근생과 통상가는 그 위치의 토지와 건물을 모두 감정하며, 건물

주변의 상권이나 입지, 유동 인구 등에 따라 감정가가 정해진다. 토지부터 건물까지 모두 낙찰받은 것이기 때문에 비교적 검토항목이 적다. 하지만 구분상가는 통상가와 다르게 낙찰받은 상가에서 몇 층인지, 건물의 전면에 드러나는지, 외벽의 간판을 사용할 수 있는지까지 세밀하게 검토한다. 그리고 이에 따라 바로 옆에 붙어있는 공간이더라도 감정가가 달라지곤 한다.

따라서 내가 입찰을 고려하는 물건이 생겼다면 미리 탁상감정을 해두자. 경·공매에서 알려주는 감정가와 실제로 대출받을 때 금융기관이 기준으로 삼는 자체 감정가 사이에 차이가 있을 수 있기 때문이다. 내 예상보다 은행의 감정가가 낮다면 잔금을 치를 때 곤혹스러울 수 있다.

위기를 이기고 한도를 따내는 상가 대출 전략

매수 전 탁상감정을 거쳤거나 매매 후 금융기관의 감정, 혹은 경매에서 낙찰받았다면 감정가나 매매가, 낙찰가의 80% 중 더 적은 금액으로 대출이 나오게 된다. 여기서 중요한 점은 내가 매수나 낙찰받은 금액을 기준으로 생각하면 안 된다는 것이다. 매매나 경매 모두 감정가와 비교해서 더 낮은 금액이 한도가 된다.

하지만 보통 매매가와 낙찰가보다 감정가가 낮으므로, 가능한 높은 한도를 받으려면 감정가를 끌어올려야 한다. 감정평가 과정에서 제세공과금이나, 감리비, 리모델링 비용 등 감정평가를 높게 평가할 자료를 제공한다면 감정평가액 상승에 도움이 될 수 있다. 또한 오피스텔과 마찬가지로 상가 대출에 더 적극적인 담당자나 은행의 특정 지점을 찾는 것이 중요하다. 그래야 조금이라도 더 편하게 높은 한도를 얻을 수 있다.

여기까지가 개인이 미리 준비할 수 있는 영역이라면 다음은 법적으로 개인이 해결할 수 없는 DSR 문제다. 오피스텔까지는 규제가 완화되어 개인 명의로 투자할 수도 있다. 물론 앞에서 설명한 것처럼 개인의 기존 대출이 DSR을 압박하기 때문에 오피스텔도 사업자를 내는 것이 좋지만 적어도 개인이 투자 불가능한 수준은 아니다.

하지만 상가는 오피스텔 투자에서 완화된 규제들이 모두 살아있다. 개인이 상가를 담보로 대출받을 때 원리금 상환 기간을 8년으로 설정해 DSR에 반영한다. 결국 개인의 상가 투자는 제1금융권의 DSR 40%, 제2금융권의 DSR 50%의 DSR 규제를 피하기 힘들다는 것이다. 상가에 투자할 때는 무조건 사업자와 법인을 이용한다고 생각하자.

상가의 사업자 대출도 오피스텔처럼 일반사업자 대출과 임대사업자 대출로 나눌 수 있다. 먼저 상가의 일반사업자 대출은 오피스텔처럼 자신이 사용하기 위해 대출받아야 한다, 이때 오피스텔은 DSR, 상가는 RTI를 고려하지 않는다. 먼저 제1금융권의 대출 한도는 상가 감정평가액의 60%에서 방공제를 뺀 금액이다. 제2금융권을 이용하면 감정평가액의 80%에서 방공제를 뺀 금액이 한도가 된다.

만약 상가에 처음 투자하지만, 기존에 1년 이상 사업을 꾸려나가던 사업자가 상가를 직접 사용하는 조건을 건다면 최대 90%까지 대출한도를 끌어올릴 수 있다. 이때 주의할 사항은 금융기관이 RTI보다 그 사람이 직접 운영하는 사업소득으로 이자를 상환할 수 있는지 확인한다는 것이다. 따라서 사업자 대표의 소득금액증명원, 사업자의 카드매출, 부가세표준증명원 같은 다양한 자료를 요구한다. 이런 서류를 잘 준비하거나 내가 할 사업을 명확하게 설명하는 것이 중요하다.

금융기관에서 대출을 승인받지 못한 고객들에게 내가 항상 강조하는 팁이 있다. 첫째, 담당자가 질릴 정도의 임대차 계획. 둘째, 내 계획에 공신력을 실어줄 추가 감정평가. 셋째, 다른 자산을 강조하는 첨담보다.

임대차 계획은 내가 가진 부동산에 숨은 가치를 담당자에게 납득시키는 것이다. 더 우수한 임차인을 데려오기 위해 어떤 조사를 했고, 그 임차인의 업종이 왜 중요하며, 입지를 개선하는 데 어떤 노력을 했는지 깔끔하게 정리해서 제출하면 최소한 담당자가 내 부동산에 한 번이라도 더 눈길을 주게 된다.

임대차 계획을 설명했다면 다음은 그 내용에 공신력을 더해줄 추가 감정평가다. 우리는 대출받기 전 탁상감정을 거쳐서 충분한 수익성이 있다고 생각하지만 은행은 빌려준 돈을 받아내기 위해 최대한 보수적으로 '담보감정'을 진행한다. 하지만 위에서 설명한 것처럼 상가의 가치는 감정평가사가 어떤 장단점에 집중하느냐에 따라 천차만별이다. 그렇다면 은행의 감정평가사가 보고 참고할 수 있도록 우리에게 유리한 평가를 함께 제출하는 것이다. 조금은 돈이 들더라도 공신력이 있는 유명한 법인에 의뢰할수록 효과가 좋다.

마지막은 첨담보다. 말 그대로 담보를 더 한다는 의미로 이 대출을 위해 내가 가진 다른 부동산을 제시하는 것이다. 아마도 상업용 부동산에 투자한다는 것은 이미 주택담보대출, 보금자리론, 신생아 특례대출 등으로 내가 살 집을 구한 다음일 것이다. 기존 대출이 잔뜩 깔려있어 정책이나 규제를 회피할 방법이 없지만 적어도 은행에 나는 다른 자산이 있다는 것을 보여주기에는 충분하다.

숙박시설 사업자 대출 :
업종 특화 전략

모텔 등 숙박 시설의 대출 전략은 오피스텔이나 상가처럼 감정평가가 핵심이다. 상권과 입지, 객실 수, 매출 등 수익 요소에 따라 대출의 실행 여부가 결정된다. 차주의 신용등급에 따라 한도를 끌어올릴 수도 있다. 또 지역별 경매 낙찰가율에 따라 LTV가 바뀐다는 점도 비슷하다.

하지만 분명히 숙박 시설만의 차이점도 있다. 그 이유는 건축물대장에 있다. 건축물대장에 주택으로 등재되는 펜션이나 민박은 주택담보대출의 규정에 저촉되며, 만약 근린상가로 등재되어 있으면 상가로 규정되기 때문이다. 주택으로 등재된 펜션과 민박은 숙박 시설로 수익을 올리더라도 방공제의 대상이 되어 대출 한도가 줄어든다.

따라서 대부분의 숙박 시설 담보대출은 확실하게 상가로 인식되는 모텔이나 호텔이 대상이 된다. 투자할 금액이 큰 만큼 대출 금액이 늘어나고 금융기관의 심사도 더욱 꼼꼼해질 것이다. 미리 정확한 대출 전략을 계획하고 혹시 모를 변수를 차단할 수 있도록 상세히 알아두자.

① 개인사업자로 직접 운영

숙박 시설과 숙박업으로 사업자 등록을 하고 그 시설을 직접 운영하면 대출이 수월하다. 이 경우 RTI의 규제를 받지 않는 시설자금대출을 받으며, 내가 운영하는 숙박 시설의 실제 매출액을 근거로 대출이 집행된다. 하지만 만약 펜션이나 민박, 고시원 같은 숙박 시설은 운영하면 조금 복잡한 사전 조사를 거쳐야 한다. 위에서 간단하게 설명했지만, 펜션이나 민박 사업자가 방공제를 피하려면 매수하는 부동산이 건축물대장에 근린상가로 등재되어 있어야 한다.

그렇다면 고시원은 어떨까? 객실이 많아서 아무 문제 없이 상가로 인정받을 수 있을까? 정답은 '아니오'다. 오피스텔과 비슷하게 간혹 주거용으로 취급될 때가 있다. 고시원은 보통 공동취사를 하지만 호실마다 주방이 있으면 독립적인 가구로 취급해 주택이 된다. 또, 도시가스 배관이 방마다 나뉘어 들어가면 이 또한 주거시설의 근거가 된다. 마지막은 전입 여부다. 세입자가 전입한다면 건물의 형태가 고시원이더라도 전입한 호실은 주택으로 취급받고 방공제의 대상이 된다.

이럴 때는 내게 유리한 금융기관의 상품을 찾는 것이 중요하다. 한 층에 10개의 객실이 있는 5층 건물을 매입한다고 가정해보자. 이때 모든 객실(50개)을 공제하면 방공제만으로 내 대출 한도가 사라진다. 하지만 특정 상품은 층마다 한 개의 객실만 공제의 대상이 된다. 주택으로 감정을 받아야 한다면 최소한의 피해로 내게 필요한 돈을 구하는 것도 중요하다.

② 임대사업자로 직접 운영하며, 숙박시설을 장기간 임대하는 경우

장기 임대로 운영하기 때문에 관리가 수월하며 금융 문제에 집중할

수 있다. 이때 임대사업자로서 벌어들인 임대료를 이자로 나눈 RTI가 120% 이상일 때 임대인의 다른 소득과 합산할 수 있으며 이렇게 합산한 소득의 RTI가 150%를 넘으면 대출을 받을 수 있다.

③ 법인사업자의 경우

숙박 시설을 다루는 법인사업자가 대출받을 때, 금융기관은 그 법인의 3년간의 재무제표로 수익구조를 평가한다. 따라서 법인사업자는 언제라도 좋은 조건의 대출을 받을 수 있도록 건강한 재무제표를 유지해야 한다. 만약 부득이한 사정으로 결손법인이 되었다면 차라리 신규법인의 명의로 대출받는 것이 더 유리할 수도 있다.

물론 신규 법인은 금융기관이 이 법인을 평가할 자료 자체가 없어 상환 능력을 파악할 수많은 자료를 요구한다. 예를 들면 대표자의 신용도나 소득을 증빙하는 서류 등이다. 법인의 상환 능력을 파악할 수 없으니 대신 대표자의 상환 능력을 확인하는 것이다.

이런 여러 가지 난관이 있지만 꾸준히 상업용 부동산을 거래할 예정이면 법인사업자를 고려해보자. 법인 명의를 이용하면 차주 분리가 되어 개인 DSR의 적용도 받지 않고 내 DSR을 아낄 수 있기 때문이다. 또 세금에서도 많은 혜택이 있다.

만약 자신이 신설 법인을 세웠다면 꾸준히 재무제표를 관리하자. 보통 숙박 시설을 매매할 때는 각종 세금을 감면받기 위해 법인을 통째로 양도하곤 한다. 하지만 재무제표 관리를 철저하게 하지 못하면 양도 시 대출 승계나 대환에 차질이 생겨 거래가 틀어질 수 있다.

숙박 시설 중 모텔 대출을 위한 기본서류

- 모텔 사업자등록증
- 최근 1년간의 월별 매출 현황, 현금영수증, 카드, 온라인 매출(숙박앱 포함) 등 증빙자료
- 대출필요자금 및 자금용도
- 현재 대출 금융거래확인서
- 대표자 소득증명 및 재산 현황
- 법인이라면 최근 3년의 재무제표

지식산업센터 대출 :
승인 포인트와 합정

　지식산업센터는 도심이나 신도시에서 흔하게 찾아볼 수 있는 중소기업이나 사무실, 공장 등이 입주한 상업용 부동산이다. 2009년까지는 '아파트형 공장'으로 불렸지만, 법령이 바뀌면서 새로운 이름으로 다시 태어났다. 기존의 투박한 모습과 다르게 깔끔한 사무용 공간이나 오피스와 주거를 겸용하거나 또는 기숙사처럼 다양한 모습으로 활용되고 있다. 2020년도부터 시작된 부동산 붐을 타고 널리 알려졌으며, 다주택자의 일반주택 중과세에 대한 규제로 인해 반사이익을 크게 누렸다고 볼 수 있다.

　지식산업센터도 결국은 상업용 부동산이기에 투자자 대부분은 개인대출이 아닌 사업자 대출로 투자를 진행했다. 차주가 개인이면 DSR 소득요건을 충족해야 해서 충분한 한도를 받기 힘들뿐더러 차후 신용대출이나 주택담보대출을 받을 때 지식산업센터의 대출이 DSR에 부담을 가해 추가로 대출받기 힘들기 때문이다. 이때 대출의 최대한도는 감정가 대비 70%~80%까지도 대출이 나오며, 여기서 지역별로 상이한 상가 소액임차인 최우선변제금을 제외하면 대출의 최대한도가 된다.

지역별 최우선변제금의 차이

지역 구분	최우선변제금
서울특별시	2,200만 원
수도권과밀억제권역	1,900만 원
광역시	1,300만 원
그 밖의 지역	1,000만 원

투자처로서 지식산업센터의 이점은 이것이 끝이 아니다. 성수, 삼송, 구로 등 일자리가 많은 지역의 지식산업센터는 임대 수익 뿐만 아니라 폭등하는 시세에 힘입어 더 큰 매매차익까지 볼 수 있는 좋은 투자처였다.

이런 뜨거운 반응의 바탕에는 세금이나 규제 완화 등 정부나 지자체의 적극적인 지원이 있었다. 계약단계에서 10%의 계약금만 가지고 소액 투자를 할 수 있었으며, 아파트 청약에 당첨됐을 때처럼 이후 완공되는 시점까지 중도금대출로 버티고 완공 시 분양가의 80% 정도를 대출받아 중도금대출을 갚으며 최종 잔금을 치를 수도 있었다. 또한 분양가 대비 월세 수익률이 좋아 RTI를 충족하기도 쉬웠다.

여기에 직접 지식산업센터를 사용하는 것이 아니라면, 완공되었을 때 프리미엄을 붙여 전매하거나 입주할 월세 세입자의 보증금 등을 활용해서 실제 투자금을 분양가의 20%이하로 낮추어 소액 투자를 극단적으로 이용할 수 있는 부동산이었다.

하지만, 최근에는 공급과잉과 높은 분양가 그리고 부동산 침체 등으로 인해 고전을 면치 못하고 있다. 얼마 전 특집 방송에 나올 만큼 공급과잉 지역에 지식산업센터는 공실이 많아 투자자에게 큰 부담으로 남은 예가 있다. 또 업무용 지식산업센터가 아닌 1층이나 2층의 편의시설과 상가 용도의 공간을 지나치게 높은 분양가로 분양해, 공실로 남은 경우가 많다.

그러나 안 좋은 소식만 있는 것은 아니다. 공실 폭탄이라며 지나치게 공포감을 자극한 것이 되려 홍보로 이어지기도 했다. 얼어붙은 시장에서 낮아진 임대료나 매매가가 중소기업들의 입주를 부르기도 했다. 또 서울과 수도권에 지나치게 밀집된 지식산업센터에서 눈을 돌려 지방의 현황을 살펴보면 의외의 기회를 잡을 수도 있다.

모든 대출은 레버리지라는 양면의 칼을 가지고 있다. 대출을 활용해서 수익을 극대화할 수도 있지만, 반대로 손해가 극대화되며 대출에 따른 이자를 감당하지 못하고 큰 경제적 위험에 처할 수도 있다. 따라서 상업용 부동산에 투자할 때는 상품 및 지역에 대한 면밀한 분석과 검토가 필요하다. 또 최악의 경우라도 이자를 감당하며 버틸 수 있는지 등 사전에 여러 상황에 대한 계획을 세워 대출을 활용하기를 추천한다.

공장 투자 대출 :
사업·담보·현금흐름으로 승부

공장은 단순한 건물이 아니라 사업체라는 복잡한 조직의 핵심이자 심장이다. 기계가 돌아가고 물건을 만들며, 인건비가 필요한 모든 현금 흐름의 출발점이기 때문이다. 그래서 공장담보대출은 '부동산을 담보로 돈을 빌린다'라는 주택담보대출의 관점으로 접근하면 낭패를 보기 쉽다.

먼저 성공적으로 공장 대출을 받으려면 자금의 성격을 명확히 나눠야 한다. 큰 축은 매입·신축·기계 구매를 위한 '시설자금'과 원자재 구매·인건비 등 운영을 위한 '운전자금'이다. 이 둘을 한 덩어리로 섞으면 자금 계획이 꼬이기 십상이다. 무엇을 위해 얼마 동안 쓸 것인지 분리하는 순간 훨씬 관리하기 쉬워진다.

다음으로 확인해야 할 것은 공장 유형에 따라 담보인정비율(LTV)이 달라진다는 점이다. 일반적인 '토지+건물' 형태의 공장은 상대적으로 환금성이 낮아 제1금융권 기준 감정가의 약 70%, 제2금융권에서는 약 80% 수준에서 검토되는 경우가 많다. 반면, 도심형 공장이라 불리는

'지식산업센터' 내 공장 호실은 성격이 다르다. 입지가 좋고 임대 수요가 탄탄하다면 제1금융권에서도 80%, 제2금융권에서는 최대 90% 수준까지도 논의되는 경우가 있다. 다만 높은 한도만 믿고 계약부터 서두르면 위험하다. 공장 대출에는 주택시장에는 없는 '사업성 평가'라는 큰 벽이 존재하기 때문이다.

① 미래를 현재로 당기는 신축 및 증설

공장을 새로 짓거나 증설하려는 경우에 대출은 더 입체적으로 변한다. 아직 공장이 없는 빈 땅과 도면, 견적서만 가지고 자금을 빌려야 하기 때문이다. 이때 금융기관은 담보가 부족하다고 판단해 대출을 꺼리는 경우가 많다. 이 문제를 해결할 열쇠가 '신용보증기금'이나 '기술보증기금'의 '기한부 해지 보증'이다. 보증기관이 "공장이 완성될 때까지 보증을 제공하겠다"라고 나서 토지 매입비와 건축비를 선대출로 마련하고, 준공 후 완성된 공장을 담보로 정식 대출로 전환(대환)하는 방식이다.

이 과정에서 중요한 것은 '선불'이 아니라 '증빙'이다. 인허가 서류, 공사 계약서, 공정표 등 사업이 실제로 진행되고 있음을 입증하는 자료가 갖춰져야 자금이 집행된다.

② 환금성이 최우선인 기계·기구 담보

공장 대출의 또 다른 특징은 건물 내부의 기계 설비도 담보로 활용할 수 있다는 점이다. 그러나 모든 기계가 담보가 되는 것은 아니다. 기준은 단순하다.

'유사시 떼어내 팔았을 때, 즉시 현금화가 가능한가?'

범용성이 높은 CNC, 사출기, 프레스 등은 가치를 인정받기 쉬운 반면, 특정 제품을 위해 주문 제작된 특수 설비는 낮게 평가되는 경우가 많다. 기계 담보를 염두에 둔다면 기계 명세서뿐 아니라 중고 시세를 확인할 수 있는 증빙자료까지 준비해 설득력을 높여야 한다.

③ 기업의 신용점수인 재무제표

주택담보대출이 개인의 신용점수를 본다면, 공장 대출은 기업의 재무제표를 본다. 담보가치가 좋아도 영업이익으로 이자도 감당하기 어려운 상태(이자보상배율 1 미만)라면 금융기관은 보수적으로 판단한다. 그래서 대출 실행 1년 전부터는 재무제표를 '정리'하는 작업이 필요하다. 가지급금을 정리하고 불필요한 비용 처리를 줄여 영업이익을 안정화하며, 필요하다면 유상증자로 자본 비율을 보강하는 방식이다. 세금을 아끼려 매출을 누락하거나 비용을 과대 상계하는 습관은 대출 심사에서 치명적이다.

공장 투자 핵심 전략

공장 매입에서 초보자가 가장 많이 하는 실수는 '선계약, 후대출'이다. 마음에 드는 공장을 덜컥 계약한 뒤 금융기관을 찾았다가 한도가 나오지 않아 계약금을 날리는 경우가 적지 않다. 순서를 뒤집어야 한다. 최소 2~3곳의 금융기관에서 가한도(탁상감정)를 먼저 받고 재무제표 기준으로 받아낼 수 있는 금리와 한도를 확인한 뒤에 계약을 진행하는 것이 안전하다. 승인 여부를 가르는 것은 결국 미리 준비한 서류의 숫자다.

자금이 추가로 필요할 때도 접근이 다르다. 공장은 주택과 달리 후순위 담보가 매우 까다롭다. 이때는 후순위 담보보다 '타행 대환'을 노리는 편이 유리할 때가 많다. 기존 대출을 정리하고 새로운 은행으로 갈아타면서 재감정을 받아 늘어난 가치만큼 한도를 증액하는 방식이다. 이를 통해 유동성을 확보하고 금리 조건까지 개선하는 효과를 노릴 수 있다.

공장담보대출 심사를 위한 필수 준비 서류

- **기본 서류** : 사업자등록증, 법인등기부등본, 정관, 주주명부
- **재무 서류** : 최근 3개년 재무제표(비교식), 부가세 과세표준증명원(최근 1년), 국세·지방세 완납증명서
- **담보 서류** : 토지·건물 등기부등본, 건축물대장, 토지대장, 토지이용계획확인서
- **시설 자금** : 기계 견적서, 매매계약서, 기계 카탈로그(사양서)
- **신축·증설 시** : 공사도급계약서, 건축허가서, 설계도면, 소요자금 산출내역서
- **기타** : 4대보험 가입자 명부, 대표이사 신분증 및 초본

06

토지담보대출 :
감정가+활용계획으로 한도 '짜내기'

다주택자 규제가 심해지거나 부동산 침체기가 오면 투자자들의 시선은 자연스럽게 '토지'로 향한다. 역설적으로 땅값이 눌려 있는 시기야말로 미래 가치가 있는 토지를 합리적인 가격에 매입할 기회이기 때문이다. 다만 토지담보대출은 아파트와 결이 다르다. 가격표처럼 참고할 수 있는 'KB시세'가 있는 아파트와 달리, 토지는 정해진 시세표가 없다. 결국 감정평가금액이 곧 대출의 기준이 된다. 같은 100평의 땅이라도 농협, 새마을금고, 신협 등 어느 금융기관을 선택하느냐에 따라, 또 그 땅을 어떻게 설명하고 설계하느냐에 따라 한도는 크게 달라진다. 토지 대출은 은행이 주는 대로 받는 과정이 아니라 차주가 '만들어가는' 영역이다.

① 금융기관마다 '가격표'가 다르다

토지 대출의 첫 관문은 탁상감정(가감정)이다. 앞에서 본 것처럼 정식

감정 전 서류를 기반으로 대략적인 감정가를 산정하는 단계인데, 이때 얼마나 발품을 팔았는지에 따라 내 한도가 달라진다. 일반적으로 시중 은행(제1금융권)보다 지역 단위 농협이나 산림조합, 수협 등 상호금융(제2금융권)이 토지 대출에 더 적극적인 편이다. 특히 해당 지역을 잘 아는 인근 단위 농협은 외지 은행보다 감정가를 후하게 평가하는 경우가 있다. 실무에서 자주 거론되는 LTV의 흐름은 대체로 다음과 같다.

- 농지(전·답) 및 관리지역 : 감정가의 60~65%
- 나대지 및 계획관리지역 : 감정가의 70% 내외
- 건축허가·개발행위허가를 받은 토지 : 감정가의 최대 80%

따라서 한 곳만 믿고 진행하기보다 최소 3~4곳에서 탁상감정을 받아 가장 유리한 조건을 제시하는 곳을 찾는 편이 안전하다.

② '맨땅'을 '건물'로 보이게 하라

토지 초보자가 가장 많이 하는 실수는 등기부등본만 들고 금융기관을 찾는 것이다. 금융기관은 땅의 미래를 대신 상상해주지 않는다. 현재 눈에 보이는 '토지'만 보고 보수적으로 판단할 것이다. 이때 필요한 무기가 바로 '가설계 도면'이다. 건축사사무소에서 비교적 저렴한 비용으로 받을 수 있지만, 해당 토지에 어떤 건물을 어느 규모까지 지을 수 있는지를 한눈에 보여줄 좋은 무기가 된다.

"그냥 사서 묵혀둘 겁니다"라고 말하는 차주와 가설계 도면과 수지분석표를 제시하며 "이 부지에 1층 상가, 상부 원룸을 지어 월세 500만 원의 현금흐름을 만들겠습니다"라고 말하는 차주. 금융기관이 더 신뢰하는 쪽은 후자다. 상환 계획이 구체적으로 보일수록 감정평가 단계에서의 해석이 달라지고, 승인 가능성도 함께 올라간다.

③ 용도변경과 인허가로 바꾸는 신분

토지의 '신분'은 지목과 용도지역이 결정한다. 건축이 제한되는 농지(전·답)나 산지(임야) 상태에서는 높은 한도를 기대하기 어렵다. 대출 여력을 키우려면 개발행위허가나 건축허가를 통해 토지의 성격을 '개발 가능한 부지'로 바꿔야 한다. 허가증 한 장이 추가되는 순간, 금융기관은 그 땅을 단순한 흙이 아니라 '미래의 대지(건축부지)'로 인식하기 시작한다. 실제로 허가를 득한 토지는 맹지나 농지에 해당하더라도 감정가가 상승하는 경우가 많고 LTV 80% 구간까지 검토할 여지를 만드는 핵심이다.

④ 현장 실사는 반드시 담당자와 동행하자

토지 대출 심사의 하이라이트는 '실사'다. 감정평가사나 금융기관 담당자가 현장에 나갈 때, 가능하다면 차주가 동행해 적극적으로 설명하는 것이 유리하다. 서류상으로는 맹지처럼 보이더라도 "인근 필지를 추가 매입해 도로를 확보할 계획이 있다", "현황 도로를 통해 차량 진입이 가능하다" 같은 정보를 현장에서 직접 확인시키면 평가가 달라질 수 있다.

또 토지 위에 무허가 건물이나 컨테이너가 있다면 감정에서 큰 감점 요인이 되지만 "대출 실행 즉시 철거하겠다"는 확약과 함께 멸실 조건부로 협의가 이뤄지는 경우도 있다. 토지 실사는 서류만으로 끝나는 절차가 아니라, 결국 사람 대 사람의 협상이라는 점을 기억해야 한다.

토지 가치를 낮추는 문턱들

- **맹지** : 지적도상 도로가 없는 토지. 현황 도로가 있어도 건축법상 도로가 아니면 대출이 어려울 수 있다.
- **분묘** : 분묘기지권이 성립하면 감정가가 크게 하락할 수 있다.
- **보전산지·개발제한구역** : 공익 목적의 개발 제한으로 담보 가치가 낮게 평가된다.
- **법정지상권 이슈** : 토지 위에 타인 소유의 미등기 건물이 존재하는 경우.

⑤ DSR의 덫과 사업자 대출 활용

개인 명의로 토지 대출을 받으면 DSR 규제에 걸려 기대보다 한도가 적게 나오는 경우가 많다. 만기가 짧고 원금 상환 부담이 크게 잡히는 토지 대출의 특징 때문이다. 그래서 실전에서는 매매사업자나 법인사업자를 활용하는 사례가 많다. 사업자 대출은 개인 DSR 규제를 직접 적용받지 않으며, 사업계획이 설득력 있게 인정되면 LTV 80% 수준까지도 자금 조달이 검토될 수 있다. 단, 토지를 '단순 보유'로 설명하기보다는 '사업장 건축', '부지 조성 후 분양' 등 목적과 수익구조가 드러나는 사업 시나리오로 제시하는 준비가 필요하다.

토지담보대출은 아파트처럼 규정된 시세 안에서 기계적으로 굴러가는 시스템이 아니다. 지목, 도로, 인허가 그리고 차주의 준비 정도가 복합적으로 작용해 한도가 결정된다. "땅을 담보로 돈을 빌린다"는 수동적인 생각을 버려야 한다. "내 토지의 가치를 증명해 자금을 끌어온다"는 설계자의 관점으로 접근할 때, 토지는 불황에도 자산을 지켜주는 강력한 레버리지가 될 수 있다.

토지담보대출 상담 전 필수 지참 서류

- **기본 서류 :** 신분증, 등기부등본, 토지대장
- **규제·현황 확인 :** 토지이용계획확인서, 지적도(임야도)
- **가치 입증 :** 공시지가확인원, 가설계 도면 또는 사업계획서(준비된 경우)
- **소득 증빙 :** 소득금액증명원(개인), 재무제표(법인·사업자)
- **거래 증빙 :** 매매계약서(잔금대출시)

부동산 법인대출 :
개인에서 법인으로 레벨업

결국 개인 명의로는 규제지역 주택 수, LTV, DSR, RTI에 촘촘히 막히는 구간이 있다. 이때 법인은 투자자에게 또 하나의 돌파구가 된다. 예전처럼 가볍게 쓰기엔 법인 취득세·보유세 부담이 커졌지만, 물건의 성격과 목적만 맞춘다면 법인은 여전히 강력한 도구다. 특히 주거용 주택보다 상가·근생·토지·지식산업센터 같은 비주택 수익형을 다루는 투자자에게는 지금도 유효한 선택지로 남아 있다.

① 법인대출의 기본 구조

법인대출의 구조는 단순하다. 대출 계약서상 차주는 개인이 아니라 법인이다. 다만 금융기관은 실적이 없는 '껍데기 법인'을 그대로 믿지 않는다. 그래서 신규 법인의 경우 대개 대표이사 또는 최대주주에게 연대보증을 요구한다. 겉으로는 법인이 돈을 빌리지만, 실제 심사에서는 대표의 소득·신용이 법인의 신뢰를 받쳐주는 구조가 된다.

이때 흔히 놓치는 포인트가 지분 구조다. 소득이 거의 없는 사람을 대표로 세우려면, 그 대표에게 일정 수준의 지분도 함께 쥐어주는 편이 설명 부담을 줄인다. 대표라는 직함만 있고 지분이 다른 가족에게 몰려 있으면 금융기관 입장에서는 "실제 상환 책임자가 따로 있는 것 아닌가"라고 의심하기 쉽고, 심사 과정이 괜히 복잡해진다. 법인대출은 '법인 이름'보다 '실질 책임 구조'가 먼저 읽히는 상품이라는 점을 전제로 깔고 가야 한다.

② 법인의 강점 극대화

법인의 체감 가치는 세금에서 크게 드러난다. 개인이 상가나 근생을 단기·중기로 매도해 큰 차익을 내면, 양도세 최고세율과 각종 가산·지방세가 얹히며 세부담이 급격히 커질 수 있다. 반면 법인 명의로 같은 거래를 설계하면 기본적으로 법인세율 구간으로 정리되면서 세후 이익이 크게 달라지는 그림이 나온다.

예를 들어 20억 원에 매입한 근린생활시설을 5년 뒤 40억 원에 매도해 20억 원의 차익이 발생했다고 가정해보자. 개인 명의라면 세후 이익이 크게 깎일 수 있고, 법인 명의라면 법인세 구조에서 정리되며 세후 이익이 상대적으로 두터워지는 경우가 생긴다. 차익이 커질수록 이 격차는 더 벌어진다. 그래서 단기·중기 차익형 비주택 투자에서는 "취득세만 감당할 수 있다면 법인이 합리적일 수 있다"는 말이 나온다.

다만 여기서 선을 분명히 그어야 한다. 주택을 법인으로 직접 취득하는 순간은 이야기가 달라진다. 높은 취득세율, 법인 보유 주택의 보유세 이슈, 규제지역·주택 수 관련 프레임이 별도로 따라붙는다. 현실적으로는 주택은 개인(또는 임대사업자) 트랙, 상가·근생·토지·지식산업센터 등 비주택은 법인 트랙이 구조적으로 유리하게 맞물리는 장면이 훨씬 많다.

③ 법인대출, 무엇을 준비해야 할까

개인대출은 LTV, DSR, DTI, 규제지역 여부, 주택 수 등 정형화된 구조로 걸러진다. 임대사업자라면 RTI 같은 임대수익 지표가 처음이자 끝이다. 반면 법인 여신은 기업여신으로 분류되어 담보가치부터 법인 재무제표·기업 신용등급·현금 흐름·대표자 신용과 연대보증 능력을 모두 살펴봐야 한다. 만약 신규 법인이라면 재무 성적표가 없으니 담보력과 대표의 개인 신용이 특히 중요하다. 이때 증빙자료를 탄탄하게 보강해두는 것도 중요하다. 대표의 근로소득·사업소득, 4대보험 납부내역, 국민연금·건강보험료 납부 실적은 소득·상환능력의 근거로 쓰인다.

은행으로서도 실적이 없는 법인에 돈을 빌려주면 리스크 관리 비용이 커지므로, 초기에 보수적인 등급·금리로 접근하는 경향이 있다. 시간이 지나 매출과 이익이 쌓이고 재무제표가 정돈되면 기업 신용등급이 올라가고, 그에 따라 금리와 조건이 개선될 것이다.

배우자 소득이 더 탄탄한 경우 배우자를 대표 또는 연대보증인으로 세우는 방식도 흔하다. 또 법인에서 대표에게 급여를 일정 기간 지급해 직장가입자 이력을 만드는 방식이 활용되기도 한다. 다만, 은행마다 인정 범위가 다르므로 미리 알아보는 것이 좋다.

한도는 물건과 기관에 따라 편차가 크지만, 비주택 담보의 경우 대체로 LTV 70% 안팎이 기본이며 여건이 좋을 때는 더 높은 구간까지 검토된다. 반대로 법인 명의의 주택담보는 규제와 은행 내부 기준에서 더 보수적으로 작동해 체감 한도가 낮아지는 경우가 적지 않다.

여기서 한 가지 주목할 부분이 있다. 바로 업종·정관·대출 목적(자금 성격)이다. 법인 사업자등록과 정관이 '부동산 매매·임대업'으로 잡혀 있으면 금융기관은 임대업의 잣대를 들이대기 쉬워지고, 임대수익 대비 이자 부담 같은 기준으로 한도를 줄이거나 막아버리기도 한다. 반대로 목적과 업태를 다르게 준비해 기업여신에 접근하면, 같은 담보를 두고도 심사 형식이 달라질 때가 있다. 법인대출은 숫자보다 '형태'가 먼저다.

④ 한도를 끝까지 쓰는 운용법

법인과 개인 명의를 함께 쓰다 보면 언젠가 "동일인 여신한도에 걸렸다"는 말을 듣게 된다. 동일인 여신한도는 한 금융기관이 특정인(법인, 대표, 특수관계인 포함)에게 줄 수 있는 총 여신을 제한하는 장치다. 상호금융권은 지점 단위로 관리하는 경우도 있어, 한 지점에서 막히면 다른 지점에서 여지가 생기기도 하고, 반대로 법인을 여러 개 만들었는데도 동일인으로 묶여 한 번에 막히는 경우도 생긴다. 그래서 실행 전에는 대표·가족·관련 법인의 기존 여신 잔액과 연결 구조를 먼저 '정리된 지도'로 만들어 두는 것이 중요하다.

운용 단계의 허들은 만기 연장과 리파이낸싱이다. 연장이 거절되는 이유는 보통 자본잠식, 유동성 악화, 임대수익 감소, 내부 익스포저 한도 초과 등이다. 이때는 "연장해주세요" 한 마디보다 "원금 일부 상환 조건으로 6개월/1년 연장"처럼 은행이 받아들이기 쉬운 제안을 먼저 올리는 편이 유리하다. 성실 상환 이력이 쌓여 있어야 협상도 가능해진다.

마지막으로 정리하면 이렇다. 법인은 〈알라딘〉에 나오는 요술램프가 아니다. 하지만 잘 설계된 법인은 같은 부동산을 두고도 전혀 다른 결과를 만든다. 개인이 "얼마까지 되나요?"를 묻는 단계라면, 법인은 "어

떤 법인 구조와 어떤 준비로 이 물건을 가져올 것인가"를 설계하는 단
계다.

매매사업자 대출 :
'사업자 루트'의 모든 것

부동산 담보대출의 세계를 들여다보면 겉으로는 모두 비슷해 보이지만, 안으로 들어가면 완전히 다른 두 갈래로 나뉜다. 하나는 우리가 익숙한 가계 대출, 다른 하나는 사업자 대출이다. 같은 사람이 같은 집을 담보로 돈을 빌리더라도 주민등록번호를 앞세워 받으면 가계 대출이고, 사업자등록증을 앞세우면 사업자 대출이 된다. 차주는 동일할 수 있지만 심사 기준과 규제 틀, 한도 계산 방식은 전혀 다르다. 특히 여러 채의 집을 보유한 다주택자나 기존 대출로 DSR이 꽉 찬 투자자라면, 이 두 갈래의 차이를 이해하는 순간 자금 전략 자체가 달라진다.

가계대출은 철저히 '사람'을 본다. 이 사람이 벌어들이는 소득, 기존에 떠안고 있는 빚, 이자와 원금을 합쳐 1년에 얼마를 상환해야 하는지, 그 부담이 소득의 몇 %를 차지하는지 따져 보는 규칙이 바로 DSR이다. 규제지역에서는 주택담보대출 LTV 30%, 비규제지역도 60% 선에서 틀이 짜여 있고, 아무리 담보가치가 충분해도 DSR 40% 안팎의 벽을 넘기 어렵다. 그래서 신용대출과 주택담보대출을 이미 꽉 채운 다주택자가 "집은 있는데 돈이 없다"고 호소하는 장면이 반복된다.

사업자 대출은 같은 담보를 가지고 다른 평가 기준을 쓴다. 사업자대출의 핵심은 "이 대출이 가계가 아니라 사업을 위한 자금인가"에 있다. 개인의 월급과 소비 패턴을 보는 대신 담보의 가치와 사업의 구조, 자금 흐름을 먼저 본다. 그래서 일반적인 가계대출과 달리 운전자금·시설자금 형태의 사업자 대출에서는 DSR을 직접 적용하지 않을 때가 있다. 이론상 LTV 최대 80%~90%까지도 한도를 설계할 수 있고, 상환 방식 역시 원리금균등이 아니라 만기일시상환 구조를 택하는 경우가 많다. 이 말은 일정 기간 동안 이자만 내고 자금을 굴릴 수 있다는 뜻이다.

같은 20억짜리 건물을 담보로 잡더라도, 가계 대출에서는 규제지역 30~40% 수준의 한도로 막히는 반면, 사업자 대출이라는 샛길을 활용하면 60~90%까지 DSR이라는 소득요건을 회피하며 대출을 받을 수 있다.

하지만 누구나 사업자 대출을 쓸 수 있는 것은 아니다. 가장 기초적인 전제는 세 가지다. 첫째, 사업자등록증이 있어야 한다. 개인사업자든 법인이든 상관없지만, 세법과 여신 규정상 '사업자'로 인식되는 껍데기는 갖추어야 한다. 일반적으로 은행권은 사업자등록 후 3개월 이상이 지나야 심사에 들어간다.

둘째, 담보가 필요하다. 물론 순수 신용형 사업자 대출 상품도 있지만, 이 책에서 다루는 '부동산 기반 사업자 대출'은 건물·토지 같은 실물 담보를 전제로 한다. 특히 보존등기(소유권이전등기 이후) 후 3개월 이상 경과한 부동산을 선호하는데, 막 준공된 새 건물이나 입주 초기 물건은 가격 안정성과 임대 현황이 확정되지 않았다는 이유로 심사에서 제외되는 경우가 많다.

셋째, 자금의 용도가 명백히 사업 목적이어야 한다. 사업 운영자금, 시설 투자, 기존 사업대출 상환 등이다. 생활비나 개인 소비, 주택 매수 자금을 돌려 쓰는 것은 명백한 약정 위반이다. 금융기관은 대출 실행 후 최소 6개월간 계좌 흐름, 세금계산서, 계약서 등으로 사후관리를 하며, 용도 위반이 확인되면 연체 여부와는 별개로 대출 회수 사유가 된다.

사업자 대출의 가장 큰 매력은 DSR이라는 소득 요건이 필수가 아닌 점이다. 예를 들어보자. 시세 30억 원의 건물을 가진 투자자가 개인 주택담보대출 2억 원과 신용대출 몇 건으로 이미 DSR이 40%를 넘긴 상태라고 하자. 가계 대출로는 더 이상 추가 대출이 불가능하다. 그런데 이 건물을 사업자 대출의 담보로 설정하면 이야기가 달라진다. 사업자 등록을 낸 뒤, 이 건물을 임대업 또는 일반 사업의 담보로 잡아 운전자금대출을 신청하면 LTV 기준 60~80%까지 한도를 새로 설계할 수 있다. 그 과정에서 기존 개인 주택담보대출과 신용대출을 모두 상환해 버리면, 개인 DSR은 다시 20%대 수준으로 내려가고 담보 측면에서는 더 큰 사업자 대출 하나로 정리할 수 있다. 즉, 같은 건물을 팔지 않고도 부채의 성격과 위치를 바꾸는 것만으로 개인의 숨통과 사업의 자금 여력이 동시에 살아나는 셈이다.

개인사업자 대출과 법인사업자 대출 사이에도 미묘한 차이가 있다. 개인사업자는 대표자 본인의 이름과 사업자등록증이 일치하기 때문에 담보와 차주, 실질 소득이 비교적 단순하게 연결된다. 사업 경력이 3개월 정도만 쌓여도 소액 신용형 사업자 대출, 담보형 운전자금 대출 신청이 가능하다. 반면 법인사업자 대출은 법인이 차주가 되지만, 은행이 보는 눈은 훨씬 더 객관적이다. 최근 1~3개년 재무제표, 매출과 이익의 추세, 부채비율, 이자보상비율, 기업 신용등급을 모두 종합해 평가하고 여기에 대표이사나 최대주주의 연대보증이 더해진다. 신규 법인의 경우 재무제표가 비어 있기 때문에 담보와 대표자의 개인 신용에 더 큰 비중을 두고 심사한다. 그리고 시간이 지나 사업 실적이 쌓이면 결국 법인 자체의 신용과 재무 건전성이 금리와 한도를 결정짓는다. 그래서 실전에서는 초기에는 개인사업자 형태의 사업자 대출이라는 비교적 단순한 대출 방법으로 출발한 뒤, 어느 정도 매출을 쌓고 법인으로 전환하며 법인사업자 대출로 규모를 키우는 전략이 자주 쓰인다.

한편 사업자 대출을 "DSR도 안 보고, LTV 80%~90%까지 된다니 최고의 도구"라고만 생각하면 큰 실수를 한다. 이 구조는 강력한 만큼 함정도 분명하다. 첫 번째 위험은 용도 위반이다. 대출 계약서에는 거의 항상 '사업 목적 외 사용 금지' 조항이 포함되어 있다. 운전자금으로 받아 놓고 실제로는 주택을 추가 매수했다거나, 개인 카드값과 여행비로 줄줄 새어나간 흔적이 포착되면 이는 채무불이행과는 별개로 약정 위반 사유가 된다. 금융기관이 계좌를 들여다보고 세무서 자료와 대조해 용도를 확인하는 이유가 여기에 있다.

두 번째 위험은 사후관리다. 사업자 대출은 실행 후 일정 기간 동안 자금 사용 내역과 사업 매출, 세금 납부 상황 등에 대해 정기적인 점검을 받는다. 증빙을 제때 내지 않거나 사업 실적이 예상보다 빠르게 악화되면 연장 심사에서 불리해질 수 있다.

세 번째 위험은 숨은 약정이다. 일부 상품은 '추가 주택 매수 금지', '담보물의 추가 담보 제공 시 사전 동의 의무' 같은 조건을 함께 달고 나온다. 기존 생활안정자금대출에서 이미 추가 매수 금지 약정을 걸어둔 경우, 새로운 사업자 대출의 약정이 서로 충돌할 여지도 있다. 이런 경우에는 기존 대출 자체를 사업자 대출로 갈아타며 약정 구조를 정리하는 것까지 포함해 한 번에 설계해야 한다.

실전에서는 이런 구조를 이용해 막힌 자금줄을 돌파하는 사례가 적지 않다. 다음은 한 사업자가 상가 하나를 소유한 상태에서 신용대출을 과도하게 사용해 DSR 규제에 갇혔다고 생각해보자. 먼저 상가를 '오픈상가'에서 '구분상가'로 리모델링하고 상가임대업 사업자등록을 낸 뒤, 이 상가를 담보로 운전자금 대출을 실행해 기존 신용대출을 전액 상환했다. 그 결과 개인 DSR은 규제 수준 이하로 떨어졌고, 상가담보 사업자대출의 일부 여유분은 사업자금으로 활용되었다. 어떤 방식으로도 추가 대출을 받을 수 없을 것 같아도 사업자 대출을 통해 활로를 찾은 것이다.

결국, 사업자 대출은 'DSR과 가계 대출 LTV 규제를 넘어서기 위한 합법적 레버리지'다. 그러나 어디까지나 사업의 연장선에서 다루어야 한다. 사업자등록증만 만들어 억지로 받아내고, 개인 투자나 자금으로 돌리는 순간 큰 족쇄로 바뀔 수 있다.

이 장의 메시지는 간단하다. 대출은 목적이 아니라 구조다. 같은 건물, 같은 사람이라도 '개인'으로만 생각하면 한도와 규제를 넘어설 수 없지만, '사업자'의 입장에서 다시 설계하면 전혀 다른 대출 방법이 열린다. 사업자 대출은 그 방식을 다룰 수 있는 사람에게 주어지는 또 하나의 대출 방법이자, 동시에 그 구조를 끝까지 책임질 수 있는 사람에게만 허용되는 도구다. 제대로 이해하고 쓰면 사다리가 되고, 무지와 욕심으로 접근하면 쇠사슬이 된다. 어느 쪽이 될지는, 이 방법을 설계하는 사람의 태도에 달려 있다.

좋은 대출을 활용하여
자산을 늘리자

이 책을 완독한 여러분, 기나긴 대출 수업을 마치신 것을 진심으로 축하합니다. 책의 흐름을 잘 따라왔다면 여느 대출 상담사 못지않은 다양하고 체계적인 지식을 가지게 되셨을 겁니다. 마지막 장을 덮으며 여러분의 마음속에 처음 책을 펼쳤을 때의 막막함 대신 '인생에서 꼭 필요한 대출 공부를 끝냈다!'라는 분명한 자신감이 자리 잡았기를 바랍니다.

이번 개정증보판을 준비하며 고민이 깊었습니다. 6·27 규제와 10·15 규제라는 유례없는 '규제의 한파' 속에서 정보를 늘어놓는 것만으로는 부족했기 때문입니다. 그래서 개정증보판에 '규제의 시대'를 돌파하는 생존법과 승부수를 담아내기 위해 모든 문장을 새롭게 다듬었습니다.

이 책을 통하여 저는 대출에 대한 인식을 바꾸고 전세와 매매, 부동산을 이용한 투자, 신용을 이용한 대출까지 다양한 조건에 적합한 정보를 드리기 위해 노력했습니다. 여러분이 목차 별로 정리된 내용에서 쉽게 필요한 부분을 찾아 최적의 대출을 받길 바랍니다.

사실 대출은 정책과 시기에 따라 끊임없이 바뀝니다. 하지만 정책은 변해도 '원리'는 변하지 않습니다. 좋은 대출을 선별하고, 리스크를 관리하며 자산의 가치를 극대화하는 원리는 결코 변하지 않습니다. 이 책을 통해 앞으로 마주할 수많은 대출 상황에서 최선의 답을 찾고 오직 '좋은 대출'만을 받아 활용하시길 바랍니다.

'알면 즐겁고 모르면 무섭다'고 합니다. 물론 이 책 한 권으로 세상의 모든 대출을 완벽하게 다루시리라 기대하지는 않습니다. 그러나 이번 기회로 대출을 넘어 부동산 투자에도 최소한의 관심을 가지시면 좋겠습니다.

그 작은 관심을 시작으로 생각과 행동이 바뀌고, 인생에서 꼭 필요한 대출을 잘 활용하실 수 있을거라 생각합니다. 여러분들에게 복잡함과 무서움으로 다가오던 대출. 이제 양날의 검과 같은 대출(레버리지)을 잘 활용해서 좋은 자산을 많이 보유한 행복한 부자의 삶을 사시기를, 그리고 이 책이 그 멋진 여정의 첫걸음이 되길 바랍니다.

박순호 올림

한 번은 알아야 할 부동산 투자 전략

부동산 대출의 모든 것

1판 1쇄 인쇄 2026년 3월 9일
1판 1쇄 발행 2026년 3월 16일

지은이 박순호
발행인 김형준

총괄 김아롬
책임편집 허양기, 정내현, 김봄
디자인 최치영
마케팅 장비단, 전하영

발행처 체인지업북스
출판등록 2021년 1월 5일 제2021-000003호
주소 경기도 고양시 덕양구 삼원로 73, 306호
전화 02-6956-8977
팩스 02-6499-8977
이메일 change-up20@naver.com
블로그 blog.naver.com/changeupbooks

ⓒ 박순호, 2026

ISBN 979-11-91378-90-0(13320)

체인지업북스는 내 삶을 변화시키는 책을 펴냅니다.